名古屋市立大学
人間文化研究叢書 3

赤嶺 淳 編
AKAMINE Jun

グローバル社会を歩く

かかわりの人間文化学

新泉社

序——フィールドワークの可能性を拓く

赤嶺　淳

本書は、「グローバル社会を歩く研究会」による共同研究の成果です。東南アジア地域研究を専門とする編者（第1章執筆）をはじめ、共著者の佐野直子（社会言語学・第3章執筆）と浜本篤史（開発社会学・第6章執筆）の三名は、名古屋市立大学大学院人間文化研究科で「グローバル社会と地域文化」という教育研究グループに所属しています。専門分野はバラバラですが、わたしたちはフィールドワークという研究手法を共有しています。そこで、たがいが依拠するフィールドワークという手法を洗練させ、また、フィールドワークにもとづく研究成果の還元方法についての理解を深め、フィールドワークの可能性を拓いていくことを目的に、わたしたちは二〇一〇年四月に研究会を組織しました。

わたしたちの考える「グローバル社会」とは、「現代社会」といいかえることができます。経済活動のグローバル化がすすんだ結果、日本にいようとも、どこの国にいようとも、国際社会やほかの国ぐにの政治経済の影響を受けずに生活することはできなくなりました。それは、大都市であろうが、離島や山間部の閑村だろうが、程度の差こそあれ同様です。たとえば、日本の参加の是非が論じられている環太平洋戦略的経済連携協定(TPP)のように、グローバル化の功罪については、すでにさまざまな議論がなされています。わたしたちは、グローバル化の実態を俯瞰し、その問題点をあきらかにしていくためにも、まず「グローバル化」漬けの社会(グローバル社会)の現実を直視し、そうした社会の動態を叙述したいと考えています。

グローバル化は、人、モノ、資本、情報などが瞬時に国境を越えること、と説明されることがあります。その象徴として、インターネットでの資本や情報のやりとり、格安航空会社(LCC)による大量の人口移動現象などが指摘されたりします。こうした状況を中国語では「全球化」と表現していますが、いいえて妙だと感じます。しかし、近年では、そもそも丸いはずの地球がSサイズを超え、さらに小さくなったという意味をこめ、「平らになった世界」と比喩する論考もみうけられるほどです[Friedman 2006＝2008]。

それは、そのとおりです。しかし、では、地球上に存在する多様な人類社会が単一で均質な価値観に収斂していっているのでしょうか? あるいは、よその地域の問題を、わたしたちがより身近に感じ、相互理解が促進されてきたかというと、そうでもなさそうです。このことは、冷戦終結後の一九九〇年代以降、まさにインターネットが普及し、グローバル化が促進されたのちに、イラクやアフガニスタンをはじめ、さまざまな地域や国家で紛争が多発していることにあきらかでしょう。

わたしたちは、現代社会によこたわる問題を、可能なかぎり広域的な視点で、あるいは人工衛星的に俯瞰しつつ、かつ歴史的な要因とも関係づけながら分析するようにしています。そのためには、問題が生起している現場におもむき、たくさんの人びとの意見に耳をかたむける必要があります。現場の空気を肌で感じることから問題解決の糸口をみいだしたいと考えるからです。

わたしたちが志向するフィールドワークは、新聞やテレビでおなじみの世論調査ふうの数字からは見えてこない世界を切りとろうとしています。本書であつかうのは、自然環境や野生生物、あるいは少数言語の保護をめぐる問題、そして紛争や原子力災害に起因する難民問題などです。こうした問題は複雑にほかの問題ともからみあっており、単純に「正義」と「不正」といった白黒をつけられるものでもありません。たとえば、環境問題にせよ少数言語の保護にせよ、それらの問題はそれぞれの国家内で生じているわけですが、国家と個人・地域社会という構図を超え、今日では、ワシントン条約(絶滅のおそれのある野生動植物の種の国際取引に関する条約)や生物多様性条約、世界遺産条約といった国際条約、ユネスコやユニセフ、国連開発計画などの国際機関、ときには国内外のNGO・NPOなども重要な介入者となります。当然、保護の現場には、そうした条約や機関・団体の存在意義をかけた、さまざまな政治がうずまくことになります。

研究というと客観的な分析を、研究者というと客観的・中立的な立場をイメージされるかもしれませんが、フィールドワークの現場では、相互に複雑にからみあう多様な問題群にかかわる、あまたの利害関係者のひとりとして、自分なりの立場を保持しつつ、問題に向きあうことが求められます。そうした積極的な研究姿勢を「歩く」という動詞にこめたつもりです（第4章の亀井伸孝は、アクション（行動）と表現しています）。当然、「歩く」過程で、わたしたちはさまざまな人びとに出会い、あらたな関係性（かかわり）を紡いでいくことになります。本書のタイトルは、そうしたフィールドワークの行動性と双方向性を意図しています。

*

第I部「人間と環境」では、一九七〇年代以降の現代社会を特徴づける環境主義——野生生物を守ろうという社会運動——の世界的高まりのなか、野生生物を利用してきた人びとや地域がかかえる問題を紹介し、そうした問題群に地域社会がいかに対応しているかを報告しています。いわゆる絶滅の危機に瀕した野生生物の国際取引を規制するワシントン条約そのものをフィールドと位置づける赤嶺（第1章）は、二〇〇二年以来、同条約の俎上にあるナマコにやどる地域史をほりおこす作業に夢中です。そして、供養という非科学的な行為を軸に地域ブランド・イメージを高めていこうとする石川県七尾市の試みを紹介し、地域資源の自主的な管理と活用による地域おこしに希望を託そうとしています。

野生動物保護を夢みて青年海外協力隊員として東アフリカのタンザニアで理数科教員として働いた経験をもつ岩井雪乃(第2章)は、もっとアフリカのために役立ちたいと大学院に進学し、環境社会学を修めます。ユネスコが指定する世界自然遺産でもあり、(自身をふくむ)外国人観光客を魅了するセレンゲティ国立公園(野生の王国)が、かつては「人間の大地」であった歴史を現地の人びとと生活をともにするなかで知った岩井は、一九八〇年代後半以降、野生動物保護のための活動資金が世界中からあつまるようになり、国立公園の管理が強化されるにつれ、大地の主人であったイコマの人びとにとって、かつては賞賛の対象であった狩猟が、経済的困窮のためにやむなく従事する違法行為へと変遷した過程を叙述しています。当初は西欧的な自然保護思想の色めがねでものごとを見ていたという岩井は、フィールドでの人びととのかかわりのなかで、セレンゲティの景色を見る目が変わったといいます。そして、「人間よりも動物が大切にされる不条理」を知る人間として行動《アクション》する責任を痛感し、NPOをたちあげました。さらに、自身が勤務する大学の学生たちをまきこみ、外来のものではない、村人たちによる内発的な野生動物管理の方法を試行錯誤中です。

「ことばと社会」と題した第Ⅱ部では、南ヨーロッパの少数言語と中・西部アフリカの手話言語の保護と普及の問題をあつかっています。佐野（第3章）は、言語に「絶滅」というラベルをはりつけるのは研究者だと主張しています。というのも、言語学が想定する理想の母語話者（インフォーマント＝データ提供者）像は、生まれてこのかた村から出たことがなく、ほかの言語と接触したことのない高齢者であり、そうした理想の話者は、グローバル化時代には存在しえない、まさに「絶滅」した架空の存在だからです。そのうえで、第Ⅰ部であつかった野生生物保護の問題と同様に、国連やユネスコといった国際機関が少数言語の保護をうたうということの政治性を、自身が研究するフランスやイタリアの地域的文脈から問いなおしています。ことばが話されてきた生活から切り離されたモノとして言語を保護するという発想は、人間の大地であったセレンゲティが人間不在の野生の王国化していった過程と類似していることに読者は気づくはずです。

手話言語を少数言語ととらえ、日本手話、アメリカ手話、フランス語圏アフリカ手話など複数の手話言語を話す亀井（第4章）は、みずからが手話言語を習得し、話すようになった経緯と意義を、自身の失敗談を織りまぜながら考察しています。人類学者や地域研究者は、フィールドワークをおこなうにあたり、「研究手段」として調査地社会の言語を学び、使えるようになることが求められます（社会学の場合については、浜本が論じる第6章をご参照ください）。あるいは言語学者は、「研究対象」として言語を研究することになります。亀井の論考は、フィールドワーカーと少数言語との関係は、調査手段と研究対象以外にもあるはずだ、という疑問にはじまり、コートジボワールでの調査経験をふまえ、手話言語を習得し、手話言語で発言していくという行為が自身の研究の遂行に必須であり、かつ調査対象である少数言語集団の権利の擁護に貢献するという実践的側面をもつことを指摘しています。

第Ⅲ部「調査と現場」において、辰巳頼子と辰巳慎太郎(第5章)は東ティモールの事例から、国連難民高等弁務官事務所(UNHCR)が設定した「難民は故地に帰還すべきである」とするイデオロギーに対し、「紛争現場からの避難者」という一面性だけではとらえきれない歴史的・慣習的文脈をふまえ、「ある場所に帰属することの意味」を探究しています。その延長線上に東京電力福島第一原子力発電所の事故を受けて自主避難中の人びとが展望しつつある、移動と定住の日常性を論じています。浜本(第6章)は、日本の社会学が想定している社会調査が自文化(つまり日本社会)のみを対象としてきたことを指摘し、人類学や地域研究の方法論と比較しながら、異文化理解のための社会調査の方法について示唆に富む提案をおこなっています。

*

本書におさめた論考はいずれも、調査者と調査協力者あるいは被調査地との関係性を中心にすえ、研究という行為にまとわりつく政治性についても、自省の意をこめて考察対象としています。最終章で浜本が論じるように、フィールドワークが研究手法だとしたら、研究分野や研究課題、研究目的によって、フィールドワークそのもののあり方も異なって当然でしょう。おそらく、「これがフィールドワークだ」といった定石など存在するはずがありません。しかし、二〇年そこそこの研究歴だとはいえ、各章の執筆者がそれぞれの経験を持ち寄り、みんなで議論を重ねていくことで、フィールドワークの可能性を拓いていくことはできるはずです。

本書で紹介したつたない事例研究が、フィールドワークにかんする興味を喚起し、より多くの人びとがフィールドでの出会いを楽しんでくださるきっかけとなることを願っています。

グローバル社会を歩く
かかわりの人間文化学

目次

序——フィールドワークの可能性を拓く　赤嶺淳……003

I 人間と環境

第1章 ともにかかわる地域おこしと資源管理——能登なまこ供養祭に託す夢　赤嶺淳……020

はじめに——環境主義下の世界に生きる……020
一 食生活誌学のこころみ……022
二 ワシントン条約による水産資源の管理……026
三 アジア史におけるナマコ——ナマコ食文化の多様性……035
四 ナマコ供養をもとめて……041
五 能登なまこ供養祭の可能性……050
六 能登なまこのブランド化と能登の煎海鼠料理……058
むすび——世間師としての調査者……062

第2章 自然の脅威と生きる構え――アフリカゾウと「共存」する村

岩井雪乃

第2章 自然の脅威と生きる構え　アフリカゾウと「共存」する村……072

はじめに――村人からの問いかけ……072

一　イコマの人びとの暮らしとセレンゲティ国立公園……075
「密猟者の村」?／住民の立ち入りが禁止された動物保護区／「野生の王国」が「人間の大地」だったころ――一九五〇年代まで

二　村人の生活と野生動物とのかかわりの変容……085
動物との出会い調査／一九八〇年代までの動物との「共存」――双方向のかかわり／一九八〇年代以降――狩猟取締りがきびしくなって／「われわれの動物」から「かれらの動物」へ

三　「村人の視線」から見たセレンゲティと野生動物……110
警戒する村人／景色の見方が変わる

四　「人間よりも動物が大切にされる不条理」を超えて……116
エコミュニティ・タンザニアの始動／二一世紀の狩猟民はどこへ行く?／取り組むべき課題とは

五　研究成果の還元に向けて――フィールドワーカーの応答責任……123
知ったことの責任を問われる／パトロールカーの効果／学生はアフリカで何を学んだか

むすび――「かりそめの共存」を求めつづける……134
「つくられた野生の王国」セレンゲティ／かりそめの「共存の均衡」／「豊かさ」を考える

II ことばと社会

第3章 言語を「文化遺産」として保護するということ……146

佐野直子

はじめに……146

一　言語的多様性の時代――言語が「文化遺産」になるまで……148

二　「危機に瀕する言語」へのまなざし――だれが何を、なぜ、どう「保護」するのか？……153

生まれつづける「死に瀕する言語」／「言語学的な言語」の社会言語学的状況／「消滅の危機に瀕する言語」の何が問題か

三　「文化遺産」としての言語をとりまく人びと――話者、活動家、研究者……168

四　個人的な体験から――「オクシタン語」話者とはだれか、研究者とは何か……174

オクシタン語――危機に瀕しつづける言語／「特別な場所」の話者として／「文化遺産」の保護者の一員であること

むすび……196

第4章 フィールドワーカーと少数言語
アフリカと世界の手話話者とともに

……200

亀井伸孝

はじめに……200

一 少数言語と調査者——問題の所在……202
多言語問題という「共苦」／従来の文化人類学者と少数言語のかかわり／
従来の議論の不備とこの章のねらい／
世界の手話と研究の課題／手話の事例に注目する理由

二 手話言語のなかへ——調査歴と調査者の立場の変化……209
研究の概要／立ち位置の変化

三 コートジボワールにおける調査の風景……213
西・中部アフリカの手話の状況／
手話の公認を求めるアフリカのろう者／現地での盛り上がり／
外まわりの仕事／ろう者中心の手話の調査

四 手話をめぐるアクションの類型……221

五 アクションの多様性から浮かぶ調査者の姿勢……230
アクションをつうじて見た少数言語の位置づけ／
多様なアクションと関係の汎用性／
研究と実践のあいだの往還／調査者の多機能性を活かして

III 調査と現場

第5章 「自主避難」のエスノグラフィ
東ティモールの独立紛争と福島原発事故をめぐる移動と定住の人類学

辰巳頼子・辰巳慎太郎

…… 240

はじめに …… 240

一 移動と定住の人類学 …… 243
移動する／とどまる／避難する

二 東ティモール独立における難民問題と自主避難者 …… 252
東ティモール難民問題の概要／UNHCRの帰還支援プロジェクト／「自主避難」の語り――スアイの人びとの移動と定住から

三 福島第一原発事故における行政支援と自主避難者 …… 276
避難の概要――直接避難者と自主避難者／自主避難者の語り――移動と定住から／長期化のなかで

四 非日常と日常のはざま――とどまりながら旅をする人びと …… 293

むすび …… 297

第6章
海外研究・異文化研究における調査方法論
社会調査の前提をとらえなおす……300
浜本篤史

一　日本の社会学における社会調査論の前提……300
社会調査教育の制度化／社会調査の倫理規定／社会調査論の前提

二　途上国社会、異文化社会を研究対象とするときに……310
調査者としての印象管理／ラポール構築の強迫観念／権力的立場に身を置いた調査／何を聞くか——タブーの境界線／記録の取り方

三　社会調査における通訳論……323
社会学研究にとっての海外調査・国際比較調査／通訳者帯同の効用／調査パートナーとしての通訳者の適性と出会い／通訳者とのコンビネーション

むすび……336

グローバル社会のフィールドワーク
——編者あとがきにかえて　赤嶺　淳……340

文献一覧……IV

ブックデザイン……藤田美咲
カバー写真（表）……赤嶺　淳
カバー写真（裏）……岩井雪乃
カバー写真（袖）……佐野直子
岩井雪乃
赤嶺　淳
安喜健人（新泉社編集部）
本扉写真……岩井雪乃
＊特記のない写真は、各章の執筆者撮影

東南アジア海域世界の典型的な風景．
島部にはココヤシが植えられ，
汀線には杭上家屋が建てられている．
砂地やサンゴ礁の遠浅な海がひろがる
（インドネシア，東南スラウェシ州，2009年9月）．
撮影：赤嶺淳

I 人間と環境

第1章

ともにかかわる地域おこしと資源管理

能登なまこ供養祭に託す夢

赤嶺 淳

はじめに――環境主義下の世界に生きる

本稿の目的は以下の二点である。

第一に、現代社会を特徴づける環境主義とグローバリゼーションというふたつの社会現象を相対化し、生物多様性のみならず文化多様性を尊重することの必要性を再確認していきたい。そのために食生活誌学の視点から、「伝統的」に利用されてきた水産物資源の保護にかんする問題点を整理する。

海洋生物多様性にしろ、水産資源にしろ、生物資源の管理は、科学的データにもとづいて生態学や水産学などの自然科学が主導すべきものとされているが、こうした問題にわたしのような

（数字に弱い）文系の調査者が、いかにかかわりうるのかを考えること、つまりフィールドワークという行為を調査という行為に限定せず、むしろ調べる過程そのものを、なにかを生みだすプロセスとみなすことで、方法論としてのあたらしさを展望しうるのではないか、を問うことが本稿の第二の目的である。

　こうしたもくろみのもと、本稿では、ナマコという野生生物の持続可能な利用を推進するにあたり、「供養」という非科学的な行為を軸として、さまざまな利害関係者が複相的に関係しあいながら、地域ブランド・イメージを創造していく動態を描写してみたい。もちろん、ここでの利害関係者には、調査者である「わたし」もふくまれる。具体的には、二〇一〇年に能登（石川県七尾市）ではじまったナマコ供養を題材とし、こうしたイベントを契機として地域の人びとが「われわれの資源」という意識を醸成し、広義の環境問題に関心をもつようになること、つまり、そうした社会環境の創出が、地域資源の管理を推進するためには不可欠であることを指摘するとともに、そうした過程に調査者である「わたし」が関与した様相をも照射してみたい。

　以下では、わたしがナマコ供養に関心をいだく理由を説明するために、まず、ナマコ類の管理をとりまく国際的環境について略述する。具体的には、絶滅危惧種の国際貿易を規制する、いわゆるワシントン条約をとりあげ、同条約におけるナマコ類をはじめとする水産物の利用と管理についての国際的な動向を報告する。つぎにナマコ類の主要市場であるアジア史におけるナマコ食文化の多様性を紹介したあと、日本における水産物供養の事例を紹介しながら、文化多様性を尊重することの意義を検討したい。最後に「能登なまこ供養祭」を契機とした地域ブランド・イメージの向上が、ナマコ資源の管理にはたしうる機能を考えるとともに、「世間師《しょけんし》」あるいは「よそ者」としての調査者の可能性と責務について考察しよう。

一 食生活誌学のこころみ

本論にはいる前に、こうした問題にかんするわたしの視点をあきらかにしておくため、環境主義、グローバリゼーション、食生活誌学、食の安全保障についての私見を示しておく。

一九七〇年代に世界中で高まりをみせた地球環境への関心と環境保護にむけた社会運動は、一般に環境主義(environmentalism)と呼ばれる。人が移動することはもとより、流通やインターネット環境の発達により、モノや資本、情報が国境を越える現象をグローバリゼーション(全球化)と呼ぶが、環境主義も、グローバルに展開することを特徴としている。なかでも、一九七二年に「かけがえのない地球(Only One Earth)」をスローガンとしてスウェーデンのストックホルムで開催された国連人間環境会議(United Nations Conference on the Human Environment)は、国家の枠組みを超えた環境問題、すなわち地球環境問題の存在をひろくアピールし、「地球環境主義」を誕生せしめたものとして注目される。

一九六九年に米国のアポロ11号が月面着陸に成功したことを祝福したように、人びとは、科学は万能であり、科学の進歩こそが、ゆたかな生活を保障するものと考えていた。「かけがえのない地球」と同様に「宇宙船地球号（Earth the Spaceship）」なる標語が地球環境の危機を喚起しえたのは、科学の進歩により、物理的に人類が地球を相対化できたという文脈に位置づけなくてはならない。

しかし、科学の発展は、残念ながらバラ色だらけではなかった。一九六〇年代に高度経済成長をとげた日本でも、人びとの生活水準が飛躍的に向上していく一方で、その代償ともいえるさまざまな公害が深刻化した。公害問題を管轄する省庁として環境庁が創設されたのが一九七一年であったことが、このことを物語っている（同庁は二〇〇一年に環境省に昇格）。

もちろん環境庁の誕生は、グローバルに高まっていた環境問題への関心と無関係ではありえない。ただし公害は、多くの場合において（たとえ時間を要したとしても）原因を特定することができ、被害者と加害者をあきらかにすることができるといえるものの、地球温暖化のようなグローバルな環境問題は、さまざまな要因が複雑に関係しあっており、被害者と加害者とを明確に区分けすることは不可能である。たとえば、地球温暖化の主要な要因は二酸化炭素だとされているが、わたしたちは生物として生きているかぎり二酸化炭素を排出せざるをえないし、より快適な生活をおくろうとすれば、それだけたくさんのエネルギーを消費し、それだけ余分な二酸化炭素を排出することになる。いうまでもないことだが、現代社会に生きるわたしたちのだれもが地球温暖化の加害者である。環境問題を議論するにあたっては、この同時代史的自覚をもつことが大切であろう。

同様に、わたしたちが仙人でない以上、植物にしろ、動物にしろ、生物の命をいただかずには、わたしたちは生命を維持できない。「食」を研究するにあたっては、「人びとが、なにを、どのように食べるのか」をあきらかにするとともに、食生活を文字どおり生活全体のなかでとらえ、その社会的変遷を歴史的に考察する必要がある。人びとがなにを食べるかは、生態環境と文化が大きく規定してきたとはいえ、高度成長期に(電力の安定供給を前提とした)コールド・チェーンが発達したり、産業構造が激変したり、円高がすすんだりした結果、今日のように世界中から安価で多様な食材が流入してきたりといった生活環境の変容をも俯瞰する必要があるからである。

一例をあげよう。「鯨肉は日本の国民食だ」という意見があるが、これは、量的には戦後の一時期の現象にすぎないことは明白である。その証拠に高度成長を経てゆたかになると、わたしたちは、より多くの畜肉を消費するようになった。そして一九八七年に商業捕鯨が一時停止(モラトリアム)して以降は、特定の捕鯨地や西日本を除き、人びとの食卓から鯨肉は姿を消しつつある[赤嶺 2012]。

ローマにある国連食糧農業機関(FAO:Food and Agriculture Organization of the United Nations)は、「人びとが健全で活発な生活をおくるために十分な量と質の食料への定期的アクセスを確保し、すべての人びとの食料安全保障を達成する」(傍点筆者)ことを組織の目的に定めている[FAO n.d.]。食料安全保障(食の安全保障)についてFAOは、「すべての人が、常に活動的・健康的生活を営むために必要となる、必要十分で安全で栄養価に富む食料を得ることが出来る」こと、と定義している[FAO n.d.]。留意すべきは、ここでいう健康的な生活には、精神の健康もふくまれることである。食文化というと、贅をきわめたグルメを想起しがちであるが、かりに食文化を「ある特定の集団・地域社会で継承されてきた食習慣」と定義してみると、FAOのいわんとすることも理解しやすいはずだ。つまり、広義の食文化が保障されなければ、人びとの生活(生活権)が侵害される可能性があるということである。

このことは、「原住民による地域的消費を目的とした捕鯨であり、伝統的な捕鯨や鯨類利用への依存がみられ、地域、家庭、社会、文化的に強いつながりをもつ」捕鯨を「原住民生存捕鯨(aboriginal subsistence whaling)」と呼び[Freeman ed. 1988＝1989:190]、こうした捕鯨を一定の条件内で認めている国際捕鯨委員会(IWC:International Whaling Commission)の見解にもあきらかである。つまり、西洋社会で定着している動物権(animal rights)や動物福祉(animal welfare)といった動物愛護の思想にもとづき、鯨類を食用とする慣行を批判する人びとが少なくないなか、西日本を中心に発展してきた鯨肉消費の文化と歴史を鑑みた場合、こうした人びとが鯨肉を消費する権利は、生活権として認められるべきだといえる。

本稿では、生活様式の変化が環境問題と無関係ではないというスタンスから、食文化のかわりに「食からみた生活」という意味で食生活ということばを使用し、その詳細を生活全体のなかに位置づけ、社会変容との関係性から考察する動的視点を食生活誌学と呼ぶことにしたい(1)[赤嶺2011b]。つまり、「食」という日常的な行為に着目する食生活誌学の視点は、わたしたちが享受する快適で利便性に富んだ生活様式全体と環境問題の関係性を問いかけるものであり、環境主義を相対化するとともに、より弾力性に富む環境保全の方策を模索することを意図するものである。その際、食にかぎらず「生活」という人びとの営みを、国家といったマクロな単位だけではなく、地域というミクロな単位とも重層的に接合させることで、時代とともに変化する多様な現実をあきらかにし、より細かな環境保全策を提示することが可能となるはずである。

二　ワシントン条約による水産資源の管理

わたしがナマコに魅せられたのは、まったくの偶然である。東南アジア海域世界を研究するなかで、一九九七年七月にフィリピンの離島、マンシ島を訪れてからのことである(写真1−1)。このあたりのことは、すでにほかで紹介したのでくりかえさないが[赤嶺 1999, 2000, 2001, 2002, 2003, 2010]、成人男性およそ二〇名が、二カ月間にもわたって船上で共同生活を営みながら、南沙諸島(Spratly Islands)という中国やベトナムをはじめ六カ国が領有権を主張しあう海域に散在するサンゴ礁で、領有権があいまいなために国家の管理がおよばないことを逆手にとって、ひたすらナマコを獲りつづける戦略に驚愕したからである。

だから、というわけでもないだろうが、当時のわたしは、管理はおろか、「水産資源の持続可能な利用」などといった表現は、政治のスローガンとしか考えていなかった。アナーキーといえば、それまでである。しかし、国家に依存せずに自立した漁民たちの姿に、わたしは感動さえ覚えていたものである。

ところが、そんなわたしの研究姿勢を一変させる事件が生じてしまったのだ。二〇〇三年六月のこと、突然、水産庁から電話がかかってきたのである。ワシントン条約で、ナマコが絶滅危惧種であるかどうかが議論されているので、話を聞かせてほしい、ということであった。それまでにも調査地での経験から、鼈甲《べっこう》の原材料として流通してきたタイマイ（*Eretmochelys imbricata*）やシャコガイ科（Tridacnidae）の全種がワシントン条約による規制の対象となっており、自由に取引ができないという程度のことは知っていたものの[2]、ワシントン条約そのものについては無知であった。その電話が、その後のわたしの研究の方向性を左右することになろうとは、当時は思いもよらなかった。

写真1-1　マンシ島漁民．南沙諸島海域での2カ月近くにおよぶ爆薬漁を終え，船底に塩漬けにしておいたタカサゴを海水で洗い，天日干しにする（フィリピン，マンシ島，1998年）．

同条約の正式名称は、「絶滅のおそれのある野生動植物の種の国際取引に関する条約（CITES：Convention on International Trade in Endangered Species of Wild Fauna and Flora）」という。一九七三年に米国のワシントンで成立したことから、日本ではワシントン条約との通称で知られているものの、一般には、英文の頭文字をとってＣＩＴＥＳ《サイテス》と呼ばれている。

ワシントン条約では、絶滅の危機度に応じて生物種が三段階に区分され、それぞれに異なる管理体制をしいている。絶滅の危機に瀕している生物は附属書Ｉに掲載され、商業目的の輸出入は禁止されている。ゾウやパンダ、トラなど動物園でおなじみの大型哺乳動物の多くが附属書I掲載種である。附属書IIに掲載されるのは、現在はかならずしも絶滅の脅威にさらされてはいないが、国際取引を規制しないと将来的に絶滅する可能性があるとされる生物である。附属書II掲載種は、輸出可能であるものの、輸出にあたっては輸出国政府が発行した輸出許可書の事前提出が必要となるし、輸入に際しては輸出許可書の提示が求められる。なお、同条約の目的は、国際貿易によって野生生物が絶滅することの防止にあるため、希少種であっても人工繁殖されたものや国内での流通は管理対象外とされている。

附属書Iと附属書IIの修正(掲載と削除)には、締約国会議(以下、CoP:Conference of the Parties)において、白票を除く有効票の三分の二以上の承認を必要とする。他方、附属書IIIは、締約国が自国内で捕獲採取を禁止あるいは制限している生物にかんし、他国の協力をあおぐために独自に掲載することができる。とはいえ、CoPの議決を経ていないため拘束力は強くない。たとえば、ナマコ類でいえば、エクアドル政府がフスクスナマコ(*Isostichopus fuscus*)を二〇〇三年八月に附属書IIIに記載(同年一〇月から発効)しているだけである。しかし、フスクスナマコはメキシコからペルーにいたる海域の太平洋岸に生息しており、このような生息国がフスクスナマコを輸出したければ、原産地証明書を添付しさえすれば、エクアドルの許可なく輸出できる。密漁防止のためにも、メキシコやペルーなどの協力は必須となるが、附属書IIIにはそこまでの拘束力はない(3)。

ワシントン条約には、二〇一一年一二月三一日現在で一七五カ国が加盟しており、およそ五千種の動物と二万八千種の植物が規制下にある[CITES n.d.]。このうち、附属書Iと附属書IIに掲

表1-1　ワシントン条約附属書Ⅰおよび附属書Ⅱに掲載されている魚類（23属，96種）

学名	和名	英名	APP.	備考
Cetorhinus maximus	ウバザメ	Basking shark	II	ウバザメ科
Carcharodon carcharias	ホホジロザメ	Great white shark	II	ネズミザメ科
Rhincodon typus	ジンベイザメ	Whale shark	II	ジンベイザメ科
Pristidae spp.	ノコギリエイ類	Sawfishes	I/II	*Pristis microdon*（ラージトゥース・ソーフィッシュ）のみ附属書IIで，それ以外のノコギリエイ科全種（2属6種）は附属書I.
ACIPENSERIFORMES spp.	ヘラチョウザメ類，チョウザメ類	Sturgeons	II	附属書Iに掲げる種をのぞくチョウザメ目全種（2科6属25種）.
Acipenser brevirostrum	ウミチョウザメ	Shortnose sturgeon	I	チョウザメ科
Acipenser sturio	ニシチョウザメ	Baltic sturgeon	I	チョウザメ科
Anguilla anguilla	ヨーロッパウナギ	European eel	II	ウナギ科
Chasmistes cujus	クイウイ	Cui-ui	I	カトスムス科
Caecobarbus geertsi	カエコバルブス	African blind barb fish	II	コイ科
Probarbus jullieni	プロバルブス	Esok, Seven-striped barb	I	コイ科
Arapaima gigas	ピラルクー	Pirarucu	II	オステオグロッサム科
Scleropages formosus	アジアアロワナ	Asian arowana	I	オステオグロッサム科
Cheilinus undulatus	メガネモチノウオ	Humphead wrasse	II	ベラ科
Totoaba macdonaldi	トトアバ	Totoaba	I	ニベ科
Pangasianodon gigas	メコンオオナマズ	Giant catfish	I	パンガスィウス科
Hippocampus spp.	タツノオトシゴ類	Seahorse	II	ヨウジオウ科タツノオトシゴ属全種（47種）
Neoceratodus forsteri	オーストラリアハイギョ	Queensland lungfish	II	ケラトダス科
Latimeria spp.	シーラカンス	Coelacanth	I	ラティメリア科

出所：CITES Species Database (http://www.cites.org/eng/resources/species.html), http://www.trafficj.org/aboutcites/appendix_animals.pdf

表1-2　ワシントン条約附属書Iおよび附属書IIに掲載されている魚類と発効年

学名	和名	附属書	発効年
Acipenser brevirostrum	ウミチョウザメ	I	1975
Acipenser sturio	ニシチョウザメ	I	1975/83*
Chasmistes cujus	クイウイ	I	1975
Probarbus jullieni	プロバルブス	I	1975
Scleropages formosus	アジアアロワナ	I	1975
Pangasianodon gigas	メコンオオナマズ	I	1975
Arapaima gigas	ピラルクー	II	1975
Neoceratodus forsteri	オーストラリアハイギョ	II	1975
ACIPENSERIFORMES spp.	ヘラチョウザメ類，チョウザメ類	II	75/83/92/98*
Latimeria spp.	シーラカンス	I	1975/2000*
Totoaba macdonaldi	トトアバ	I	1977
Caecobarbus geertsi	カエコバルブス	II	1981
Rhincodon typus	ジンベイザメ	II	2003
Cetorhinus maximus	ウバザメ	II	2003
Hippocampus spp.	タツノオトシゴ類	II	2004
Cheilinus undulatus	メガネモチノウオ	II	2005
Carcharodon carcharias	ホホジロザメ	II	2005
Pristidae spp.	ノコギリエイ類	I/II	2007
Anguilla anguilla	ヨーロッパウナギ	II	2009

* 発効年に複数の年の記載があるのは，附属書の改定があったため．
出所：CITES Species Database［CITES n.d.］

載されている魚類、一八科二三属九六種をまとめると表1-1のようになる[4]。

たしかに種数だけをとりあげると、附属書Iと附属書IIに記載されている魚類は、けっして多くはない。しかし、視点をかえると、ある重要な傾向があらわれてくる。ワシントン条約事務局での勤務経験をもつ保全生態学者の金子与止男は、表1-1を時系列に整理しなおした興味深い分析をおこなっている（表1-2）。すなわち、①ワシントン条約が発効した一九七五年の時点で附属書Iもしくは附属書IIに記載されていた魚類三五種は、シーラカンスを除き、すべてが淡水魚であった（もっとも、チョウザメの一部はウミチョウザメなど、海から河川への溯河性をもつものがある）。しかも、そのほとんどが附属書Iだった。②その後、一九七〇年代から八〇年代をつうじて掲載されたのはわずか二種にすぎず、この傾向は一九九〇年代をつうじて踏襲されていた。ところが、③二〇〇二年に開催されたCoP12以降は、海産種を中心に五九種（このうち、属のすべてが規定されているタツノオトシゴ類が四七種と八割近くを占める）が掲載されるにいたっている［金子 2010］。

傾向③については、国連が関与する環境と持続的開発についての多国間交渉の過程をリアルタイムに報告するNGO「国際持続可能な開発研究所（IISD：International Institute for Sustainable Development）」による『地球交渉速報（ENB：*Earth Negotiations Bulletin*）』のCoP12の総括レポートが参考となる。ENBは、CoP12（二〇〇二年）でジンベイザメとウバザメ、タツノオトシゴ類といった海産種が附属書IIに掲載されたことは、CITESにとって大きな分岐点となったとし、「これまでワシントン条約が海産種の議論を回避してきたのは、注目をひく鯨類についてはIWCに一任してきたからでもあるし、それ以外の魚類についてはFAOにまかせてきたからである。しかし、CoP12において前記三種が附属書IIに掲載されたことで、ワシントン条約は従来の慣習をうちやぶる結果となった」と分析している［*ENB* 21(30):15］。

ENBの分析を裏づけるように、次のCoP13（二〇〇四年）では、ホホジロザメとナポレオンフィッシュ（メガネモチノウオ）が附属書IIに掲載されたことは表1−2で確認したとおりである[5]。加えて、CoP14（二〇〇七年）の開催を受け、世界最大級の環境保護団体であるWWF（World Wildlife Fund, 世界自然保護基金）が同会議で注目すべき一〇種をあげたなかで、その半分を海産種が占めて

写真1-2 2010年3月，カタールのドーハで開催されたワシントン条約（CITES）第15回締約国会議（CoP15）．米国代表の発言中の様子．

いたことにも留意したい(6)。また、すべて否決されたとはいえ、二〇一〇年三月にカタールのドーハで開催されたCoP15（写真1-2）で議論された附属書改正案のうち、魚類がサメ八種に大西洋クロマグロの九種にのぼったように、ENBが「CoP12をCITESの転換点」と分析したとおりに進み、ワシントン条約における海産物、とくに商業的に利用されてきた水産種（commercially exploited aquatic species）の位置づけは重要度を増す傾向にある。

表1-2に掲げた魚類は、多くの人にとってなじみがないにちがいない。シーラカンスはもとより、アジアアロワナもオーストラリアハイギョも古代魚であり、非食用種である（写真1-3）。観賞魚として水族館でなじみでもあろう。コンゴ盆地の洞窟に生息し、目が退化したカエコバルブスも同様で、食用とはなりえない。他方、クイウイは、米国ネバダ州ピラミッド湖とトゥラッキー川に固有の淡水魚で、周囲に生活するネイティブ・アメリカン（先住民）のあいだで食され、そうした人びとには民族的アイデンティティのよりどころでもある。カンボジア、ラオス、ベトナム、タイ、マレーシアに生息するプロバルブス（エソック）も、カンボジア、ラオス、タイ、ベトナムに生息するメコンオオ

ナマズも、こうした国ぐにでは貴重な食料として流通してきた（現在は養殖されている）。世界最大の淡水魚として水族館でおなじみのピラルクーは、ブラジル、ペルー、ガイアナに生息し、同地域の先住民が食用してきた（**写真1−4**）。ペルー研究者の友人によると、アルミホイルにつつみ、グリルして調理すると美味だという。トトアバは、メキシコで食用とされてきた海水魚である[7]。

こうしてみると、二〇〇〇年代以前に記載の食用とされてきた魚類の多くは、生息域が限定的で、（キャビアを産するチョウザメ類を除き）国際貿易というよりは、むしろ、生産国内でローカルに利用されてきたものであることがわかる。これに対して、二〇〇二年以降に記載された魚類は、生息域も広範におよび、その消費は生息域内ではなく、むしろアジア市場を中心とした国外市場である。この意味において、国際貿易の規制によって野生生物の保護をおこなおうとするワシントン条約が管理するにふさわしい魚種だともいえる。しかし、問題は、こうした魚類は、

写真1−3　オーストラリアハイギョ
（名古屋港水族館，2012年9月）．

写真1−4　ピラルクー
（下関市しものせき水族館「海響館」，2011年12月）．
世界最大のピラルクーは水族館の人気者．

アジアの「伝統」的商品であったということである。これが、四点目の特徴として指摘できる。

加えてジンベイザメ（最大体長一三メートル）とウバザメ（同一〇メートル）は、それぞれサメ類のみならず魚類のなかで一、二位の大きさをほこり、その大きさだけでも感動を誘い、圧倒される存在でもある。とくにジンベイザメは、その愛嬌ある体形とおだやかな性格から、水族館の人気者でもある（写真1–5・1–6）。最大体長二メートルにもなるナポレオンフィッシュ（メガネモチノウオ）も、ダイバーや水族館で人気の魚類である。成長すればするほどに肥大化する頭の瘤《こぶ》と、はちきれんばかりのゼラチンがつまった口唇が特徴である（写真1–7）。こうしたことから、動物愛護の視点からも、少なからぬ保護の主張が聞かれるのは偶然ではない。

写真1–5
ジンベイザメ見物客でにぎわう
沖縄美ら海水族館（2012年4月）.

写真1–6
海洋環境とジンベイザメの保護を訴える
WWF香港のポスター（2007年10月）.
香港出身の人気歌手・俳優の
鄭伊健（Cheng Yee-Kin）は,
海洋環境保護にも熱心である.

タツノオトシゴは漢方薬の原材料とされているが、この奇妙な魚類も、そうであるだけに愛おしく、保護すべき対象ともなりうる。利用か保護かといった問題に、科学を超えた思想が影響をあたえていること、これが第五点目の特徴である。

「目には目を」などといきがるつもりは毛頭ないが、なにをかわいいと考え、なにを残酷ととらえるかは、個人の領域を超え、文化や価値観のちがいに帰する問題である。裏返せば、なにを（食用）資源と考えるかも社会の問題である。野生生物の利用と管理について、多様な思想が混在するのはグローバル化時代の当然の帰結であろう。だとするならば、人間と野生生物との多様な関係性の現実にこそ目をむけるべきではなかろうか。

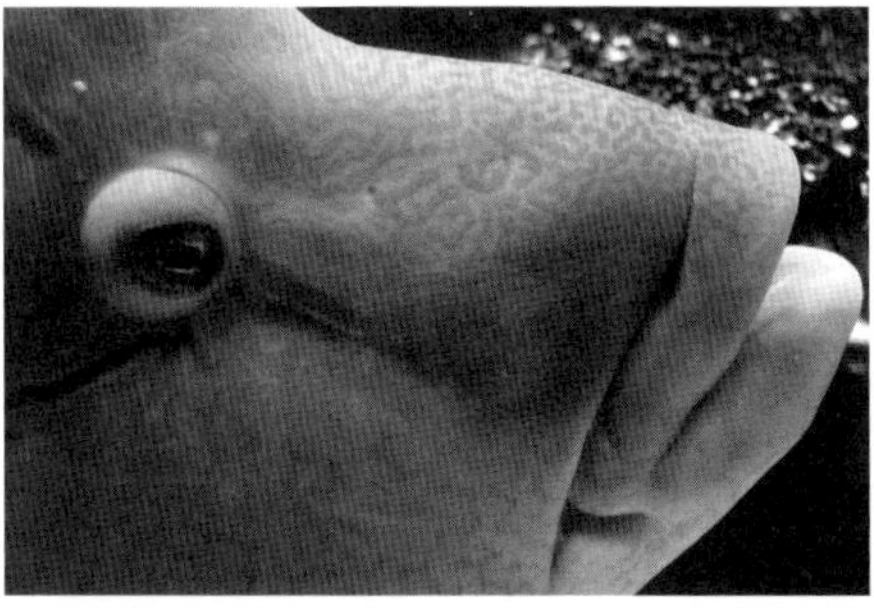

写真1-7　メガネモチノウオ（ナポレオンフィッシュ）の口唇（那覇空港到着ロビーの水槽，2012年4月）．

三　アジア史におけるナマコ――ナマコ食文化の多様性

「生きながらひとつに凍る海鼠《なまこ》かな」――芭蕉

ナマコは、いうまでもなく冬の季語である。ナマコ料理といえば、冬季の酢ナマコしか思いつかない現代の日本では、季節感をともなわない中国のような乾燥ナマコの消費は奇異にうつるかもしれない。

しかし、古来、日本ではナマコをコと呼び、生のコをナマコ、煎って干したコをイリコ（煎海鼠）と呼びわけてきた。当時の調理法はさだかではないものの、奈良時代にはイリコが伊勢国や能登国、隠岐国から税として納められていたように［鬼頭 2004］、日本にも乾燥ナマコを利用する文化は存在していた（現在の能登地方における乾燥ナマコの食習慣は後述する）。のみならず、江戸時代の茶会では、イリコのお澄ましや和え物などに人気があつまっていたらしい［平野訳 1988］。

中国ではナマコを薬効ゆたかな「海の（高麗）人参」と考え、海参《ハイシェン》と呼び、高級な乾燥海産物を意味する「参鮑翅肚《シェンパオチイドオ》」なる成句にも収められている。鮑は干アワビ（鮑魚《パオユイ》）、翅はフカヒレ（魚翅《ユイチイ》）、肚は魚の浮き袋（魚肚《ユイドウ》）である。シイタケと干シイタケが異なる食感をもつように、これら参鮑翅肚も、乾燥されることで独特な食感を呈するようになる。とくに参・翅・肚は、ゼラチンのかたまりである。それらの歯ざわりとともにゼラチンに吸収させたスープを堪能する。このように中国料理文化圏のイリコ料理はゼラチン食の一環としてとらえるべきであり、日本のイリコ料理とはその点で異なっている（**写真1−8・1−9**）。

四千年の美食文化をほこる中国とはいえ、参鮑翅肚が普及したのは、一七世紀以降のことである。もちろん大帝国であった清国でも生産されていたであろうが、今日のグローバリズムよろしく、清朝の人びとの胃袋は、東南アジアや日本など近隣諸国からの輸入に依存して満たされていた。興味深いのは、東南アジアでイリコを買い付け、中国へ運んでいたのは、イギリスをはじめとしたヨーロッパ諸国の商船であったことである。当時、ヨーロッパで需要が爆発しつつあった茶を買い付けるため、西洋人たちが清国にアヘンを売りつけたことは有名であるが、西洋人たちはアヘン以外にも中国が欲する物品なら、なんでも物色したのだった。

そんな西洋人たちが目をつけたのが、中国で人気を博していた参鮑翅肚であった。なかでもナマコは、浅瀬のサンゴ礁を渉猟するだけで、子どもでも採捕できた。とはいえ、大量のナマコを

写真1-8　香港の海産物小売店(2007年2月).
乾燥ナマコをはじめ，さまざまな海産品が店内に所狭しと並ぶ.

写真1-9　台北市内の小売店店頭(2011年4月).
中国にくらべると台湾の「ナマコ熱」は弱いが,
日本(関西)産から米国(美國)産，さらに南米エクアドル産まで,
世界中の産地の乾燥ナマコが並んでいる.

獲るには、人海戦術しかない。そのため、東南アジアでは労働力を確保するための奴隷狩りが頻繁におこった。島じまの首長たちは、イリコと交換に、西洋人から銃火器を入手し、その銃火器が、東南アジア海域における海賊行為をさらに激化させるという「暴力の連鎖」が生じたのであった［Warren 1981］。茶とナマコをめぐるアジアの混乱がやや落ちつきをみせるのは、第二次アヘン戦争とも称されるアロー戦争（一八五六〜一八六〇年）の後にイギリスがインドやスリランカで茶の栽培に成功する一九世紀なかば以降のことである。

いわゆるコモンズ論では、所有の形態に着目して資源を私的財産（private property）、公的財産（public property）、共的財産（communal property）、非所有（open access）に四分類するのが一般的である［Feeny et al. 1990＝1998］。しかし、そもそも海洋資源は、所有権を明確にするのがむずかしい。第一、鯨類やマグロ類のように広大な海域を回遊する魚類の所有権をとなえるには無理がある。このような事情から、これらは「人類の共有財産（グローバル・コモンズ）」と称されることもしばしばである。この共有感覚こそが、一九七〇年代以降に隆盛した環境主義の成果である。

他方、ナマコはどうか？　ナマコはいわずと知れた底棲動物である。当然、ナマコの棲む地先の海には、それらを文字どおりに「共有」してきた社会が実存している。それらの津々浦々では、「私」でもなければ、国家や自治体などの「公」でもなく、まさに共同体として浜を利用する共的管理が実践されてきた。たとえば、現行の日本の漁業制度では、漁業権者（漁協）が排他的に水面を利用できるかわりに、資源管理をおこなうことが定められている。漁業権として知られるこの権利は、明治以前の列島各地に存在した慣習法を基礎とした概念であり、明治以降に近代的法体制が確立するなかでも保障されてきたものである。

一例を、ナマコだけではなくコンブやウニなど沿岸資源に依存する北海道の利尻島にみてみよう(写真1−10・1−11・1−12)。利尻島では、操業期間のみならず、操業時間までを厳格にし、そのうえでナマコの年間水揚げ量を五〇トン、しかも一三〇グラム以下のものは海にかえすといった自主規制をおこなうなど、漁協が地域の実情に沿った資源管理をおこなっている[赤嶺 2010]。

このような事例から、地先の海をまもろうとする漁業者の意思をよみとることは可能である。しかし、よくよく話を聞いてみると、それらの資源をまもることが一義的に存在してきたのではなく、共同体内で生起しうる紛争を回避するためのルールが段階的に整備されてきた地域社会の歴史があきらかとなってくる。たとえば、利尻島での調査中に漁協職員の家庭に不幸があったことがあった。そのときは快晴で海も凪《な》いでおり、ナマコ漁にとって最適といってよい日和であったが、葬儀のために三名が操業できない、

写真1−10　宗谷海域で操業するホタテ兼ナマコ漁の漁船(宗谷,2005年6月).

写真1-11　利尻島近海のマナマコ．
沓形港沖の藻場にて（2012年9月）．

写真1-12　ナマコの乾燥作業（稚内市宗谷村，2005年6月）．
世界一高価なナマコの製造にはていねいな手作業が欠かせない．

という理由でナマコ漁は自主休漁となった。こうした配慮は、資源管理というよりは、漁業者間の関係を円滑にたもつ目的であることは明白である。

　このように、資源管理は、単一魚種の資源そのものの増減だけを問題にするのではなく、それを利用する人びとの生活全体から議論していくことが必要となるのである。だとすると、人と海との多様なかかわりを維持することが、海と資源をまもる近道となりうるといえないだろうか。資源をめぐる議論は、「保存」か「利用」か、といった二元論では、展望はひらけてこない。ひろく「海」にかかわってきた人びと――当事者たち――の歴史・文化の多様性を視野にいれ、さまざまな当事者たちが培ってきた英知を結集し、それらを試行錯誤してみることが重要なのである。

四　ナマコ供養をもとめて

「ナマコおたく」を自認し、ナマコを主題に北海道から沖縄まで日本各地を歩いてきた自負はあるが、恥ずかしいことに、奈良時代からイリコ（煎海鼠・熬海鼠）と呼ばれた乾燥ナマコを税金として納めてきた歴史をもち［鬼頭 2004：120］、かつ現在でも日本海地域で最大の水揚げをほこり、同海域におけるナマコ文化の中心に君臨する能登［鶴見 1990］には、これまで足を踏み入れたことはなかった。そんなわたしが、二〇一〇年二月中旬に研究室のパソコンで、「三月に初のナマコ供養　七尾の神社、知名度向上へ」という見出しの『北國新聞』のインターネット配信記事を目にしたことから［北國新聞 2010a］、事態は急展開することになった。

この記事によると、「能登なまこ加工協同組合」なるものが存在し、供養祭は同組合の主催だという。ナマコ供養の衝撃はもちろんのこと、研究上注目してしかるべき、こうした団体の存在を知らなかった自分を恥じいった。

捕鯨に顕著なように、野生生物の利用をめぐっては、文化（自然観）の相違から、利用か保護かをめぐって意見が対立することが少なくない。経済効率至上主義におちいった結果、往時の南氷洋捕鯨によってシロナガスクジラをはじめとした大型鯨類が絶滅の危機に瀕したことはまぎれもない事実である。しかし、一九八七年から実施された商業捕鯨のモラトリアムの結果、ナガスクジラをはじめ大型鯨類数種の資源回復が確認されている［小松編 2001］。そうだとすれば、科学的助言のもとで、資源量の回復した鯨類の利用が認められてもよさそうなものである。しかし、周知のように、捕鯨問題を議論するはずのＩＷＣは、捕鯨推進派と反捕鯨派との膠着状態がつづき、そう簡単には事態はうごきそうにない［赤嶺 2011a］。

こうした現状のなか、文化人類学者を中心に、科学ではなく文化の視点から日本列島各地の捕鯨をとらえなおそうという主張がなされてきた［Freeman ed. 1988＝1989; 高橋 1992; 秋道 1994, 2009］。いわゆる「捕鯨文化」論である。それらの主張の要点は、以下の四点に収斂できる。①縄文時代の遺跡からイルカ類をはじめとした鯨類の遺物が多数発掘されるように長い歴史をもっていること、②食肉や鯨油用途だけではなく、肥料や文楽人形の紐《ひも》として利用されるといったように多様に利用されてきたこと、③大きな魚（鯨）、勇ましい魚（勇魚）として鯨類をうやまってきたこと、④全国各地に鯨塚や供養塔が残され、今日でも供養祭を営む地域が少なくないこと(8)、である。

もちろん、こうした主張についても、さまざまな批判はある［渡邊 2006; 石井編 2011］。たとえば、毎年四月二九日に和歌山県の太地町《たいじちょう》でおこなわれている鯨類供養は、かつての捕鯨従事者の会（太地捕鯨ＯＢ会）が主催しているものである（**写真1–13**）。供養のあとに商業捕鯨復活を願う決起演説がおこなわれるように、多分に政治的なメッセージを発する機会としても機能している［Freeman ed. 1988＝1989］。その一方で同町の東明寺（禅宗臨済派妙心寺）には、一七六八（明和五）年に建立された鯨類供養碑が奉納されている（**写真1–14**）。これは、解体を専門にした職人集団によるものだというが、職業とはいえ、日常的に鯨体の解体を手がけていた人びとによる自然な行為だったと考えられる。

写真1-13　太地捕鯨OB会による鯨供養（和歌山県太地町，2010年4月）.

写真1-14　東明寺の亡鯨衆霊塔
（和歌山県太地町，2010年4月）.

ここでは、まず、供養というイベントには、「供養する」という宗教的行為以外にも、さまざまな意図がグラデーション的にこめられうることを確認しておこう。そのうえで、わたし自身、一部の政治家が声高に「捕鯨は日本文化」と主張するほどに、現在の鯨肉消費をナショナルなものだとは考えていないが［赤嶺 2012］、捕鯨文化論者たちの研究によって、日本各地に捕鯨文化が存在していることが確認できたことも、評価しておきたい。

供養は、日本的な自然観を具現化したものだとされる

［木村 1988; 松崎 2004; 田中 2006］。浅学のわたしには宗教学における供養の議論に踏みこむ勇気はないが、たとえば、拾った棒切れで街路に植えられた植物を意味なく叩いている幼児を、「葉っぱがかわいそうでしょう?」と親がたしなめる光景を想像してみてほしい。それほど信心深くもないわたしも、楽しげに棒切れをふりまわす息子に対し、無意識のうちにそうした忠言を一度ならずしてきたものだ。いまから考えるに、草木にも生命が宿っており、それをいたずらにいじめてはならない、と考えてのことだったはずである。こうした自然観の延長線上に生物供養を位置づけることは、それほどむずかしくないだろう。

このように、日本の自然観の一部が供養によって表象されているとすると、ナマコおたくのわたしとしては、日本のどこかにナマコ供養やナマコ供養塔が存在しないものかと気になっていた(いや、あってほしいと願っていた)。それは、ナマコ研究をしている旨の自己紹介をすると、「ナマコを最初に食べた人って偉大ですよね」といった類の話におちつくことを少なからず経験し(9)、それはそうかもしれないが、人類とナマコとの関係性は、もっと多様なものではないか、と考えてきたからである。捕鯨文化論に触発された、そうした多様性の発掘と尊重こそが、ワシントン条約のような国際条約の場での議論に不可欠だと考えるにいたったからである。

これまでにも、佐賀県に「大浦湾海鼠増殖記念碑」なるものがあることは知ってはいた。一九三六(昭和一一)年に、現在の唐津市肥前町大浦浜に建てられたものだ。ナマコ増養殖研究の第一人者で佐賀県玄海水産振興センターの伊藤史郎所長によると、同碑は以下のような背景をもつ。当時の東松浦郡切木《きりご》村では、それまでの一〇年間の漁獲量が平均一〇二〇貫(約三・八トン)であったものの、一九三三年には四八〇貫(約一・八トン)にまで減少したため、村では一九三四年に県営ナマコ増殖場の指定を受け、同年三月、八四立坪の投石と親ナマコ四五〇貫(約一・七トン)の放流をおこない、さらに翌年一月にふたたび三三立坪の投石を別の場所におこなって、このあいだ二年間の禁漁を実施した。その結果、一九三五年一二月から翌年一月にかけてのわずか四日間の操業で、四三二八貫(約一六トン)を漁獲し、資源量の減少をみた一九三三年の漁獲量の約九倍、金額にして一三倍という好成績をおさめることができた。村ではこれを記念して、当時の佐賀県知事であった古川静夫氏の筆による「ナマコ増殖記念碑」を建て、さらに水揚げ金額の一部をナマコ増殖事業のための「ナマコ増殖記念貯金」として活用した[伊藤 1996:108]。

県の指導があったとはいえ、二年間も自主的に休漁したことや、その後もナマコ増殖事業のための費用を漁民みずからが貯えたという先進的な試みは、日本産ナマコ類の分類を完成させた棘《きょく》皮《ひ》動物の碩学・大島廣も着目するように[大島 1983:118–119]、今日の資源管理型漁業からしても評価されるべき偉業である。

伊藤さんは一九八〇年代末、自身の研究目的のため、先学の記述をたよりにナマコ増養殖記念碑をさがしたそうである。当時、残念ながら、漁業関係者に訊いてもだれも知らなかったらしい。それでもあきらめずに捜索していたところ、湾内の通行を補助するために緑色と赤色の電灯をくくりつけた石塔が目に入ったため、その石塔が建つ砂岩の島に上陸してみたところ、それが記念碑だったという。島全体に鳥の糞が堆積しており、漁業関係者とともに掃除したものだ、と回顧してくれた。

写真1-15　大浦湾海鼠増殖記念碑（佐賀県唐津市, 2012年1月）.

二〇一二年一月、その記念碑に接することができた（**写真1-15**）。大浦浜は、静かな伊万里湾の最深部にあった。いろは島と称される大小の島じまが点在し、後背地には壮大な棚田がひろがる風光明媚な土地であった。出港からわずか五分。大浦浜の人びとが「沖の赤瀬」と呼ぶ砂岩でできた島に記念碑は建っていた。あいかわらず鳥の糞は散見されたものの、記念碑の周囲はきれいに整備されていた。記念碑の右脇に布袋さんの像が設置されていたが、伊藤さんが「発見」した際には置かれていなかったというから、その後、だれかが置いたものであろう。

現在、大浦浜漁協の経営基盤はカキ養殖であり、ナマコにはそれほど力をいれていない。もちろん、ナマコ供養がなされているわけでもない。年末に漁協が資源調査のためのナマコ漁を一回おこなったあと、組合員には一回だけ操業が許可されている。二〇一一年の場合、一二月二二日に試験操業をおこない、一二〇キログラムの水揚げをみた。組合員個人による水揚げは、漁協をとおさないため詳細は把握できていないものの、ほとんどがお正月用の生食需要にまわされるようである。

唐津市の大浦浜漁協の事例は、（それほど重要視していないとはいうものの）共同資源を個人だけではなく、文字どおり共的に利用していることは注目に値する。記念碑を発見したあとで、伊藤さんが地域の漁業関係者に対し、先人の営為のすばらしさを解説したところ、「へぇー」とおどろいた様子だったという。ナマコ漁を経営的に重視していなくとも、そうした歴史が、人知れず布袋さんを配置し、今日も記念碑周辺をきれいにしている原動力となっているとはいえないだろうか。

しかし、残念ながら、これはわたしが求めている供養譚ではない。日本各地にあまたある魚介類一般の供養碑にナマコも包括されているといえば［田中 2006; 田口ほか 2011］、それまでである。しかし、どこかにナマコ類の供養碑はないものか？

そんなナマコ供養碑は、やはり存在した。民俗学者の松崎憲三が、生物のみならず筆や鋏の供養もあつかった大著『現代供養論考』のなかで、「大分県臼杵市には海亀供養塔、鮑・栄螺・海鼠供養塔といった類の石碑が一帯に多く存在するが、鯨に関するものも六基ある」（傍点筆者）と記しているのである！［松崎 2004:111］　この記述を目にしたときは、興奮のあまり、目を疑ったものである。松崎が依拠した臼杵史談会員の本田健二と斉藤行雄が会報『臼杵史談』に寄せた調査報告「臼杵市の魚鱗塔等について」によると、鮑・栄螺・海鼠供養塔が建立されたのは、以下のいきさつによっている。大正初期、風成《かざなし》地区は、アワビ、サザエ、ナマコ漁でにぎわった。こうしたことから、地域の世話人や総代によって一九一七（大正六）年に供養塔が建てられた［本田・斉藤 1983:31］。

これ以上の詳細がわからないのが残念であるし、ナマコ単体の供養塔でないのも悔しいかぎりであるが、とにかく一基でも存在することがわかっただけでも、わたしはうれしかった。ながらく、その現場をおとずれたいと考えていたが、その機会は二〇一二年一月にやってきた。福岡市で開催された研究会に参加する機会を利用し、さきの唐津市を訪問し、その足で臼杵市にも足を伸ばすことができたのである(写真1-16)。

豊後水道のこのあたりはリアス式海岸であり、クネクネと細い道が海岸に沿ってとおっている。そんな一画を占める臼杵湾南部の風成には波ひとつなかった。風成は、もともと「風無」と書いていたのかな、などと想像させるに十分なほど、とにかくベッタリと静かなのだ。その原因は、人影がまばらなことにもあった。土曜日ということで、湾内で数名の釣り人が棹をいれている。車で来ているところをみると、地元の人ではありえない。釣り人に声をかけると、笑いながら「ここん人は、みんな炬燵《こたつ》にはいっちょるけん、ここで探しても無駄じゃぁ、けん」と言われる始末であった。事情を訊こうにも、雑貨店もとなりの集落にしかない。かといって、一軒一軒、訪問するわけにもいかない。釣り人と世間話をしていると、やっと年配の女性ふたりがとおりかかってくれた。『臼杵史談』を見せ、「この供養碑を探している」と訊ねたところ、ふたりでごそごそ相談したあげくに、「おそらく、あれじゃろう」ということで、そのうちのひとりが案内してくれた。

臼杵市中心部から海岸沿いに南下しつづけ、寄り鯨の収益で学校をつくったことに感謝して建てられた「大鯨魚寶塔」(一八七一〔明治四〕年建立)で有名な大泊をすぎ(写真1-17)、そのカーブを曲がれば風成という集落の西端の斜面にそって墓地がある。もともと大泊と風成は、海岸沿いの道路で結ばれておらず、海路で往来したものであろう。供養碑は、あたらしく海面を埋め立て整備された道路を見おろすように建っていた。埋め立て以前は、供養碑のすぐきわまで、海岸線がせまっていたものと察せられた。

案内してくれた女性によれば、この集落をひらいたとされるH家の人びとが供養碑を管理していて、盆と正月にH家の墓の掃除をするのといっしょに供養碑の周囲の草木を刈っている、とのことだった。ちょうど正月をむかえるにあたり、掃除したのであろうか、供養碑の周囲はきれいに刈りこまれていた。管理しているH氏は現在、集落外に住んでいるとのことで、残念ながら子細はあきらかにならなかった。しかし、かなり風化しているとはいえ、青みがかった天然石に「鮑栄螺海鼠海瀬魚」との八文字が刻まれた供養碑の存在を確認できたことは、旧友に会ったような気がして、なによりもうれしかった。[10]

写真1−16　鮑栄螺海鼠海瀬魚の碑（大分県臼杵市，2012年1月）.

写真1−17
大鯨魚寶塔（大分県臼杵市，2010年5月）.

五　能登なまこ供養祭の可能性

能登のナマコのおもしろさは、①奈良時代から乾燥ナマコをつくってきた歴史をもつこと、②需要が沸騰しつづける中国への乾燥ナマコの輸出だけに依存せず、日本市場での地域ブランドの確立にむけて努力していること、③ナマコを産業活性化の軸にすえ、伝統的なナマコ加工食品に加え、ナマコ石鹸など現代的なものもふくめ、多様なナマコ製品群の生産を活発化させようとしていること、にある（写真1–18・1–19）。そうしたさまざまな活動のシンボルとなるのが、能登なまこ加工協同組合による「能登なまこ供養祭」なのである。

能登なまこ加工協同組合は、二〇〇七年一〇月に、①能登なまこの加工技術の保護・継承、②能登なまこの国内消費拡大にむけた共同販路開拓、③能登なまこのブランド化にむけた品質管理・共同PR活動、④能登なまこに係る会員間の情報交換および勉強会・先進地視察などを目的に組織され［能登なまこ加工協同組合 n.d.］、二〇一二年三月現在、六社が加盟している。

具体的には、これまで各業者が個別に取り組んできた生産資材の購入やPR活動などを共同で展開したり、情報交換を密にはかりながら、定期的に勉強会を開催したりして、業者間の品質の均一化につとめている。当面は七尾市内の業者だけで活動するが、将来的には穴水町《あなみずまち》をはじめ能登一円の業者の参加を促し、統一ブランドの確立をめざすという(11)［北國新聞 2008］。

同組合をたちあげた経緯について、理事長の杉原省さんは、ブランドの確立はもちろんのこと、二〇〇〇年代以降に次つぎと露呈した産地偽装の問題を指摘する。

「能登のナマコを見分けるために、わたしたち地元の業者はマークをつけることにしたんです。お肉の事件があったじゃない、産地偽装の。ああいう事件から、こんなふうになってはいけないと思ったんです。じゃあ、わたしたちがきちんと規制をかけて、「能登なまこ」をつくろうと。「能登なまこ」っていうブランドを高めていくためには、とりあえず地元の漁師や加工業者が、胸張っていえるもんをつくらなければ」［赤嶺監修 2011:72］。

写真1-18　禁漁が解け，翌年にかけてのナマコ漁がはじまる瞬間（石川県七尾市石崎，2010年11月）．

写真1-19　初ナマコを計量する．
この日はキログラムあたり1500円のご祝儀相場となった（同上）．

記念すべき第一回能登なまこ供養祭は、二〇一〇年三月六日(土)、大漁旗が飾られた石川県漁業協同組合七尾支所の荷捌所でおこなわれた。神主さんが祭壇の準備中、さらしに法被姿の地元の和楽器バンド四名による演奏が、場をもりあげていた(写真1−20)。三月とはいえ、まだ寒風が吹きつけるなかでのことである。寒さを吹き飛ばすかのごとく、一所懸命に奏でる勇姿を見て、わたしはなんとなくうれしくなった。勝手に「ナマコおたく」としての同志の絆を感じたからである。

供養祭には、同組合や漁協の関係者らおよそ五〇名が参加した。神職の祝詞奏上につづいて、出席者が玉串を奉納した(写真1−21)。最後に、和倉保育園の園児たちが、およそ約二〇〇個のナマコを海に放流した(写真1−22)。

杉原さんは、ナマコ供養の動機について、「能登なまこが築地市場で最高級品として取引される一方で、地元での認知度が低いことから、ナマコへの感謝を示し、情報発信する場として同祭を企画」したという[読売新聞 2010; 北國新聞 2010b]。将来的には観光客にもあつまってもらえる場にしたいと考えているが、それは、「全国各地から漁業関係者や観光客が訪れる山口県下関市の「ふく供養祭」を参考に、供養をはじめ、ナマコの放流などのイベントを計画した」からでもある[北國新聞 2010a]。

同組合が参考にしたという「ふく供養祭」とは、どのようなものなのか? フグの漁期は「彼岸(秋彼岸)から彼岸(春彼岸)まで」といわれるが、漁期が終わった四月二九日におこなわれるもので、一九三〇(昭和五)年から実施され、戦時中に一時中断したものの、二〇一一年で七二回を数える、魚類供養の老舗中の老舗である。[12] 全国からあつまった五〇〇名を超す関係者と観光旅行者でごったがえす、大がかりなものである。

現在では協同組合下関ふく連盟が主催する行事であるが、もともとは地元の仲卸業者の有志で

写真1-21
ナマコへの感謝と豊漁を願う.

写真1-20
第1回能登なまこ供養祭の様子
(石川県七尾市, 2010年3月).
和楽器を奏でる若者たち.

写真1-22
子どもたちが湾内にナマコを放流する.

組織する関門ふく交友会がはじめたものであった[田中 2006:155]。この仲卸の関係者と卸の関係者が合流し、任意団体としての下関ふく連盟が創設されたのが一九三八(昭和一三)年のことであり、同連盟は二〇一一年に協同組合となった。現在、下関ふく連盟は、九月二九日に総会を開いたあと、漁師やフグ取扱関係者が亀山八幡宮のふく銅像前にて「秋のふくまつり」をおこない、豊漁と航海安全、商売繁盛などを祈願している。また、二月九日には、恵比寿神社においてフグの豊漁と航海安全祈願をおこなっている。前者は一九七八年から、後者は一九八一年からつづく行事である(**写真1-23**)。

写真1-23 「ふく豊漁祈願祭」の様子.
お供えものを奉納する(山口県下関市, 2012年2月).

もっとも、フグ供養は下関だけのことではない。現時点で調べがついているフグ供養の一覧を**表1-3**に掲げる。それらのほとんどが漁期後の四月以降におこなわれるのに対し、フグにかけた二月九日におこなう新居浜(愛媛県)や漁の開始早々に実施する洲本(兵庫県)も特徴的である。主催者については、流通加工関係者、フグ料理店、観光協会などさまざまである。また、九件のうち、ほとんどが仏式であるが、二件の神式が存在している。

表1-3　フグ供養の開催地，実施日，主催者，形式等一覧

開催地	実施日（2010年）	主催者	開催回数（2010年）	場所	形式
下関市	4月29日	下関ふく連盟	71回	南風泊市場	仏式
東京都	4月17日	築地魚市場ふぐ卸売協同組合	55回	築地市場	仏式
京都市	4月7日	京都府ふぐ組合	56回	霊山観音（東山区）	仏式
新居浜市	2月9日	新居浜市料飲組合	17回	澤津漁港	神式
洲本市	11月26日	淡路島観光協会	5回	洲本八幡神社（山手）	神式
臼杵市	5月12日	ふぐの郷臼杵	n/a	木梨ふぐ九州店	仏式
若狭町	4月22日	若狭三方五湖観光協会	20回以上	瑞泉院（塩坂越）	仏式
南知多町	4月29日	可ん寅（名古屋市）	30回以上	光明寺（豊浜）	仏式
横浜市	n/a	神奈川県ふぐ協会	n/a	n/a	仏式

＊ n/aはデータ不詳.
出所：筆者作成.

供養は、そもそも仏教の教えである[13]［木村 1988; 中村 2001］。しかし、なかには神式でおこなわれる場合もある。そのひとつ、洲本の淡路島観光協会によると、フグへの感謝のみならず、フグ漁の安全と商売繁盛の祈願をこめた行事だから、とのことである。事実、能登のナマコ供養祭の場合も、神式でおこなわれている。じつは、正式名称を「能登なまこ供養大漁祈願祭」といい、供養のみならず、大漁祈願や操業安全の願いをこめた祭典なのである。

わたしたちの日常感覚からすれば、（宗教関係者を除き）仏式か神式かは問題にはならないはずだ。漁業関係者だけではなく、ひろく地元の人びとが、こうしたイベントをつうじて、七尾湾の「いま」に関心をもち、そこからあがる水産物の恩恵にあずかることを再確認することができれば、供養祭は成功したといえるのではないか、とわたしは考えている。そうした経験の自覚を蓄積していくことによって、「環境保全」といったいかめしい熟語をもちいずとも、

ゆたかな海を次世代に継承していこうとする気運が高まると期待するからである。

いわゆる漁村に生活していても、なかなか海とかかわる機会が少ないのが現代社会である。杉原さんも、地元の人びとが能登名物ともいえるナマコに関心がなく、家庭でも食べる機会が少ないことを懸念している。だからこそ、杉原さんたちは地元の小学校でナマコをさばき、コノワタ(ナマコの腸の塩辛)を試作する機会も設けている。

能登でも、中国市場を念頭に輸出用の乾燥ナマコや塩蔵ナマコを製造してもいる。しかし、わたしが能登に惹かれる理由は、日本の国内市場で勝負しようという、人びとの意気込みにある。生鮮品としての「能登なまこ」のブランド化はいうまでもなく、能登は高級珍味とされるコノワタやクチコ(生殖巣の乾燥品)の本場である。こうした地域資源のゆたかさを自覚し、さらなる付加価値をつけ、そうした資源を持続的に利用していくためには、関係者だけではなく、地域の人びとがナマコをふくむ七尾湾に関心をそそぐことが不可欠だ。

楽観視はできないものの、さいわいなことに、こうした気運は、少しずつ高まりつつある。七尾湾をいだく七尾市と穴水町の関係者で構成される七尾湾漁業振興協議会に、あらたに二〇一〇年度からナマコ検討会が設置され、よりひろい視野からナマコに注目があつまることとなった。検討会第一回目は二〇一〇年九月七日に開催され、笹干見をもちいたナマコ幼生育成の第一人者である徳島大学の浜野龍夫さんが、「ナマコ増養殖技術の状況とこれからの資源増殖の取組について」と題した講演をおこなった。

また、二〇一〇年度から七尾市も単独でナマコ資源量調査を開始した。その結果は、二〇一一年三月に開催された第二回能登なまこ供養祭の前日に「ナマコの可能性」と題して開催されたシンポジウムで海底映像とともに発表された。報告によると、これまで漁場造成のために設置してきた築磯付近に大きめのナマコが多く、また、石川県が設置したナマコ幼稚仔《ようちし》保育場付近には稚ナマコが生息しており、築磯やナマコ幼稚仔保育場がそれぞれ有効に機能していることがうかがわれたという。七尾市は、今後も資源調査を継続していくとともに、七尾湾漁業振興協議会とも連携して積極的に資源管理を推進していきたいと発表をしめくくった。

　第二回能登なまこ供養祭は、春分の日で三連休となった中日の三月二〇日に実施された。その前日には、漁業者、流通業者、飲食業関係者、研究者、ナマコおたくなど全国のナマコ関係者がつどうナマコ・フォーラムが開催された（不肖わたくしめが座長をつとめさせてもらった）。七尾市の資源調査の結果が報告されたのも、その場でのことである。ナマコ・フォーラムの可能性は、こうした議論に、消費者も参加できるということである。事実、ナマコ好きを自認する中学生とその母が京都から参加しており、議論の幅をひろげてくれた。

　三月一一日に発生した東日本大震災を受け、急遽、参加をとりやめた人もいたが、北海道、新潟、福井、京都、大阪のナマコ関係者が参加したことは画期的である。お互いの企業秘密があることはわかる。だが、品質向上や食の安全性確保のために、企業間の積極的な技術交流を期待するのは、商売とは無関係のわたしのひとりよがりではないはずだ。新潟から参加したある業者さんは、フォーラム後の懇親会で乾杯のあいさつを求められ、「半信半疑で参加したけれども、こうして情報交換ができたことは画期的だ」といった趣旨のあいさつをした。

この業者さんも指摘したように、今回のシンポジウムで課題とされた、中国市場に過度に依存しない国内の市場開拓は、業界全体で取り組むべき課題であり、一企業や一組合の手にあまるものである。もちろん、現時点では、日本にナマコの業界団体など存在せず、それぞれの企業が孤軍奮闘しているのが現実である。しかも、鮮魚価格とはいえ、それを左右するのは、乾燥ナマコの市場である中国の動向である。価格決定に際し、それぞれの浜で暮らす漁業者や流通業者が関与できる部分は限定的である。実際、福島第一原子力発電所の事故との関係はあきらかではないが、二〇一一年は、中国への輸出が滞り、鮮魚価格が半減した地域もめずらしくない。こうした価格の過度な変化は、資源管理策を策定するうえで、大きな障害となる。安定した国内市場を開拓できれば、という想いはナマコ関係者共通の悲願といってよい。

六　能登なまこのブランド化と能登の煎海鼠料理

能登なまこ加工協同組合は、「能登なまこ」という地域ブランド確立のために設立された団体である。地域共有資源でもあるナマコの価値を高め、地域ブランドを確立する目的は、地域を活性化することにある。杉原さんは、「商品開発にこだわるっていうのは、漁師のためになるんです。このあたりの魚の価格がアップするよね、そうすると漁師の収入が上がる。収入が上がると、漁師のなり手がふえる。ふえれば、またよくなるよね。そういうことだと思います。そんなふうにしてプラスのほうに連鎖をつくっていかないと」と主張する〔赤嶺監修 2011:77〕。

漁業経済学者で水産物の地域ブランド化研究の第一人者である日高健は、「個別商品のブランド化はかならずしも地域の活性化に結びつくとはかぎらない。……たとえば、関アジ・関サバのブランド効果として、単価の上昇が注目されるが、漁業生産全体が上昇し、(大分県の)佐賀関地域が活性化するところまでいたっていない」ときびしい現実を指摘し〔日高 2010:308〕、混同しやすい「地域ブランドの確立」と「地域イメージのブランド化」とを峻別しながら推進する必要性を説いている〔日高 2010:310〕。

地域ブランドとしての「能登なまこ」の確立は、全国の市場に知名度を向上させ、よりよい価格を実現させるための戦略でもある。その一方で、能登なまこ供養祭は、そうした能登なまこファンを地域に呼び寄せるためのしかけでもある。さいわい七尾には開湯一二〇〇年といわれる和倉温泉もあり、数々の受賞歴をほこる加賀屋をはじめとした個性的な温泉旅館も多数存在している。また、高級旅館ではないものの、地域の素材にこだわる民宿も少なくない。能登島で民宿を営む瀬川勇人さんも、そんなひとりである〔赤嶺・森山編 2012:106–132〕。瀬川さんによれば、能登島では冬に獲れたナマコを個人で乾燥ナマコに加工し、秋のお祭りのときにもどして食べる習慣があるという。第三節でもふれたように、江戸時代までイリコは日本でも食されていた。また、今日でも料亭でもちいることがあるとも、神戸の問屋さんに聞いたことがある。しかし、乾燥ナマコを自家製造し、祭事に自家消費するなど、能登以外では聞いたことがない(14)。半信半疑だったわたしは、瀬川さんにそのイリコ料理を作ってもらった。「圧力鍋を使えば、簡単にもどせるんで

写真1-24　たっぷりのスープでもどしナマコを煮る（石川県七尾市，2012年2月）．

すよ」と、一〇分ごとに圧力釜を止め、イリコのもどり具合をたしかめながら、自家製の乾燥ナマコを手早くもどすと、醤油煮込みを作ってくれた。

　中国料理でナマコ料理の代表格は紅焼海参《ホンシャオハイシェン》である。紅焼とは、醤油煮込みを意味するが、紅焼海参は、ナマコの磯臭さを消すために白葱の香りをうつした葱油で炒めて煮込む。うすく飴色の焦げめがつき、トロトロとなった白葱の甘さもまた、ナマコ料理をひきたててくれる。ところが瀬川さんは、油を一滴も使わず、文字どおり醤油と酒を加えたたっぷりの出汁で煮込むのである（**写真1-24**）。瀬川さんは、子どものころからナマコの醤油煮込みが好きだった。料理人となってから、醤油煮込みの作り方を名人である叔母に訊ねたものの、なぜだか、叔母は作り方を教えてくれなかった。「乾燥ナマコの作り方からもどし方、料理の仕方まで、それぞれの家庭のものなんでしょうね」と瀬川さんは言う。

　叔母の作った醤油煮込みをめざすべく、瀬川さんが試行錯誤を重ねてきた料理は、わずかに磯香を残しており、モチモチしていて、美味だった。これまでいろんな場所で乾燥ナマコ料理を食べてきたが、磯らしさを徹底的に消去する中国料理のものとは風味も食感も異なっていて、こんな料理が存在するのか、とあらためてナマコ料理の多様性に感心したほどである。

瀬川さんは、ナマコ料理は、漆塗りの器に盛らなくてはならないと言い、わたしにも漆器で給仕してくれた。「昔からそうだった」と瀬川さんは言うが、瀬川さんの叔母がレシピを秘密にしていただけではなく、こんなところにも、能登島の人びとのナマコにかける思いがすけてみえるというものである。ナマコおたくでもある瀬川さんは、そんなナマコをお客さんに食べてもらいたいと考え、生鮮品・乾燥品を問わず、さまざまなナマコ料理を研究中である。

季語にもあきらかなようにナマコの旬は冬である。ナマコにかぎらず、冬季はカキやブリなど海産物が豊富な時期でもあるが、豪雪のイメージがある能登を訪問する観光客は多くはない。これも、瀬川さんをはじめとする観光業にたずさわる人びとの悩みのタネである。夏用に冷凍保存する方法もなくはない。乾燥ナマコを給仕することもできなくはない。しかし、問題はコストである。

そう相談を受けたわたしは、瀬川さんに中国で海参絲《ハイシェンシー》と呼ぶ、錦糸卵状の乾燥ナマコの商品を紹介した。茹でたナマコを一・五ミリメートルほどの厚さに切ったうえで、乾燥するのである。中国では、酸辣湯《スワンラータン》という酸っぱくて辛みの効いたスープに必須の食材である。これだと、乾燥も簡単だろうし、もどす手間もそれほど必要としない。「今度、送ります」と約束して能登をあとにした。二〇一二年二月初旬のことであった。

その後、瀬川さんとは電話で会話しただけであるが、シーズン終わりの三月末に一斗缶分を購入し、海参絲を試作したという。一品料理だけではなく、デザートにも使用できそうだ、という。未見ではあるものの、瀬川さんがなにかしらの手応えを感じていることはあきらかである。

むすび——世間師としての調査者

比較宗教学者の中村生雄は、社葬からオカルト教団まで広義の宗教現象を研究する国立民族学博物館の中牧弘充が「アニミズム」という小論で綴った、「供養の特徴は、動植物やモノに命を認めるという点よりも、死に対する事後処理を心理的にもシステムとしてもほどこしている点にある。……しかし、事後処理システムとしての供養は、事前に歯止めがかけられない点に、多少の問題をのこしている」という指摘に触発され［中牧 1995:88］、「短絡を承知で言ってしまえば、こうした供養が現代日本ではたしている機能は、個人の私的活動を全面的に解放するための心理的・文化的装置であり、ひいてはそれが資本主義的企業経営の全面解放を保証する心理的・文化的装置としても流用されているということではないか」と述べ［中村 2001:242］、供養が無制限な生業活動を誘発する免罪符となりうることを危惧している。

たしかにフグ供養にせよ、ナマコ供養にせよ、市場関係者が先導してきたイベントである。こうした行為を「商業主義」と批判するのはたやすいことだ。しかし、能登なまこ供養祭の関係者としての個人的感想を述べさせてもらえば、なまこ供養祭の試みは、単なる地域ブランドの向上にとどまらず、「能登」という地域イメージのブランド化という、人びとの期待を背負ったものであり、そのことまでを否定することなどだれにもできないはずである。

杉原さんの供養の試みと、瀬川さんのナマコ料理の開発は、じつはバラバラに起こっていることである。前節でみた行政による資源調査などの施策も、供養祭を直接の契機としたものではない。だが、いくら効果が期待される施策であろうとも、それらを有機的に結びつけるシンボルがあってこそ、人びとの思いは実るものではなかろうか。能登の関係者のみならず、なまこ供養祭を契機として、さまざまな人びとがつどい、それぞれの意見・経験を交換できていけば、全体としていい方向に進むはずである。資源管理にも、まちおこしにも秘策はない。関係者が一枚岩であることはありえない。とはいうものの、けっして楽観視はできずとも、少なくとも能登の人びとが一歩を踏みだしたことは事実である。そうしたシンボルとして機能しうるなまこ供養祭にわたしは希望を託したい。

肝心な漁業者は、どうなのか？　現在、石川県漁業協同組合七尾支所では、ナマコ漁にかんし、漁業調整規則にそったかたちで漁場と漁具と漁期、漁船数についての制限をおこなうだけである。ほかの地域で実施されている大きさ／重量制限や総量規制などもなされていない。過去の水揚げ実績や資源調査の結果などを統合し、必要であれば漁獲にかんする自主的な規制を設けていくことも検討すべきであろう。あるいは、資源管理、衛生管理、環境保全などを主目的とする、MSC（海洋管理協議会）やMEL（マリン・エコラベル）といった認証制度を活用していくことも悪くないはずだ。そのためにも、漁業者が冗談まじりに口にする「海賊」という密漁も、実態はどうであれ、撲滅されてしかるべきである。

資源管理の具体策は、基本的に漁業者が決めることであり、杉原さんや瀬川さんはもとより、行政も口だしできることではない。しかし、ナマコ・フォーラムのような場をつうじ、わたしのような部外者＝よそ者ならばこそ［鬼頭 1998］、自由に発言できることでもある。否、こうした提案はむしろ、国際条約会議のきびしい雰囲気を体験し、ひろく生産地や流通の現場を歩いてきた研究者がはたすべき責務であろう。

一九九七年にフィリピンのマンシ島の人びとが南沙諸島で展開する壮絶なナマコ漁の調査を開始して以来、わたしは、ここまで人びとを魅了するナマコの不思議さにとりつかれてしまった。第三節で略述したように、経済発展をつづける現代中国のみならず、少なくとも三〇〇年以上も前から、ナマコは海域アジア史を叙述するには欠かせない商品でもあった。いまから思えば、一九九七年にわたしがマンシ・ショックを経験していたとき、水面下ではすでにガラパゴス諸島のナマコ漁をめぐる問題がクローズアップされていたわけであるが、そのころ、そうした問題の所在どころか、ガラパゴスという東部太平洋海域で同時代的に進行していたナマコ漁が、みずからが関心を寄せる西部太平洋海域におけるナマコ利用の問題に将来的に影響を与えることになるなど、まったく自覚できていなかった。アナーキーともいえるかれらの言動に共感しながら、ただひたすら好事家的な事象ばかりに眼を向け、グローバルな視野をもとうとしなかった自分の研究姿勢を、いまさらながら恥ずかしく感じている。ナマコ調査の一環として、押し売り的に能登なまこ供養祭に押しいってまで、かれらとともになにかをしたい、と考えるのは、こうした反省の延長線上のことである。

わたしにかぎらず、フィールドワークに従事する者のだれもが尊敬する先達に宮本常一がいる。七三年の生涯のあいだに合計一六万キロメートル、地球四周分にあたる距離を自分の足で歩いた民俗学者である。そんな宮本が、晩年に編纂した故郷の郷土史『東和町誌』（山口県周防大島）のなかで外祖父の放浪生活を引き合いに出しながら、次のように書いている。「あの人は世間師だから物知りだ」というように評価されていた。「旅から旅をわたりあるく人たちを「世間師《しょけんし》」といった。[15]また、別の個所では、「村には文字を解し、世間を知る者がいた。とくに方々へ出稼ぎに行き、世間のことをよく知っている人を、村では世間師といった」とも説明している［宮本・岡本 1982：538］。

宮本常一の人生を追いながら、高度経済成長期以降の日本の姿を追求するルポルタージュ作家の佐野眞一は、「世間師」を「世間というものを広く歩き、そこで得た豊富な知識や見識を、ほかの地域で暮らす人びとの生きていくうえで役立たせようとした」人と解釈し、宮本自身を世間師であったと再評価している［佐野 2001：17］。

わたしを宮本や佐野のいう世間師になぞらえるのは、おこがましいかぎりではある。しかし、研究成果を発信する場は、なにも論文だけにかぎったことではないはずである。地域の人びとのめざしている方向にそって、関与できることがあれば積極的にかかわっていくことも、研究成果の還元になりうるはずである。なにも、大学用語でいうところの「研究成果の社会還元」を強調したいわけではない。多様な利害関係者とかかわること、それ自体が調査のプロセスでもあり、そうした行為からさまざまな活動が生じ、それが地域を活性化しうるという循環性を意識しながら、調査をおこなわねばならない、ということである。

能登なまこ供養祭は、まだまだ、生まれてまもない赤ちゃんのような存在である。瀬川さんの海参絲の試みも、まだまだ試行錯誤がつづくにちがいない。供養祭は年に一度のイベントにすぎないが、それを企画する過程で、当然、さまざまな関係者がまじわり、さまざまな議論がかわされる。こうした機会をつうじて、この供養祭を、しっかりとした成人にまではぐくんでいくことが、当事者のわたしにも課された課題だと自覚している。

瀬川さんの試みが成功し、海参絲を使った料理が能登だけではなく日本全体でも定着したとしたら、ナマコ料理の裾野がひろがり、よい意味で国内市場を開拓できるはずである。そうすれば、過度に中国市場に依存する必要がなくなり、列島各地におけるナマコ類の安定した管理手法が実践できるということも、あながち理想ではなくなるはずだ。

二〇一一年六月、七尾市をふくむ羽咋《はくい》市以北の四市四町にまたがる「能登の里山里海」が、FAOが創設した「世界農業遺産(GIAHS)」に認定された。「里山里海」「農業遺産」という名称から想像できるように、これは原生自然を保存しようというユネスコの世界自然遺産的な発想にもとづいてはいない。農業や漁業というかたちで人間が自然にはたらきかけてきた行為の集積を地域社会の遺産として評価し、そうした環境(二次的自然)を後世に継承していきましょう、というものである。

そこで鍵をにぎるのは、当然、能登の住民である。かれらが先祖から継承してきた能登の里山と里海の現在をどのようにとらえ、今後、どのように活用していきたいのかは、能登の人びとが、将来にわたってどのような生活をおくっていきたいのかにかかっている。わたしたちが一様にたたえる千枚田にしても、その保全には、なみなみならない努力を必要とする[中浦 2012]。

ワシントン条約といった国際的枠組みをいたずらに敬遠するだけではなく、おなじ国際機関の「お墨つき」を活用しない手はない。それが、グローバル化時代の社会に生きる知恵ということでもあり、こうした「呼び寄せ」にこそ、供養祭の機能が凝縮されている。日本のみならず、世界各地からのお客さんに能登と「能登なまこ」のすばらしさを味わってもらい、供養祭を楽しんでもらったらどうだろうか？　杉原さんたち関係者の夢は、「能登なまこ供養碑」を建てることだ。関係者の一員として、いつの日か、除幕式に参列できる日を楽しみにしている。

註

*本研究は、わたしが研究代表をつとめる(一)一般社団法人水産資源・海域環境保全研究会二〇一一年度研究助成「水産物供養の現代的機能——消費者参加による水産資源保全運動の展開をめざして」、(二)日本学術振興会科学研究助成基金助成金・挑戦的萌芽研究「生活権としての「在地商業権」——生態資源の循環性と多様性に着目して」(課題番号二三六五一二五七)の研究助成に負っています。

(1)　食生活誌学の視点は、なにも目新しいものではなく、英語圏で foodways 研究と呼ばれているものにひとしい。最近の傾向については、Routledge 社から年四回刊行されている Food and Foodways を参照のこと。

(2)　後述するように、一九七五年にワシントン条約が施行されるのと同時にタイマイ(*Eretmochelys imbricata*)は附属書Ⅰに記載され、また一九八五年にはシャコガイ科(Tridacnidae)の貝全種が附属書Ⅱに記載された。このことにより、わたしがフィリピンで調査をはじめた一九九〇年代初頭には、タイマイもシャコガイも商業的な国際貿易はなされていなかった。もともとシャコガイ類は、肉を消費したあとの大きな貝殻が装飾用に輸出されていたが、これができなくなったため、集落のはずれに捨てられた貝殻の山ができていた。

(3) 一般に「ナマコ戦争(sea cucumber war)」として知られるエクアドル領のガラパゴス諸島におけるナマコ漁の問題とワシントン条約の関係についての詳細は、赤嶺[2010]を参照のこと。一九九五年一月に生じたナマコ戦争は、既存の媒体のみならず、当時、まさに普及しつつあったインターネットをつうじて、世界の環境保護論者たちの関心を強く喚起した。インターネットをもちいた授業が小学校でも導入されている今日からすれば、おどろくかもしれないが、マイクロソフト社がインターネット・エクスプローラーを開発し、Windows95とともに無料配布したのも、一九九五年のことである。当時、フィリピン大学に留学中だったわたしは、インターネットの存在を知るよしもなかったが、一九九七年一月に帰国し、その利便性を知ることとなったときのおどろきは、いまも鮮明に記憶している。

(4) 表1-1に掲げた生物は、魚類(附属書I一五種、附属書II八一種)に限定している[CITES n.d.]。これ以外にも、水棲生物としては、クジラ目全種とウミガメ科全種、貝類(イガイ科一種、イシガイ科二九種、シャコガイ科全種、ソデボラ科一種、ナンバンマイマイ科一種)、サンゴ類などがワシントン条約の管理下にある。サンゴ類については化石もふくむため、わたしの分類能力を超えており、種数を把握できていない。

(5) ワシントン条約においてサメ類が最初に議題となったのは、一九九四年に米国で開催されたCoP9であり、提案国は米国であった。その後CoP11において再提案され、今日にいたっている。ワシントン条約にかぎらず、サメ類管理のエコ・ポリティクスは、水産資源学者・中野秀樹の著書[中野2007]にくわしい。

(6) WWFが注目すべき種として掲げたのは、トラ、**ニシネズミザメ**、**アブラツノザメ**、**ノコギリエイ**、サイ、ゾウ、**ヨーロッパウナギ**、**宝石サンゴ**、大型類人猿、オオバマホガニーであった(ゴチック体は海産種）。うち、ノコギリエイが附属書Ⅰに、ヨーロッパウナギが附属書Ⅱに掲載された。

(7) ここでの情報は、おもに国際自然保護連合（IUCN）とCITESの以下のデータベースによっている。http://www.iucnredlist.org および http://www.cites.org/eng/resources/species.html（いずれも二〇一二年三月二三日アクセス）。

(8) 捕鯨文化論の先駆的著作であるフリーマン編『くじらの文化人類学』によれば、日本列島には太平洋側を中心に鯨類の墓が二〇基、（供養）碑が四一基あるという［Freeman ed. 1988＝1989：159–160］。そのうち最も古いと思われるものは、三重県熊野市二木島にある一六七一（寛文一一）年の「鯨三十三本供養塔」である［松崎 2004：147］。なお、ウミガメにまつわる伝承の伝播を研究した日本民俗学者の小島孝夫は、本州だけで七九カ所のウミガメの墓を確認し、その背景としておなじく墓や供養碑の多いクジラやサケと同様に、ウミガメが定期的に回遊してくる点を指摘している［小島 2005：280］。

(9) この有名な逸話は、『吾輩は猫である』の主人に天道公平なる人物が宛てた手紙に由来するらしい［赤嶺 2006：50］。「始めて海鼠《なまこ》を食い出せる人はその胆力において敬すべく、始めて河豚《ふぐ》を喫せる漢《おとこ》はその勇気において重んずべし。海鼠を食《くら》えるものは親鸞の再来にして、河豚を喫せるものは日蓮の分身なり」［夏目 1990：343］。

しかし、わたしは、日本よりもはるかにナマコになじみがあると思われるソウルの南大門近くの屋台で類似の経験をしたことがある。二〇〇九年一月のことである。屋台で生鮮ナマコを注文し、通訳を介してナマコの食べ方の質問をしていたら、となりにいた中年男性二人組に話しかけられ、「ナマコを最初に食べた人は偉大だ」といった意味のことばを投げかけられたのである。わたしが知るかぎり、こうした言説を中国で聞くことはない。日本や韓国はもとより、どの程度の地域にひろがっているのか、いずれ探究してみたいと考えている。

(10) 碑文が『臼杵史談』に紹介された文字と異なっているところをみると、執筆者らは現場を訪れていないことが察せられた。『臼杵史談』の記述が要領をえないのは、このためだと思われる。台座には二五人の寄進者と臼杵海産会社なる企業一社の名が刻まれていた。隣接する佐賀関と津久見から、それぞれ二名ずつの寄進者があり、正面むかって右側に佐賀関の、左側に津久見の寄進者の名前が彫られていた(臼杵水産会社もむかって右側)。つまり、風成関係の寄進者は二一名であると考えられる。建立された大正中期には、ちょうど新暦と旧暦が同時に使われていたものであろう、ていねいにも旧二月と刻まれてあった。

(11) 穴水町の業者は廃業してしまったということで、現在の参加業者は七尾市内の業者のみである。

(12) 魚類供養ではないものの、おそらく同様に歴史ある動物供養としては、東京象牙美術工芸協同組合が毎年四月に護国寺で主催する象供養がある。同供養は、記録に残っているだけで二〇一二年現在、八六回を数えるというから、昭和初期からおこなわれてきたことがわかる。

(13) 日本思想史を専門とする中村生雄は、「そもそも死者にたいする「供養」はインド仏教の当初から存在したものではなく、むしろ中国での儒教的な祖先祭祀に仏教がすりよった結果であり、またそのような仏教風に色づけされた祖先祭祀が日本社会にも受容され浸透した結果であった。ましてや、それが動物にたいしても適用されるなどという事態は、仏教式供養のきわめて新しいオプションなのである」という興味深い見解を示している[中村 2001:234]。

(14) かつては、北海道でもイリコは自家製造され、もどして正月に食されていたようである。利尻島の鬼脇でナマコ漁を営む伊藤敏さんによると、最近は冷蔵施設もととのってきたから自家製造することはなくなったが、かつては夏に漁獲したナマコを乾燥させ、正月にもどして醤油煮付けにして食べていたという。

(15) 宮本常一は、名著『忘れられた日本人』で、「世間師(一)」と「世間師(二)」のふたつの文章を綴っている。一九六〇年の初版は未見であるが、自選著作集の第一〇巻(一九七一年)に収められた同書にはルビはふられていないのに対し、没後三年目に刊行された岩波文庫版(一九八四年)には、「せけんし」とルビがふられている[宮本 1984:214]。しかし、『広辞苑』(第五版)で「せけんし」を引くと、「余情につうじて、巧みに世渡りする人。世なれて悪賢い人」とネガティブな記述がなされており、宮本の語る文脈とは正反対の意味となっている。宮本のいう世間師は瀬戸内地方に固有の概念だと考えられるし、『広辞苑』的な「せけんし」と区別する意味から、ここでは「しょけんし」とのルビをふることにした。なお、鹿児島県在住の著述家 Jeffrey Irish 氏による『忘れられた日本人』の翻訳では、世間師を the worldly と訳している［Miyamoto 2010］。

第2章

自然の脅威と生きる構え

アフリカゾウと「共存」する村

岩井雪乃

はじめに——村人からの問いかけ

「あなたが本を書きたいのはわかった。それで、わたしたちの生活はどう変わるの?」

東アフリカのタンザニア、ユネスコの世界遺産に登録されているセレンゲティ国立公園に隣接する村で、大学院生としてフィールドワークをしていたとき、村人からこんな問いかけを何度かされた。「ドキッ!」としたそのときの気持ちが、いまでも忘れられない。

アジアやアフリカでフィールドワークを経験した人なら、少なからずこのような経験があるのではないだろうか。経済的には日本より低い水準で生活している人たち。そこに「テクノロジーが進んだ豊かなジャパン」の人間がやってきて、かれらの暮らしについて根ほり葉ほり質問する。

村人の回答からは、「きょうのおかずは塩だけだった」、「学費を払えないから進学をあきらめた」など、さまざまな生活の困難さが浮かびあがってくる。そして、わたしの質問がひととおり終わったところで、かれらは期待をもって問いかけてくる。この豊かな国の外国人は、自分たちの生活のきびしさを知った。そして、何をしてくれるのか、と。

当時のわたしは、奨学金で自分の生活を送るのに精いっぱいの大学院生。何の力があるというのか。インタビューで得た情報で書くわたしの論文が、国の政策や開発援助の方針に影響をおよぼすことは、とうてい無理だと思えた。わたしは正直に答えるしかなかった。

「自分は学生で学んでいるところだ。この調査をもとに書く論文を政府や援助関係者が読んでくれることがあるかもしれない。そうしたら、めぐりめぐってこの村に何かの支援がくるかもしれない。でも、確たる約束は何もできない」

いくら外国人でも、学生の分際にそんな力がないことは、村人も想像がつく。それ以上問われることはなかった。しかし、わたしのなかには、居心地の悪い塊が残った。「研究は情報の搾取か?」――そんな問いが頭のなかをめぐり、いま目の前で毎日を必死に生きている人たちに対して自分のしていることが後ろめたく、やるせない気持ちになった。

いま思えば、あの後味の悪さが、その後もわたしをこの村に通わせている原点かもしれない。

もちろんこの村は魅力的だ。セレンゲティ国立公園という、世界有数の観光地のすぐそばにあり、雄大な自然と一〇〇万頭の野生動物が目の前にひろがっている。人びとは、きびしくも豊かな自然の循環のなかで暮らし、コミュニティの絆は強い。行くたびに家族の一員としてわたしを迎えてくれる。かれらの生活と精神は、わたしには日本よりも「豊か」で魅力的に思えた。しかし、その「豊かさ」ゆえに、グローバルな自然保護思想に翻弄されて、苦しんできた歴史をもつ。

この不公正を知る人間は、世界中を見わたしてもそんなに多くはないはずだ。そしてわたしは、数少ない「知っている人間」のひとり。そのわたしは、何をするべきなのか。試行錯誤をくりかえして一五年がたった。

「研究」や「フィールドワーク」は、「研究者」が「研究対象を調査する」一方的なはたらきかけのように思われているのではないだろうか。実際、わたしもそうだと思っていた。しかし、わたしのこれまでの研究過程をふりかえると、フィールドを深く知れば知るほど、知った内容はわたしの思考や生き方に影響をおよぼしてきたことに気づく。本稿は、そんな「フィールドワークの双方向性」を、自分自身の例から伝えることが第一の目的である。

そして第二の目的として、もうひとつの「双方向性」を問いかけたい。それは、「野生動物との共存」の双方向性である。セレンゲティの美しく豊かな自然は、ときには猛威をふるってそこに暮らす人びとに襲いかかってくる。外国人観光客には想像できない、野生動物のもたらす「脅威」と「恵み」。それに対して、地元の人びとがどんな関係性を築いているか、その関係性がどのように変容しているか。これらの双方向性に着目しながら報告する。

一 イコマの人びとの暮らしとセレンゲティ国立公園

「密猟者の村」?

わたしは、大学の学部では動物生態学を専攻し、日本の野生動物の保全について学んだ。そして、「野生の王国アフリカ」にあこがれて青年海外協力隊に応募した。受かった仕事は「理数科教師」。アフリカの最高峰キリマンジャロ山のふもとの高校で二年間、数学を教えた。とはいっても、日本でほとんど教えた経験のない新米教師のことである。英語は心もとないし、基本的な社会常識も十分とは言えなかった。そんな自分が「役に立った」と胸をはって言えるほどのことはできず、むしろ、おおらかなタンザニアの人びとに支えられ、助けてもらうばかりの日々だった。

帰国に際し、「もっとタンザニアの人の役に立つ人間になるぞ」と決意し、大学院に進学することにした。「博士号」という肩書きをもっていることが、外国ではいかに評価が高いか、タンザニアの生活で感じることが多かった。だから単純にも「とにかく博士になろう」と思ったのだった。

研究したい内容は、もちろん野生動物関連。学部時代からの野生動物へのあこがれは衰えることはなかった。そして同時に、タンザニアの人びとのあけっぴろげでしたたかな人間性に強く惹かれていた。そこで、「野生動物の近くで暮らす人たちの生活を知りたい」と、自然科学から社会科学へ転向して研究がはじまった。

図2-1　セレンゲティ国立公園とイコマ地域

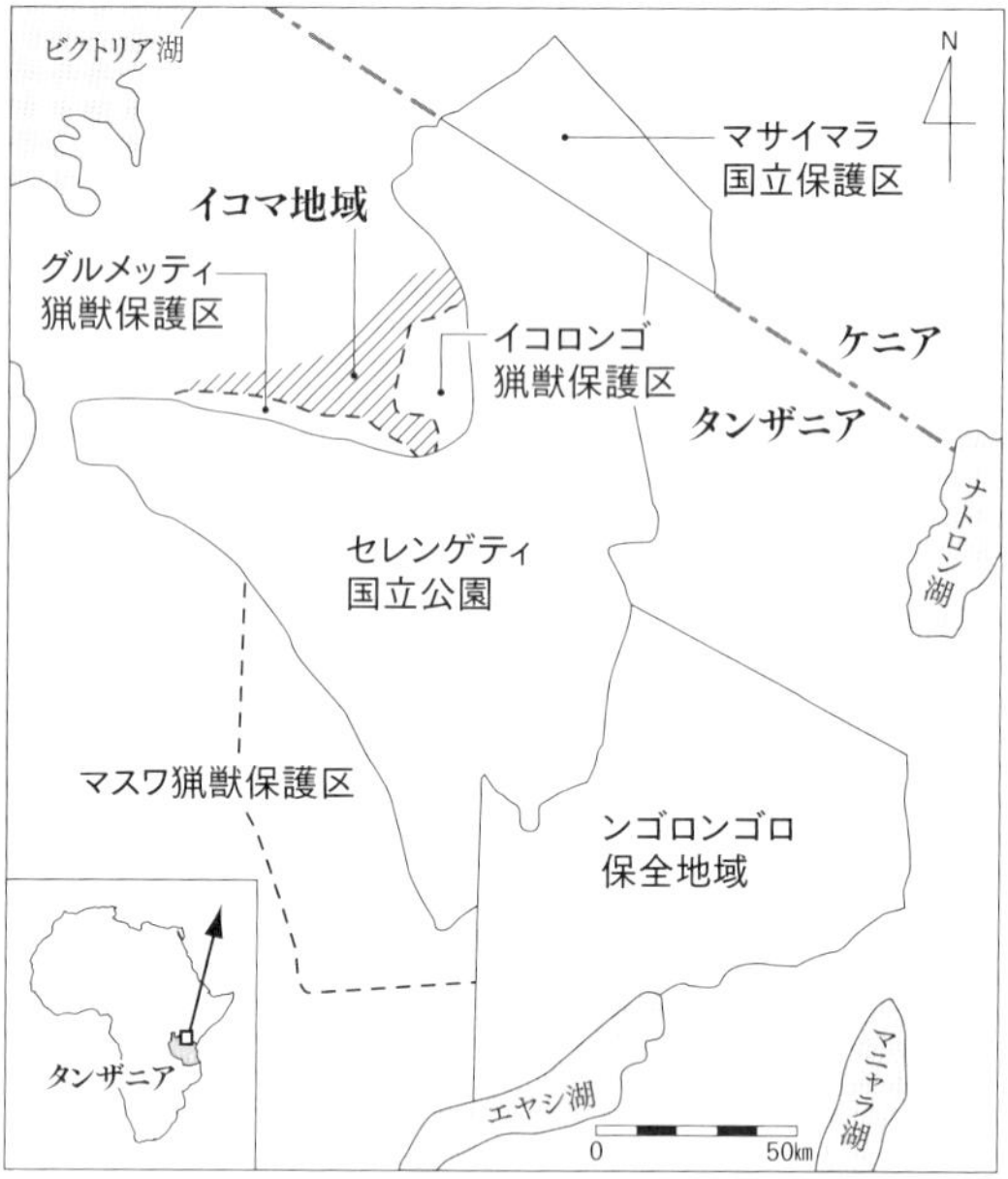

調査地に選んだのは、タンザニアのセレンゲティ国立公園に隣接するイコマ地域だ（図2-1）。指導教員の掛谷誠先生（当時京都大学）から、セレンゲティで考古学的調査を実施している西田正規先生（当時筑波大学）を紹介いただき、同行させてもらった。周辺の村をいくつかまわった末に、イコマ地域を調査地に選んだ。

理由は、その村が公園職員から「密猟者の村」として目の敵《かたき》にされていたからだ。当時のわたしは、まだ西欧的な自然保護思想の色めがねがかかっていた。「貧しく知識のない住民たちは、世界有数の貴重なセレンゲティの野生動物の価値をわかっていない。だから密猟して食べてしまう。かれらの行動や考え方を変えるにはどうしたらいいだろう。政府や援助機関はどのようなプログラムを実施しているんだろう」と考えながら、かれらのなかに飛びこむことを決めた。

いまでこそ、住民を「密猟者」「自然保護の敵」とみなす西欧の自然保護主義に異を唱えるわたしだが、フィールドワークをはじめたころは、その自然保護主義者と同じ考えだった。

セレンゲティ国立公園の北西に隣接するイコマ地域でのフィールドワークは、修士課程から博士号を取るまで四年間にわたって一六カ月におよんだ。生態人類学の調査手法を基本としながら、村の全一八〇世帯をすべてまわった。数えられるものは数え、スワヒリ語の回答を必死に聞き取った（写真2-1・2-2）。

写真2-1　イコマの村の全景.
地平線の手前にはセレンゲティ国立公園がひろがる.

写真2-2　インタビューの様子.

村での滞在を支えてくれたのは、ママルーシー一家だった。村の通りで出会った一家の長女に「泊まれるところを探してるんだ」と話すと、「うちに来ればいいわよ」と連れて行ってくれた。それ以来、学生を連れて行くようになったいまでも、泊まるのはママルーシー宅だ。主のママは、女手ひとつで八人の子どもを育てる苦労人だ。彼女のきびしさは村でも有名で、子どもたちを怒鳴りつけながら一家を切り盛りしている。その厳格さと判断力は村人から絶大な信頼を受けていて、数

写真2-3　ママルーシーの家.

少ない女性の村議会議員でもある。わたしはママの長女となったわけだが、しょっちゅうどこかの家にあがりこんで帰りが遅くなっては怒られていた。心配をかける不良娘で申し訳なかったが、ママのおかげで村での暮らし方を身につけることができた(**写真2-3**)。

夜は、妹となった娘たちとひとつのベッドに並んで眠った。当時、娘用の部屋で寝ていたのは五人。わたしを入れると六人。ベッドはふたつしかないので、ひとつのベッドに三人寝なければならない。狭いスペースを有効に使うために、なんと足と頭を互いちがいにしていたのだ。はじめは目の前に足があるのにギョッとしたが、慣れれば妹のひと肌が心地よかった。ベッドに入ってランプを消した後、暗闇のなかで妹たちと寝物語をするのは、それはそれは楽しいひとときだった。今日の出来事、だれかの噂話、妹をからかった冗談。暗闇のなかに六人の笑い声が毎晩響きわたった。静かな村の夜では、あの笑い声は何軒も先まで聞こえていただろう。夜道を徘徊するハイエナをおどろかしていたかもしれない。

そんな生活を送りながら見えてきたイコマの人びとの暮らしは、周囲に生息する野生動物と深くつながっているものだった。動物保護区に囲まれた村の環境を考えれば、それは当然すぎるほど当然のことだろう。そして、それをいびつに変えようとする「国立公園」や「狩猟取締り」「住民参加型の自然保護」といった政策が、住民にとっていかに理不尽なものであるかが理解できるようになっていった。

まずは、現在のイコマの人びとの生活ぶりを紹介していこう。

住民の立ち入りが禁止された動物保護区

セレンゲティ国立公園は、一五〇〇万ヘクタールという日本の四国に相当する広大な面積の動物保護区である。居住・農耕・牧畜・狩猟のあらゆる人為的行為が禁止されており、無人の「野生の王国」である。哺乳類七〇種、鳥類五一七種が記録されており、動物の個体数は一〇〇万頭を超える[Sinclair and Arcese eds. 1995]。設立は一九五一年で、タンザニアの国立公園第一号であった。一九八一年にはユネスコの世界自然遺産に指定されている。

イコマの人びとは、セレンゲティ平原の北西部に分布する民族である。農耕・牧畜・狩猟を複合的に組み合わせて、不安定な気候と野生動物の豊富な環境に適応して生活してきた。とはいえ、この地域の年間降水量は七〇〇ミリ前後で、数年おきに旱魃も起こる。一〇〇パーセントの世帯が主食であるソルガムを耕作しているものの、自給できるほどの収穫はむずかしい(写真2-4)。家畜は牛、ヤ

写真2-4　主食のソルガム畑.

ギ、ヒツジで、六〇パーセントの世帯が財産として飼養している（写真2-5）。婚資として授受され、現金が必要なときには売買される［岩井 2009］。

狩猟は、おかずの獲得という日常生活のためと同時に、非常時の支えでもあった。旱魃で主食が収穫できない年には、セレンゲティで最も個体数の多い動物であるヌー（写真2-6）を狩って干し肉を作り、それを売って作物と交換した。また、婚資にする牛を提供してくれる父や親せきがいない若者は、やはり干し肉の商売で牛を入手して結婚することができた（写真2-7・2-8）。しかし、一九八〇年代後半にワシントン条約（CITES）によってアフリカゾウが国際的に保護されるようになってからは、狩猟取締りがきびしくなっていった。近年では逮捕される危険が高いため、狩猟する村人はかなり減っている。狩猟にかわって現金収入の手段となっているのは、男性では国立公園や観光ホテル関連の雇用であり、女性では地酒の醸造・販売である（写真2-9）。

写真2-5　家畜囲いの前で．
写真提供：目黒紀夫

写真2-6
ヌー.

写真2-8　干し肉.

写真2-7
伝統的な狩猟者.

写真2-9
観光ホテルで働く村人.

「野生の王国」が「人間の大地」だったころ――一九五〇年代まで

セレンゲティとは、マサイ語で「果てしない平原」という意味である。いまでこそ、住民の立ち入りは禁止されて「野生の王国」となっているが、かつて、人びとはこの地を行き交っていた。イコマの人びとは、国立公園ができる以前は近隣民族とどのような関係を築いていたのだろうか。

イコマは、セレンゲティ平原の北西部に定住した民族である。図2-2は、一九五〇年代のイコマおよびセレンゲティ周辺の民族の分布である。口頭伝承では、イコマと隣接する民族であるイセニェとンゴレメは「三兄弟」だった。セレンゲティ平原の東側のソンジョ地域に暮らしていた三兄弟は、季節移動するヌーの群れを追いかけて平原を横断し、バングエシ山のイコマの木の下にたどり着いた。イコマとイセニェはそこで子孫を増やし、ンゴレメは農耕に適した土地を求めてさらに北東へ進みイコロンゴ地域に定着した、といわれている。

このようにイコマは、民族の始祖伝説からしてセレンゲティ平原を横断している。そして、その後も大きな災害が起こるたびに、セレンゲティを越えて危機を脱してきた。歴史的事実として確認できているのは、一九世紀末に起こった、イコマで「足の飢饉（Hunger of the feet）」と呼ばれる大飢饉である［Shetler 2007］。これは、折からの天候不順による穀物不足に加えて、アフリカ全土で大流行したリンダーペスト（家畜および野生動物への伝染病）による家畜の死亡が原因だった。イコマは、食糧を求めて命からがらの思いで南のスクマ地域まで三日かけて一五〇キロメートルも歩いた経験から、この災害を「足の飢饉」と呼ぶようになった。

また、エヤシ湖岸のムブル県に住むダトーガは、祈禱師(onghabu)としてイコマと関係を築いてきた。イコマは、飢饉や疫病の流行といった大きな災害が起こると、ダトーガの祈禱師を招いて雨乞いや治療儀礼を執りおこない、薬を調合してもらっていた。祈禱師が滞在しているあいだに生まれた子どもにはその名前がつけられることがあり、現在でもキテナナ(Kitenana)、ナナイ(Nanai)などダトーガの祈禱師に由来する名前が残っている。また、イコマは、マチャバ(Machaba)と呼ばれる一対の象牙を神として祀るが、このマチャバをイコマに授けたのもダトーガの祈禱師であると言い伝えられている[1]。このためイコマの人びとは、ダトーガを「イコマの父」と呼んでいる[Shetler 1998]。

図2-2　1950年代のイコマと近隣民族の関係

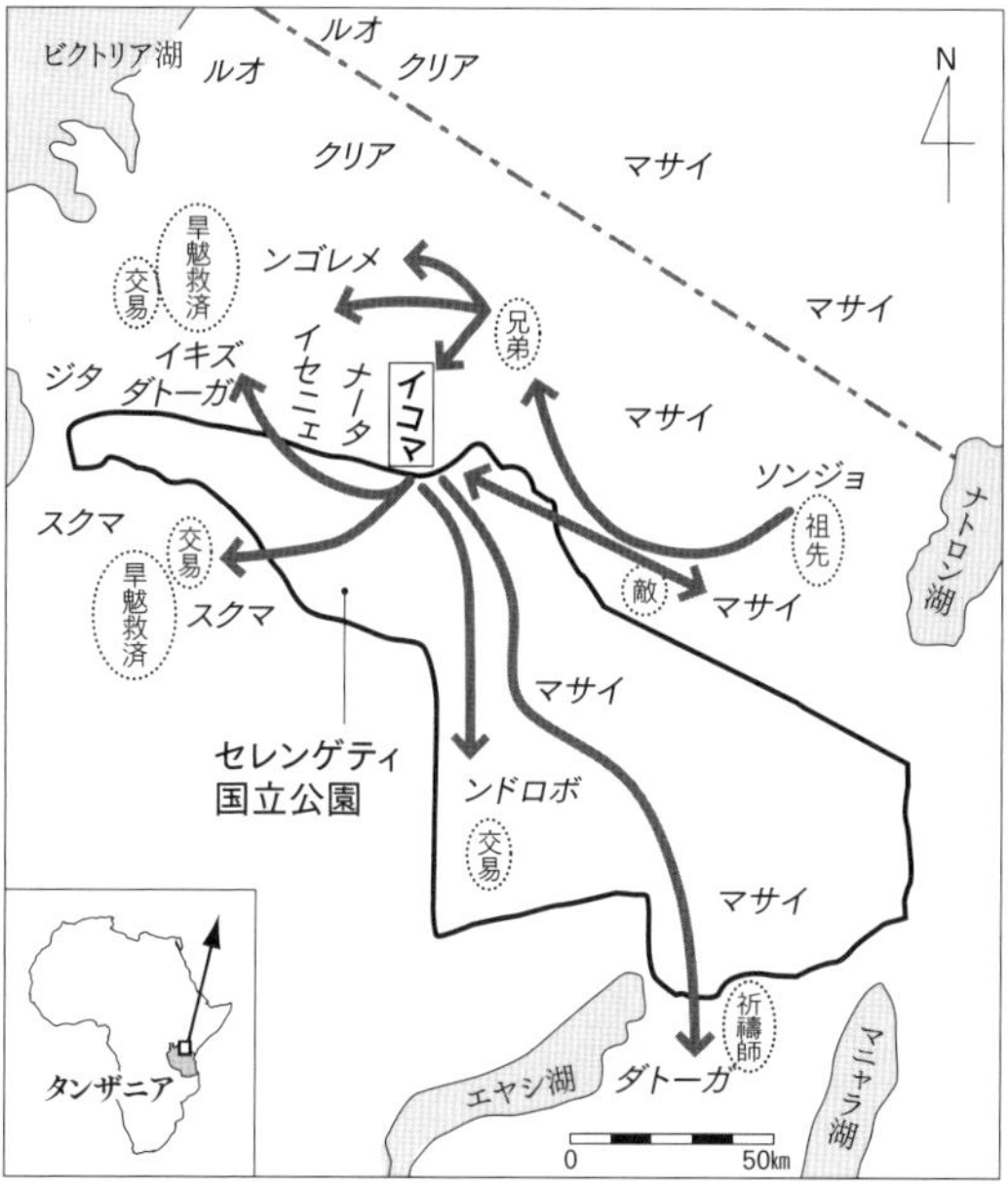

＊ 斜体文字は民族名を示す.

スクマ、ンドロボ、イキズとのあいだでは交易がおこなわれていた。一九五〇年代以前は、イコマの若者の多くはヌーの尾、動物の皮、ダチョウの羽や卵の殻、矢毒などの品々を持ってスクマ地域へ交易の旅をした。交易品のなかでもヌーの尾は、スクマ地域での需要が大きく、イコマにとっても落とし穴猟で多数のヌーを獲ることが可能だったので、主たる交易品となっていた。(2) このような交易関係があったからこそ、「足の飢饉」の際にはスクマに救援を求めることができたのである。ンドロボはマサイ語を話す狩猟採集民であるが、かれらは時折イコマの集落にやってきて、動物の肉や象牙と交換に穀物を得ていた。また、イコマの人びとは、小規模な不作の年には、スクマよりも近いイキズ地域(七〇キロメートルの距離)へ行った。ヤギやヒツジの小家畜、あるいは動物の肉や皮を運んでいって、交換に主食となるキャッサバを得ていた。

このように他民族と親和的な関係を築いていたイコマであるが、そのなかでかれらが唯一「敵」と呼ぶのがマサイであった。マサイは一九世紀なかばにセレンゲティ平原に拡大してきたと推定されており[Fosbrooke 1948]、それ以来、イコマはマサイのレイディング(牛強盗)の対象として襲撃されるようになった。とくに、一九世紀末の災害で多くの家畜を失った時期には、同様に家畜を失ったマサイからのレイディングがはげしかったといわれている[Shetler 1998]。このマサイの存在が、当時のイコマの東と南への領域拡大を抑制していたと考えられる。

こうしてみてくると、現在は保護区の存在によってイコマ地域からの移動は北、北西、西の方向にしか向かうことができないが、かつて保護区ができる以前は、東のソンジョ、南東のダトーガ、南西のスクマとも豊かな民族間関係を築いていたのである。そして、マサイとはレイディングをする/されるという敵対関係ではあるものの、平原を越えて関係があったのである。

このようにセレンゲティ平原は、「野生の王国」ではなく、人びとが行き交う「人間の大地」だった。降水量が不安定な自然環境で、旱魃を乗り切るための豊かな民族間ネットワークは、国立公園の設立によって断ち切られていくことになってしまった。

二 村人の生活と野生動物とのかかわりの変容

一九五〇年代に国立公園ができたことによって、「他民族とのつながり」を切られてしまったイコマの人びとであるが、生息する野生動物とのつながりはつい最近まで残っていた。かれらにとっての「野生動物との共存」とは、わたしたち外国人が観光客として訪れる関係とはまったくちがう。観光客は安全な車のなかから一方的に動物を観察して写真を撮影し、飽きたら次の動物のところへ移動すればよい。しかし、村の生活ではそうはいかない。人間側が好むと好まざるとにかかわらず、野生動物はあらわれたりいなくなったりする。それは、人間にとって心地よい関係ばかりにはならず、生きるか殺されるかの命がけの対峙となるのである。わたしたち日本社会を例にとっても、二〇一一年には東日本大震災を経験し、人間の力ではコントロールできない自然の力を思い知らされた。「自然との共存」は平和で穏健な、予定調和的なものではありえない。

そして、さらに「共存」をむずかしくするのは、「共存のあり方」が「価値観や立場によって異なる」という現実である。動物は何頭いれば「適正」なのか？　被害を出す動物を殺していいかどうか？　観光収入があれば作物や人命への被害は仕方がないのか？　「共存の現場」では、つねにさまざまな利益や損害が生まれている。それにどう対処するかをめぐって、利害関係者のあいだで意見の衝突が起こる。外資系観光企業、海外NGO、中央政府など、地域外の多様な組織が異なる意図をもって関与してくる。また、地域の内部においても賛成や反対の意見対立が生じたり、利益配分の不公平が生じたりする場合がしばしばある。

「共存」は、このような矛盾をかかえたドロドロしたものとの格闘の末に、選ばれたひとつの選択肢としてかりそめの安定様式を呈する均衡を示しているにすぎないのである［鳥越 2001］。それゆえに、「共存」とは静的で固定的なものではなく、その時代時代のグローバルおよびローカルな政治経済的な影響を受けながら変化する、動態的な様態なのである。

「恵み」と「脅威」のどちらをもたらす野生動物と、イコマの人びとはどのように共存していけるのか。その将来像を考え、実践することがわたしのライフワークとなっているが、未来を語る前に、まずは、イコマがどのように野生動物と暮らしてきたかをふりかえりたい。

動物との出会い調査

イコマが生活のどんな場面でどんな動物とどのような関係性をもってきたかを知るために、わたしは「動物との出会い」を調査した（表2–1）。

セレンゲティに生息する哺乳類七〇種のうち、イコマ語の方名がついている種は五三種ある。人びとは、この多数の動物種のすべてと同質な関係を結んでいるわけではない。生業において重要な種や信仰対象となっている種もあれば、その一方でほとんど人びとに存在を知られていない種もある。このような、一様ではない動物との関係性を知るために、世代の異なる男女二〇人に、「出会い調査」アンケートをおこなった。この調査では、物理的に動物と接触する「出会い」経験、すなわち生きた動物を目にした経験を、種ごとに聞き取った。

その結果、イコマと動物の関係性は、「出会い」状況のちがい、男女・世代のちがいなどにより、七つのカテゴリーに分けることができた(表2−1:カテゴリーA〜G)。動物と出会う状況は、「日常」と「遠出」というふたつがあった。「日常」は、放牧、農耕、薪集め、水汲みといった村落周辺での生業活動のときであり、「遠出」は、マサイに奪われた牛の追跡、他地域への食糧調達、親族訪問といった村の外へ出ていく非常事態や旅行のときである。

四〇歳以上の世代(一九九九年時点)への調査から、一九八〇年代ごろの生活ぶりがあきらかになったので、まずはそれを紹介しよう。

一九八〇年代までの動物との「共存」——双方向のかかわり

①日常的な出会い

日常的な出会いとは、農作業、放牧、水汲み、薪集めといった基本的な生業活動時における動物の目撃のことである。一九八〇年代までは、これらの生業のために集落から数キロメートル離れた場所に出かけていくと、表2−1のカテゴリーAにあげた草食獣と頻繁に出会っていた。畑に行く途中には、ディクディクやコモンダイカー、リードバックといった小型レイヨウが茂みのなかから飛び出してくるのに出くわし、また、雨季が終わりに近づいたころの収穫間近な畑では、

＊1 食の凡例：○＝食べる
×＝食べない
△＝食べる人と食べない人がいる
▲＝昔は食べなかったが，近年食べる
＊2 干し肉を除く.
＊3 数字は作物被害世帯数が多い順位，○は家畜・家禽の害獣.
＊4 主役級2点脇役1点で換算.
＊5 ○はある祈禱師からの聞き取り，その他は一般的に知られている.

	出会い状況	関連項目						
		*1 食	*2 商品	*3 害獣	信仰	*4 物語	物質文化	*5 薬
	日常	○	尾	5		3	皮・腱	
	日常	○					皮	
	日常	○				5	腱	○
	日常	○				1	皮	○
	日常	○				6	腱	○
	日常	○		6				
	日常	○		9			皮	
	日常	△		4		3		
	日常	○				5		
	日常	○		8				
	日常	○		7		1		
	日常	○						
	日常	○						
	日常	×		1				
	日常	×		2				
	日常	×				2		
	日常	×		○				
	日常	×		○	○	2		
	日常	▲		3				
	遠出	○				3	皮・角・腱	
	遠出	×	牙		○	4	牙	糞
	遠出，まれに日常	×	毛皮		○	3	タテガミ	油・爪
	遠出，まれに日常	×	毛皮		○	1		
	遠出	○						
	遠出	○				2		
	まれに日常	△						
	遠出	×	毛皮				毛皮	
	かつて日常，現在稀少	×	角					
	かつて遠出，現在稀少	×						
	遠出	○						
	遠出	○						
	まれに日常	○						
	遠出	×						
	遠出	×						
	かつて遠出，現在稀少	○					角	
	遠出	×						
	遠出	×						
		×						
		×				2		
		×						
	物語のみ	○				2		

表2-1　「出会い調査」にもとづく動物カテゴリー
（15〜79歳までの男性10名・女性10名に対するアンケート調査：1999年）

カテゴリー	特徴	動物和名	性別		世代別		合計
			男性	女性	40歳以上	40歳以下	
A	日常の草食獣（男女ともに7点以上）	1　ヌー	10	10	10	10	20
		2　シマウマ	10	10	10	10	20
		3　トピ	10	10	10	10	20
		4　キリン	10	10	10	10	20
		5　バッファロー	10	10	10	10	20
		6　インパラ	10	10	10	10	20
		7　トムソンガゼル	10	10	10	10	20
		8　イボイノシシ	10	10	10	10	20
		9　ノウサギ	10	10	10	10	20
		10　ディクディク	10	9	10	9	19
		11　リードバック	9	9	10	8	18
		12　ステインボック	9	8	10	7	17
		13　コモンダイカー	9	7	10	6	16
B	日常の非草食獣（男女ともに7点以上）	14　アヌビスヒヒ	10	10	10	10	20
		15　サバンナモンキー	10	10	10	10	20
		16　ジャッカル	10	8	10	8	18
		17　マングース	10	8	10	8	18
		18　ハイエナ	9	9	10	8	18
		19　ヤマアラシ	10	7	9	8	17
C	遠出で出会う種（男女ともに7点以上）	20　エランド	10	8	10	8	18
		21　ゾウ	10	8	9	9	18
		22　ライオン	10	7	9	8	17
		23　ヒョウ	9	7	9	7	16
		24　グラントガゼル	9	7	10	6	16
		25　カバ	7	9	8	8	16
D	男女差のある種（男女差が5点以上）	26　ブッシュバック	10	5	9	6	15
		27　アビシニアコロブス	9	1	5	5	10
E	世代差のある種（世代差が5点以上）	28　クロサイ	6	6	9	3	12
		29　リカオン	7	5	9	3	12
		33　ハーテビースト	7	4	9	2	11
		35　クリップスプリンガー	5	2	6	1	7
F	その他	31　ウォーターバック	9	5	9	5	14
		32　チーター	7	5	8	4	12
		34　ハイラックス	7	3	4	6	10
		30　ローンアンテロープ	6	1	5	2	7
		36　オオミミギツネ	4	3	5	2	7
		37　ギャラゴ	5	1	5	1	6
		38　ツチブタ	3	1	4	0	4
		39　ミツアナグマ	3	1	3	1	4
		40　ジェネット	3	0	3	0	3
G	物語のみ（だれも見ていない）	41　オリックス	0	0	0	0	0
		出会っている種数（カッコ内は平均）	（33）	（26）	（34）	（26）	（30）

移動してきたヌーやシマウマ（写真2-10）の群れが通っていくのを遠目に見るのがつねであった。

放牧のさなかにも、小型レイヨウをはじめ、イボイノシシ（写真2-11）やインパラ（写真2-12）といった草食獣に出会った。放牧中ならではの経験として、基本的には狩猟をおこなわない女性が、見つけたノウサギを棒で打って捕っていた。人びとの説明によると、ウサギはヤギの乳を飲みに近づいてくるのであり、これを捕獲するのは女性にも容易であるという。少年たちにとっては、放牧時は狩猟の練習時間でもあった。小型の弓矢で鳥をとったり、行きがけに小鳥用の罠《わな》をしかけて帰りに回収したりした（写真2-13）。牧童仲間とおこなう弓矢の的当て競争は、遊びと同時に技術の習得の役割もはたしていた。

女性にとっては、毎日のように行く水汲みと薪集めが、動物との主たる出会いの場だった（写真2-14）。イコマの社会では、農作業と放牧は男女ともおこなう一方で、水汲みと薪集めは基本的には女性の仕事である。これらふたつの活動は、少人数でブッシュ（やぶ、茂み）のなかに入っていくので、多数の家畜を連れた放牧や開けた場所での農作業よりも動物が警戒しないため、草食獣に出会いやすい。とくに、遠出の機会が少ない女性がキリン（写真2-15）やバッファロー（写真2-16）といった大型の動物を見るのは、川に水汲みに行ったときであった。大型獣に出会ってしまったときには、みんな一目散に逃げ出したという。

畑における動物との出会いは、作物を守るための戦いでもあった。一九八〇年代以前、人びとは雨季の一一月から六月までの農耕の時期には、早朝から夕方まで畑で作業し、そして夜は畑に出作り小屋を作って寝泊まりしながら、夜間に来る害獣を追い払ったものだった。表2-1のカテゴリーBには、畑の害獣のベスト3であるヤマアラシ、ヒヒ(写真2-17)、サバンナモンキー(写真2-18)が入っている。ヤマアラシやイボイノシシ、リードバックなどは、夜間に畑にやってきて、シコクビエやソルガムの出たばかりの芽を食べてしまう。やがて作物が生長すると、今度はヒヒとサバンナモンキーが来るようになる。これらの種は、人間が収穫する結実部分はもちろんのこと、主軸を折ってその髄を食べたりもするので、作物の生育期間中はいつでも畑に来る可能性がある。そのため、ヒヒとサバンナモンキーに対しては、収穫するまでずっと見張りにつかなければならない。そして最後に穂が熟してくると、さまざまな種類の鳥がそれを食べに来る。今度は投石したり金属を鳴らしたりして、一日中、鳥を追い払う必要がある。鳥による食害もあなどれず、まじめに追い払わないと収穫量が格段に減ってしまうのである。

このように、一九八〇年代以前の日常での出会いでは、草食獣との出会いが頻繁にあり、物理的に近い関係にある動物が数多くいた。

②遠出での出会い

村の外のブッシュに出かける遠出は、一九八〇年代以前では、男性がレイディングされた家畜を取り戻しに行くエリシャウ(elishau)と、エリシャウに行った男性を女性が途中まで出迎えるエリトゥルンガナナ(eliturung'anana)が代表的であった(写真2-19)。このほかには、イコマ地域で収穫が少なく食糧不足に陥った年に、イキズ地域へ食糧を調達しに行く旅、あるいは、他集落へ親類を訪ねていく旅などがあった。

写真2-10
シマウマ.

写真2-12　インパラ.

写真2-11　イボイノシシ.

写真2-13
小鳥をとる少年たち.

写真2-14
水汲みに行く女性たち.

写真2-16　バッファロー.

写真2-15　キリン.

写真2-17　アヌビスヒヒ.

写真2-18
図々しく観光客の車に寄ってくる
サバンナモンキー.

エリシャウとは、マサイによるレイディングによって奪われた牛を奪回する旅である。マサイは、たいてい新月の闇にまぎれて牛囲いを襲う。レイディングが発生すると、同一集落の男性に加えて、近隣の集落からも応援が駆けつけて、一〇〇人以上で牛を取り戻すために旅立って行った。男たちは、弓矢のほかにはわずかな穀物の粉を持つだけで、その食糧でその後の数日を過ごさなければならない。早朝にイコマを出発し、夜も歩きつづけると、翌日の朝には六〇キロメートル離れたマサイ地域にたどり着く。牛の群れを見つけだすことができれば、それを取り戻すた

写真2-19 盗まれた牛を取り返しに行くエリシャウ．筆者もともに．

写真2-20 アフリカゾウ．

写真2-21 ライオン．

めにマサイと戦う。このとき、死者が出るはげしい戦いになることもしばしばあった[3]。国立公園となっている地域を横断して行くため、歩きながらカテゴリーCの大型の肉食獣や草食獣を見かける機会は多かった(写真2-20・2-21)。

女性は、エリシャウに行った男たちが帰路についたというしらせを受けると、ヒョウタンの容器にケロンゴリ(kerongoli)という穀物の粉を煮とかした飲み物を入れて、村から出迎えに行った。この時代には、村から二〇キロメートル以上離れたブッシュ地帯まで出迎えに行くこともあり、普段の生業活動時には見ることのないゾウ、エランド、ライオンなどの大型獣と出会う機会となっていた。

食糧調達の旅では、イコマ地域から西方に七〇キロメートルほど離れたイキズ地域へキャッサバを求めて旅をした。旱魃でシコクビエやソルガムが不作になって食糧不足になることが、一〇年に一度ぐらいの割合であった。イコマは、小家畜や野生動物の干し肉・皮などを持ってイキズへ行き、それらと交換にキャッサバ畑の畝をもらい受け、キャッサバを掘り出してアク抜きと乾燥をすませてからイコマに持って帰った[4]。

この旅の道中には集落がほとんどなく、野生動物が豊富に生息していた。女性は、村付近では見ることのないエランドやカバといったカテゴリーCの動物に出会っていた。しかし、めったに見ない大型獣との出会いは、遠目に見かけるだけならよい思い出のひとつになるが、至近距離で出会ってしまった場合はたいへん危険なことになる。バッファローやライオンに出会ってしまい、命からがら難を逃れた話はいくつも聞かれた[5]。

このように、一九八〇年代以前の生活のなかでは、余暇活動ではなく生活の一環として遠出する機会が男性にも女性にもあった。このため、大型肉食獣・大型草食獣という、人間とは生息域の重ならない動物に出会う機会があった。

③ 狩猟とアヘギ

狩猟は、イコマにとって「男の仕事」であり、男性は幼少期から弓矢に慣れ親しんでいた。イコマの少年たちは、小さいころから遊びの一環として即席の弓矢を作って遊んだ。そして、牧童として働くようになると、放牧の合間に牧童仲間と小型の弓矢で鳥をとったり、的当て技術を競い合ったりした。

一〇歳から二〇歳のあいだにおこなわれる割礼儀礼の際には、儀礼の最後に鳥用の矢(obuta obominyonyonyi)が少年たちに与えられる(写真2-22)。これは、成人したイコマの男になるためには弓矢のあつかいに長けていることが必要であり、そのための練習として鳥を射る練習からはじめよ、という意味であった。割礼後の少年たちは、傷が癒えるまで儀礼小屋で寝泊まりしながら、昼間は鳥をとって過ごした。やがて少年が一五歳ぐらいになると、父が大人と同じ動物用の弓矢を作ってくれるものだった。これは少年にとっては、父が自分を大人になったとみなしたことを意味し、誇らしいことであった。これ以降、仲間と連れ立って本格的な弓矢での狩猟に行くようになるのであった。

日帰りの狩猟の猟場は、集落から一〇キロメートル以内だった。一九八〇年代まではこの範囲で狩猟に十分だった。普段のおかずのための猟法は弓矢猟で、ひとりから四人で出かけてトピやインパラ、リードバックをとった。この猟では、その日のおかずの肉として一頭か二頭とれれば帰ってきた。また、はね罠猟という、野生サイザルの繊維で作ったロープではね罠をしかけて小型レイヨウをとる猟法も、おかず確保のために通年おこなっていた（写真2-23）。

五、六月ごろ、雨季が終わりに近づいてトムソンガゼル（写真2-24）が群れをつくるようになると、老人と少年たちは一〇〜二〇人のグループでオロトラ（orotora）と呼ばれるロープを使った追い込み猟をした。(6) オロトラ猟では、トムソンガゼルやグラントガゼル、ディクディク、ステインボッ

写真2-22　割礼儀礼で弓矢をさずけられた少年たち．

写真2-23　はね罠を教えてもらうホテルマネージャー．

写真2-24　トムソンガゼル．

クなどの小型レイヨウをとることができた。ある老人は、子どものころにオロトラ猟でトムソンガゼルなどを二〇〇頭もとったことがあったという。

また、七月ごろ、乾季になってヌーやシマウマの群れがイコマ地域にやってくると、本格的な狩猟のシーズンになる。畑の収穫を終えると、男たちは動物の群れを求めてどこまでも出かけていった。一九五〇年代までは、この時期には落とし穴猟で大量のヌーをとっていた。一シーズンにひとりで一〇〇から五〇〇頭ものヌーをとったという。一日に何十頭もとれた日は、解体作業がたいへんなので、すべての肉を持ち帰ることはしなかった。交易の商品となるヌーの尾と、老人に献上する部位の舌だけをとって、残りの大量の肉は放棄されたという。この猟法は、当時のヨーロッパ人たちに「アフリカ人の狩猟は虐殺であり、非人道的で動物を絶滅させる」とみなされ、アフリカ人住民の狩猟を禁止する理由づけに使われたと考えられる［Neumann 1998］。

男性たちは、このヌーの尾を南西部のスクマ地域まで運んでヤギや仔牛などの家畜と交換し、帰りは家畜を引き連れて帰ってきたものだった。スクマまでは三日の旅だった。尾一本は一シリングまたはヤギ一頭と交換でき、一〇本で仔牛一頭と交換できたという。ある老人は、自転車を買って帰ったこともあった。当時（一九四〇年代）は村で自転車を持っている人はほかになく、人びとの羨望の的だったという。

イコマ社会では、父は絶大な権威をもち、息子たちから尊敬と同時に畏怖される存在であった。それだけに、大量の肉を父に捧げて、父から認められることは、狩猟をする大きな動機づけになっていた。ある老人は、「シマウマ二頭とヌー五頭を仕留めて父にあげた。父がよろこんでくれてとても誇りに思った」と言う。また、ライオンやヒョウといった危険な動物を倒したときには、父にその皮を捧げた。

そして、もちろん父以外の家族やコミュニティの成員から賞賛されることも、狩猟の社会的機能として重要だった。かつては数人で狩猟に出ると、一番に獲物を仕留めることを競ったものだった。「一番に獲物を捕ったことを家に帰って家族に話すのが自慢だった」。弓矢猟に長けた者はオモロンダ(omoronda)と呼ばれ、それは名誉ある呼び名だった。若者どうしが集まると、サンダルを的にして弓矢の技術を競い合った。一九六〇年代ごろまでおこなわれていた集団弓矢猟では、弓の上手なオモロンダが待ちぶせ役になり、ほかの数十人は勢子になってそこに獲物を追いこんだ。「弓矢はだれにでもできることではない。うまい、下手がある」。

このように、動物を捕獲することは、肉や皮、あるいはそれを売ってお金を得るという物質の獲得だけではなく、競争の興奮、危険に対する緊張感、獲物を獲得した満足感など、狩猟者が内面的な充足感を得ることのできる活動だった。そしてそれに加えて、家族やコミュニティから社会的な賞賛を得る活動でもあった。このような社会的側面も狩猟活動を支える重要な要素だったといえる。

また、ある種の動物は特別な力をもっていると考えられ、その動物を殺すと特別な儀礼をしなければならなかった。それは、ゾウ、ライオン、ヒョウの三種であった。ゾウは、イコマでは「人間と同じだ」といわれる。「マチャバ(machaba)」と呼ばれる一対の象牙をイコマの神として祀っているため、基本的にゾウを殺すことは禁じられている。また、ライオンとヒョウを殺した場合には、アガソ(aghaso)と呼ばれるお祓い儀礼をしないと、その家が没落するといわれている。[7]

このように、狩猟は男性による活動であるが、女性が狩猟にかかわる機会もあった。それは、女性による肉運びの手伝いのアヘギ(ahegi)である。アヘギは、男性の狩猟が成功し、たくさんの肉が手に入ったときにおこなわれた。女性たちは、一〇枚前後の干し肉(約二〇キログラム)を頭にのせてブッシュの狩猟キャンプから村まで運んだ。さらに、女性のアヘギ経験の重要な部分として、「狩猟キャンプで、村では食べられないほどのたくさんの肉を食べたこと」が、忘れられない楽しい思い出としてしばしば語られた。[8]

女性がアヘギで猟場へ行ったときにカテゴリーCの動物、すなわちライオンやヒョウといった肉食獣や、ゾウやエランドといった大型の草食獣を見ることがあった。しかし、これらの出会いはたいてい遠目に見かけるだけだった。また、出会った回数も男性ほど頻繁ではなく、ライオン、ゾウなどカテゴリーCの動物を見たことがない、あるいは見たことがあっても一度か二度という女性が多かった。しかし、そのような数少ない出会いでも、ブッシュという危険な場所へ行ったという緊張感や、たくさんの肉を食べたという楽しい経験とともに、めったに見ない動物を目撃した経験も深く記憶されていた。

④危険な動物

狩猟やエリシャウなどの遠出でブッシュに行って動物と出会うとき、危険な状況に陥ることがある。動物との出会い経験を人びとに聞くと、思い出深い経験として語られるのは、危険だったとき、恐ろしかったときの事例が多い。生きるか死ぬか、やるかやられるか、といった瀬戸ぎわの経験は、人びとの記憶に当然ながら印象深く残り、それゆえに対象となる動物も特別な存在として記憶されている。

一九八〇年代以前に狩猟や遠出の経験のある四〇歳から八一歳(調査当時)までの男性六五人にブッシュでの危険な経験について聞き取りした結果、危険な経験をしていたのは三九人(六〇パーセント)だった(**表2-2**:左)。その危険な経験の対象を**表2-3**に示した。

表2-2　ブッシュでの危険な経験の有無(1999年調べ)

	40～81歳の男性(主に1980年代以前に狩猟)		15～39歳の男性(主に1990年代に狩猟)	
	人	%	人	%
危険な経験あり	39	60	32	53
危険な経験なし	23	35	15	25
ブッシュに行ったことがない	3	5	13	22
合計	65	100	60	100

表2-3　危険な経験の対象(1999年調べ)

	40～81歳の男性(主に1980年代以前に狩猟)(N=39人，複数回答)			15～39歳の男性(主に1990年代に狩猟)(N=32人，複数回答)		
		人	%		人	%
1	バッファロー	17	29	バッファロー	9	26
2	マサイ	13	22	公園スカウト	7	21
3	ライオン	11	19	マサイ	4	12
4	ヘビ	6	10	ヌー	4	12
5	公園スカウト	4	7	ヘビ	3	9
6	カバ	2	3	カバ	3	9
7	ゾウ	2	3	ライオン	2	6
8	サイ	2	3	イボイノシシ	1	3
9	イボイノシシ	1	2	ヒヒ	1	3
10	ヒョウ	1	2			
	回答合計	59	100	回答合計	34	100

ブッシュにおいて、人びとが最も危険とみなしている存在はバッファローだった。「バッファローは気が荒くて車にさえ向かってくる」という話は観光サファリでもよく聞く話であるが、イコマの人びとも同様な体験をしていた。バッファローに襲われそうになった話の多くは、人間がかれらに危害を加えようとしたわけでもないのに、たまたま近くを通りがかっただけで襲われた、というものだった。人びとは、たいてい木に登って命からがら難を逃れていた。

三番目に危険な相手はライオンだ。ライオンの場合はバッファローとは異なり、人間のほうが攻撃をしかけて逆襲にあう場合が多い。ライオンは、子連れの母親でなければ人間にわざわざ襲いかかってくることはなく、警戒しながらもやりすごすことができるという。しかし、ライオンが獲物を持っている場合は、それを奪うのがイコマのやり方であり、ライオンを追い払おうと攻撃するため危険が生じるのである。このほかの動物にかんしても、ほとんどは人間のほうから攻撃をしかけ、それが成功せずに動物の逆襲にあったという場合が多かった。

また、ヘビ類も第四位と危険な対象のひとつに入っている。歩いているさなかに毒ヘビにかまれ、足を切断した、あるいは死亡したといった例が聞かれた。ヘビは、ブッシュのなかでいつどこで出会うか予想したり、事前に見つけて予防することが困難な生物であるため、たいへんに恐ろしい。タンザニアでは、イコマを含めた多くの地域において、ヘビを見れば、そのヘビが毒ヘビであろうがなかろうが、種類を問わず叩き殺すのをよく目にする。それは、不意の出会いで亡くなった人を何人も見てきた人びとの経験にもとづいての行為なのであろう。

以上に見てきたように、一九八〇年代ごろまでのイコマの生活では、動物は日常生活空間につねに近接して暮らす存在であり、同時に食糧や換金物として頻繁に利用され、物理的に近い存在であった。また、狩猟活動とその獲物の分配、狩猟儀礼をとおして男性が社会的ステータスを構築するための媒体ともなっていた。さらに、襲ってくる脅威であると同時に肉をもたらす恵みであるという、矛盾をはらんだ存在であり、人間と動物のあいだに襲う／襲われるという双方向の関係性があった。このような物理的な近さと社会的な価値づけ、さらには複雑で双方向な関係性から、動物は人間に近い存在と認識され、「われわれの動物」といわれていた。

では、このような関係は一九八〇年代以降、どのように変化したのであろうか。

一九八〇年代以降――狩猟取締りがきびしくなって

セレンゲティの密猟パトロールは、一九八〇年代に入って徐々にきびしくなっていった。とくに一九八九年にワシントン条約で象牙の国際取引が禁止になると、世界中から援助が入り、公園公社の資金が増加した。そして、パトロールの頻度が急増した結果、イコマと動物の関係は変化していった。

①日常的な出会い

一九八〇年代以降、現在においても、農作業、放牧、水汲み、薪集めという日常的な生業時にカテゴリーAの小型獣や草食獣と出会うことは基本的には変わっていない。しかし、キリンとバッファローの大型獣は、日常では見られなくなってきた。人口密度が高くなり開墾が進むと、これらの大型獣が村落周辺からまず姿を消していくのである。

畑の害獣としての動物とのかかわり方も変化している。一九八〇年代以前、集落規模が小さく人びとが分散して居住していた時代は、畑の見張りは農作業に必須の活動であり、ほぼすべての世帯がおこなっていた。それが、とくに一九七四年の「オペレーション」と呼ばれる強制的な集村化政策が実施されて以降、人間の集住化にともなって畑が隣接するようになると、林縁や草原に接していない中心部の畑には動物が侵入することがないため、見張りをおこなう必要がなくなっている。また、一九七八年の対ウガンダ戦争以降の銃の普及も、畑の見張りに影響をおよぼした。一九八〇年代に入ってからは、銃で武装したマサイがレイディングに来るようになり、出作り小屋での寝泊まりは危険になったので、夜の見張りはおこなわれなくなった。

②遠出での出会い

一九八〇年代以降、遠出する活動は大きく変わった。まず、エリシャウにかんしては、国立公園がレイディングに対する緩衝地帯として機能するようになったため、マサイからのレイディングが著しく減少した。このようにエリシャウが少なくなっていくことは、村人にとってはよろこばしいことであるが、動物との関係を考えると、村から離れたブッシュに行く機会が減って、動物と出会う機会が減ることになる。これは、出迎えに行っていた女性にとっても同じことである。また、食糧調達や親類訪問といった遠出にかんしても、自転車が普及し、道路ができて車が通るようになるにつれて、数十キロメートルも歩いて旅することはなくなった。

一〇代から三〇代の若い世代（とくに女性）がカテゴリーCの動物を見る機会は、徒歩ではなく、バスやヒッチハイクで車に乗って移動するときになった。このような機会は、公園公社が主催する研修旅行や、公園内で働く親類を訪問するとき、あるいはバスで公園を横断して三〇〇キロメートル離れた都市アルーシャに行くときなどである。

大型獣や肉食獣を車窓から見た経験を人びとが語るとき、たいていの場合は非常に楽しそうであり、どんな種を見たかを自慢げに話す。観光客が国立公園へやってきて動物を見てよろこぶように、村人もまた、日常的には見ることのない大型動物を安全な車のなかから見ることは楽しいと感じている。このような車上からの動物との出会いは、一九八〇年代以前に見られたような、ときには危険をともないながら同じ大地を歩いていて出会う経験とは質的には異なっているといえる。「楽しい、けれど恐ろしい」という両義性をもっていた動物が、車中からは安全に見ることができるため、国立公園を訪れる観光客と同様に「観賞する対象」としてとらえられている。

この現象は、「双方向であった動物との関係が、人間から動物への一方向だけの関係になった」ことを示しており、人間と動物の関係は希薄化していったといえる。

③狩猟とアヘギ

イコマにとって狩猟は、半乾燥のきびしい生態環境を適応的に利用するための重要な生業活動だった。それが、植民地支配のはじまりとともに狩猟法や保護区設置によって規制されるようになり、とりわけ一九八〇年代から取締りがきびしくなった。この取締りをすり抜けるために、イコマの人びとは大きな集団での狩猟を避け、夜間に少人数でおこなう猟法を創出しながら、現在でもほそぼそと狩猟をつづけている［岩井 2001］。しかしながら、これにともなって女性によるアヘギはなくなり、男性の狩猟者も減少傾向にある。その理由は、密猟者として捕まった末に死にいたるケースが続出しているからである（写真2-25・2-26）。

公園のスカウト（密猟取締り職員）に狩猟者（職員から見れば密猟者）が捕まると、まずその時点で殴る蹴るの暴行を受ける。そしてさらに、町の警察署に連行され、裁判にかけられる。捕まった場所や持っていた動物の種類によって刑は異なり、半年から数年のあいだ、服役することになる。

刑務所の待遇は劣悪で、囚人はぎゅうぎゅうに押しこまれていて、横になるスペースもない。食事は一日一回、おかずはなく、固く冷えたウガリ（穀物粉を練った主食）だけ。体調が悪くなっても診察を受けられないばかりか薬すらもらえず、熱にうなされて苦しむしかない。人びとは「刑務所に入れられたら死ぬのと同じだ。二度と帰ってこられない」と言う。

家族は、父親や息子を取り戻すために、裁判官や警察官に賄賂として渡すための多額のお金を用意することになる。調査で家いえをまわっているとき、「うちには牛は一頭もいないよ」と答えた母親がいた。あとで調査助手がそっと教えてくれたが、息子が狩猟中に逮捕されたために、牛をみんな売ることになってしまったそうだ(9)。

スカウトによる暴行については、多くの語りを聞いた。ある若者が獄中で死亡したのは、逮捕時にスカウトから受けた暴行が原因だと家族は考えていた。また、スカウトに見つかった狩猟者が、町の刑務所に連行される前に、ブッシュのなかで殺されることもあるという。これは shoot on sight と呼ばれる行為で、「保護区内で密猟団や観光客を狙った強盗団を発見したら発砲してもよい」という方針であり、一九八〇年代からケニアやタンザニアで実施されるようになった[Neumann 1998]。ある若者がブッシュでスカウトに見つかり、銃で撃たれて死んだと思われる事件について、同行していた狩猟仲間が話してくれた[10]。

「ブッシュでの危険」の聞き取り調査の結果にも、スカウトは高いランクに入っている（表2-3）。とくに、四〇歳以上の世代では公園スカウトは五位なのに対して、四〇歳未満の若い世代では、スカウトのランクが二位に上がっているのである。逮捕だけではなく、生命にかかわる暴力を受けることも含めて、近年のハンターたちにとってスカウトは恐ろしい存在となっている。

写真2-25　密猟パトロールに行く公園スカウト.

写真2-26　逮捕された密猟者.

　このように現在の狩猟活動は、スカウトのパトロールという命にかかわる危険要素が追加されたうえに、逮捕されれば家族や親類に多大な経済的損害をもたらす活動になってしまった。そのため、家族や地域社会が狩猟の成果を公に賞賛することはなくなり、ひたすら隠すようになった。近年では、狩猟の成果を分配するのはごく近い親族にかぎられているし、狩猟の話題をするのも狩猟仲間のあいだだけになっている。家族にさえもくわしい狩猟の過程は話さない場合が多い。何かの拍子に公園や警察の職員に伝わるのを恐れているのだ。また、子どもの身を案じて息子に狩猟をやめさせた父親もいる。「わずかな肉のために捕まったりしたらばかばかしい。息子には狩猟をやめさせた」。

法的な抑圧のために、イコマは野生動物の資源としての利用を制限されるようになったうえに、狩猟の文化的意味づけまでも変更を余儀なくされている。狩猟は、「イコマの男の仕事」として賞賛の対象となるポジティブな活動から、やらなくてすむならやりたくないが経済的困窮のためにやむなく従事する活動、というネガティブな位置づけになってしまったのである。

「われわれの動物」から「かれらの動物」へ

イコマにとって動物は、畑の作物をめぐる競合者であり、家畜や人間の生命を脅かす敵であると同時に、食糧と財産を得るための資源であった。良い面も悪い面もあわせもつ、多義的で「近い」存在であった。それがいまや、イコマの老人たちに狩猟活動やかつての動物の生息状況などについて話を聞いていると、「動物は遠く(mbali)へ行ってしまった」という。

このように人びとが「動物が疎遠化した」と感じる第一の要因には、人びとの経験的な実感があるだろう。ここまで見てきたように、一九八〇年代以降、人口密度が高まり、農地が拡大するにつれて日常的な生活空間における動物が減少し、物理的に動物と人間の距離が遠くなっている。

そして第二の要因は国立公園の存在である。一九八〇年代以降のスカウトによる監視の強化は、動物との共存のポジティブな側面であった狩猟を、リスクが高い反社会的な「犯罪」に変質させてしまった。これによって、男女ともに最も密接に動物とかかわる場面であった狩猟活動が、一部の男性が人目をはばかって秘密裏におこなう活動になった。そして、女性をはじめとした多くの人びとにとって、公式に残された動物との関係は、「害獣―被害者」というネガティブな関係だけになったのである。

現在、イコマの人びとの動物に対する認識には、従来の「われわれの動物(chatyenyi chito)」という愛着のともなう対象としての認識と、「かれらの動物(chatyenyi chebho)」という客体化され他者化された対象としての認識が混在している。国立公園の存在によって動物が他者化されつつある例として、畑の害獣に対する不満が、近年では国立公園に対する不満として語られるようになったことがあげられる。それは、「国立公園から動物がやってきて畑を荒らす。公園は動物による畑の被害を補償するべきだ」という論理である。

しかし、畑に動物が侵入してくるのは近年にはじまったことではない。有害獣の種や数の変化にかんする聞き取りでは、ヌーとゾウ以外の動物については大きな変化は聞かれなかった。農作物有害獣の問題は、イコマの祖先がこの地にやってきたときから存在しており、かつては「害獣も益獣も人間とともに存在するのが自分たちの生活する環境だ」と人びとは認識していただろう。つまり、動物の生息域と人間の活動域には境目がなく、同じ領域に生活するものと認識されていたといえる。

しかしそれが、公園の監視がきびしくなり、動物保護を理由に住民を排除するようになると、「人間の領域」と「動物の領域」が明確に区分されるようになった。これこそが欧米流の科学的自然保護の論理であるが、これによって農業の一部として組みこまれた内的問題だった害獣の存在が、公園によって解決されるべき外的問題として認識されるようになっていったのである。

三　「村人の視線」から見たセレンゲティと野生動物

前節では、動物とのかかわり方の変化を村人の視点からみてきた。一九八〇年代までは、イコマは村のなかでも外でも、さまざまなかたちで直接的に動物と接触し、生きるか死ぬかの対峙をしてきた。そして、獣害や旱魃といった自然の脅威に襲われながらも、肉という恵みを手に入れることで脅威を受け入れてきた。かりそめながらも均衡を保ち、「共存」してきたといえるだろう。しかし、一九八〇年代から狩猟取締りが強化されると、それまでの「共存の均衡」が崩れ、肉という「恵み」がなくなり、獣害という「脅威」のみが残されるようになった。

わたしがイコマの村に通うようになったのは、ちょうどそんな時期だった。村人は「外来の自然保護」を強く警戒していたし、わたしのほうも「自然保護は善で、村人は密猟者」という「自然保護主義者の目」を当初はもっていた。村でどのような経験を経て、わたしの見方は変わっていったのか。本節では、村人とかかわりながら、「わたし」の目や思考が変わっていった過程を紹介する。そして、次節ではさらに一歩踏みこんで、この村の人びととともに、動物との「かりそめの共存」を取り戻すためにはじめた、ささやかな挑戦について記したい。

警戒する村人

いま思い出すと、わたしが村に暮らしはじめた当初は、ずいぶん人びとから警戒されていた。狩猟の話や動物の話を聞こうとしても、「狩猟していたのは昔の話だ。狩猟なんて、したことがない。動物を保護する必要性を理解しているし、協力している」というようなことを言って、なかなか話してくれる人はいなかった。その一方で、住まわせてもらっているママルーシー宅では、多い時期は三日に一度は野生動物の肉が出た。この家は、母子家庭で子どもは女の子ばかりだったので、狩猟に行く男はいない。肉は近所から買ったりもらったりしていた。それを「だれから買ったの?」と聞いても、「となりのママにもらったのよ」とはぐらかされ、なかなか教えてもらえなかった。

このような村人の態度は当然だろう。国立公園スカウトに案内してもらって、わたしは村にやってきた。公園スカウトといえば、前節で紹介したように、村の若者を逮捕し、ときには殺してしまう、憎くて危険な相手である。

「スカウトといっしょにやってきたからには、こいつも俺たちを密猟者と思っているにちがいない。何しに来たのか?　俺たちを逮捕するつもりか?」

写真2-27　干し肉も隠せる穀物倉庫.

そんなふうに思われていたとしても不思議ではない。

一九九〇年代当時、公園スカウトによる抜き打ち家宅捜索がしばしばおこなわれていた。突然ドヤドヤと家に入ってきて、家じゅうのあらゆる場所をスカウトは探しまわった。スカウトが探しているのは「キモロ(kimoro)」と呼ばれる野生動物の干し肉だ。電気も冷蔵庫もないので、捕った肉を保存するために、平らに伸ばして天日に干し、板状の肉片に加工する。乾燥したこの地域では、これで三カ月ほど保存することができる。村人が干し肉の隠し場所にしていたのは、家の外につくられている穀物倉庫だった(**写真2-27**)。下のほうに隠しておけば、スカウトに見つからないことが多かった。しかし、それでも干し肉が発見されることもあり、そうなれば逮捕され、町の警察に連れて行かれて裁判になる。スカウトによる暴行や刑務所の非人道的処遇、裁判官からの賄賂の要求などは前節に記したとおりで、本人も家族も生命と生活が脅かされることになる。

そんなふうにわたしを警戒しながらも、人びととの対応はつねに優しかった。わたしが訪問すると「カリブカリブ!(ようこそ!)」と言って迎えてくれて、自分が座っていた小さな椅子をわたしに差し出してくれた。ほかに椅子がないので、自分は石に座る、という場面がくりかえされた。食事のさなかにお邪魔すれば、かならずわたしにもいっしょに食べるように誘ってくれた。

はじめは、当然のようにいっしょに食べていたが、何軒か調査をしていくうちに、この地域の農業規模がけっして大きくないこと、収穫は一年の食糧をまかなうほどは得られないことがわかってきた。現金収入の機会もほとんどないので、「いったいどうやって生きているのか？」と不思議でならない家庭が多かった。それに気がついてからは、訪問した家で食事をすすめられても味見程度に手をつけて、あとは「もうおなかいっぱいだ」と手を引っ込めることにした。

調査をはじめたころは警戒されていたので、農耕や牧畜など狩猟以外のことについて質問するしかなかった。やがて二度目、三度目の滞在になっていくうちに、狩猟や動物についても聞くことができるようになっていった。わたしが原因でだれかが逮捕されるような事件は起こらない、つまり、わたしは公園管理公社とはつながっていないし、密告するようなことはしない、と思ってもらえるようになっていたのだろう。そうしてわかったのが、前節で紹介したイコマと動物とのかかわりだった。

景色の見方が変わる

インタビューを重ね、イコマの歴史や動物とのつきあい方を学んでいくうちに、わたしのセレンゲティの景色を見る目も変わっていった。「野生の王国」で人間がいないのがあたりまえ、それが「本来あるべき風景」「美しい景観」だと思っていた先進国の人間としてのまなざし。そこから、村人の見方に近づいたと思った瞬間があった。

調査をはじめてまもないころ、その日は町へ買い出しに行くために、一日一本だけある乗り合いバスに乗りこんだ。車はランドローバーで、定員は九人。そこにつめこめるだけ人をつめこむ。

いったい何人が乗りこんでいるのだろうか？　「数えられるものは数える」が習慣化していたわたしは、フィールドノートに書きこんでみた。なんと赤ちゃんも入れると一六人が乗っていた（写真2-28）。

村から町へ行く道は、途中で動物保護区のなかを通り抜ける。

「おっ、ヌーがいるぞ！」

「あっちにはシマウマも！」

車のなかにいた村人たちは、動物を見て興奮して口ぐちに叫んでいる。かれらにとって、動物はもはや日常生活の一部だと思っていたので、こんなによろこぶとはちょっと意外だった。

わたしは後部座席のまんなかに座っていたので、となりの人が邪魔で窓の外がよく見えない。人と人の隙間から、ちらっとヌーの影を垣間見るだけだ。これがいつもの「外国人の観光動物サファリ」だったら、一台の車に五人でゆったり乗って、悠々と窓ぎわに座って思う存分に動物を眺めることができる。ところがこの日は、ヌーの群れがちらっとしか見えない。そのことに不満を感じつつも、「これが村人の目線から見るセレンゲティなんだ」としみじみと思った。

次の瞬間、となりのおじさんが叫んだ。

「見ろ！　あのヌーの太っていること！　脂がのってるぞ！」

つづいて別の若者も、「いや、あっちのシマウマのほうが脂がありそうだ！」と叫んでいる。

かれらが興奮していたのは、わたしたち外国人とはまったく別の理由だった。わたしたちは「雄大な自然のなかで暮らす野生の動物」に「胸のときめき」を覚えて興奮する。しかし、村人たちの興奮は「おいしそうなごちそう」を目の前にした興奮だったのだ。わたしたちが、テラテラと光るサンマを見て「脂がのっていておいしそう」と思うのと同じような感覚なのだろう。

助手席に座っていた赤ちゃんを抱いたおばさんが、運転手に向かって「一頭ぶつけなさいよ。今晩のおかずにしたいわ」などと、けっこう本気でけしかけている。動物たちのつぶらな瞳を見ると、「おいしそう」とまでは思えなかったが、「どうせ食べるならシマウマよりトムソンガゼルがいいな」とわたしも思った。

草原のなかに、何百頭と群れている「おいしそう」なヌーやシマウマをなぜ食べてはいけないのか。すぐそこにいるのに。むしろ、動物のほうから「食べてください」と言わんばかりに村に飛びこんでくるのに。ぎゅうぎゅうづめの車に揺られて村人の汗ばんだ体に密着しながら、興奮した会話をBGMに平原を走り抜けた。このとき、頭ではわかっていたつもりのかれらの感じている理不尽さが、わたしの心と体にすっと入ってきたように思った。

写真2-28 町へ行く車はいつもぎゅうづめ．

四　「人間よりも動物が大切にされる不条理」を超えて

エコミュニティ・タンザニアの始動

「人間よりも動物が大切にされる不条理」を、村で寝食をともにしながらわたしも経験した。先進国の住民が求める動物保護の願望を、なぜセレンゲティの村人が自分たちの生活と文化をひきかえにして引き受けなければならないのか。この状況を変えるために、自分は「知っている人間」として、何かをする責任があると思った。本章の冒頭で紹介したように、村人たちからの期待と、それに応えられない後ろめたさがずっと募っていた。

そんな想いをようやくかたちにできたのは、二〇〇四年だった。博士論文を提出すると同時に、アフリカ研究の院生仲間とともに「特定非営利活動法人アフリック・アフリカ」をたちあげた。わたしと同じように、フィールドワークで現地の人たちから学ばせてもらった仲間たち。その知見を現地の人たちに還元したい、という想いは同じだった。村人たちから個人的に頼まれてやっていた奨学金援助を、アフリック・アフリカの活動として「セレンゲティ・人と動物プロジェクト」にした。

さらに二〇〇五年、早稲田大学の平山郁夫記念ボランティアセンター（WAVOC）に就職すると、いよいよ「仕事として」支援活動ができるようになった。「岩井先生の専門性を活かしたボラ

表2-4　エコミュニティ・タンザニア参加学生の属性と活動内容

渡航時期	合計人数	性別		学年					主な活動内容
		男	女	1年	2年	3年	4年	院	
2005年夏	9	3	6	0	4	2	2	1	ニーズ調査
2006年夏	9	1	8	1	2	3	2	1	ゾウによる農作物・人身被害調査
2007年春	5	3	2	1	0	0	3	1	パトロールカーの管理体制の話し合い
2007年夏	8	2	6	1	2	1	3	1	パトロールカー事故原因調査と管理体制の改善
2008年春	9	3	6	3	1	0	4	1	パトロールカー管理モニタリング
合計	40	12	28	6	9	6	14	5	

ンティア・プロジェクトをたちあげてください」というのが与えられた仕事だった。給料をもらいながら、好きなボランティアをやっていいというのだ。唯一の条件は学生を同行して学ばせることだけ。これで、イコマの人たちにようやく恩返しができる！　うれしくて飛び上がりそうなこの気持ちは、相当強いオーラとなって発散されていたようだ。その帰り道、高田馬場駅で「あなた、ものすごい光が出てますよ！　こんな光は一生に一度あるかないかですよ！」と、占い師と名乗る女性から声をかけられたほどだった。後にも先にも、こんなことを言われたのはそのときだけである。

そしてはじめたのがWAVOCプロジェクト「エコミュニティ・タンザニア（エコタン）」だ。「WAVOCプロジェクト」とは、学生が実施するボランティア活動で、単位にならない課外活動でありつつも、教員が指導する体制をもっていることが特徴である。エコタンの活動形態は、夏または春の長期休みの期間に、二週間ほどセレンゲティの村でホームステイをしながらボランティア活動をするかたちにした（表2-4）。プロジェクトの具体的な活動内容は、学生とともに調査しながら決めていくことにした。その理由として、「学生にできること」と「現地のニーズ」がどのように折り合いをつけられるのかを見きわめることが、活動をはじめた当初はむずかしかったことがある。また、学生がみずから問題を発見したほうが、かれらのやる気や主体性を引き出せるとも考えた。このため初年度は、「環境と調和するコミュニティを住民の視点から考える」としただけで、現地のニーズ調査から開始した。

二一世紀の狩猟民はどこへ行く?

イコマの人たちにわたしができることは何なのか? そもそも、かれらの社会がどうなるのが望ましいことなのか? かれらはどのようになりたいのか? エコタンをたちあげたとき、それは、まだ見えていなかった。

調査から、かれらが「狩猟民イコマ」という生活とアイデンティティを、西欧の自然保護思想によって強制的に奪われてきた歴史があきらかになった。しかし、人びとは、その力に屈することはなかった。新しい猟法を開発して狩猟をつづけてきたし、「住民主体の自然保護プロジェクト」による援助を受け入れて恩恵を受けたり、たび重なる政府やホテル企業からの移住の圧力に抵抗して陳情や裁判を起こしたりして、この土地で生き抜くために闘ってきた[岩井 2001, 2008]。

しかし、二一世紀に入った現在でも、かれらは狩猟民でありつづけたいのだろうか。いいや、いまでは多くの村人が否定するだろう。近年、親たちの教育熱は高まっていて、「教育は生きるための鍵だ」と言う。若者たちも、より高い学歴を得て、公務員や会社員として雇われたいと希望している。雨頼みの不安定な農業ではなく、確実に給料がもらえる仕事に就くことが村人のサクセスモデルになっている。

村にあるのは小学校だけだ。中学校以上の学校へ行くとなると、隣村や町に出て下宿生活を送らなければならない。一九九〇年代は、村の小学校から中学校へ進学する子どもは一割程度だった。それがいまでは割合が逆転して、九割が中学に行くようになっている。タンザニアの政府レベルでも村レベルでも中学校の建設に力を入れており、学校の数は三倍に増えているのだ。

そして、もともと村人は一枚岩ではない。「狩猟をつづけたい」という声がある一方で、「もう狩猟の時代ではない」と早くからやめた人もいた。狩猟を禁止した公園管理局に怒る言説もあれば、マサイの牛強盗を防いでくれて助かると感謝する場面もある。同じ人がちがう日に、異なる状況では正反対のことを言ったりもする。ましてや村全体となれば、何が共通の望みなのか、何が全体の利益になるのか、判断するのはむずかしかった。

何が村にとって良いことなのか、とにかく学生とともに現地に行ってから話し合うことにした。二〇〇五年夏、エコタンの第一回の活動として、九名の学生を連れてセレンゲティの村に一週間滞在した。村人たちは、わたしが大学院生から先生へ出世したことをたいそうよろこんで、大歓迎してくれた。

学生を引率して行くことは、院生としてひとりで気ままに動いていたフィールドワーク時代とは、くらべものにならない緊張と重圧だった。第一の懸念は学生の健康面だった。電気も水道もない、外トイレの村の生活にかれらはなじめるだろうか。病人が出たらどうしよう、交通事故にあったらどうしよう。教員として、学生の安全に責任をもたなければならない。行く前から、病院の位置や移送の手段、フライングドクターの呼び方などをシミュレーションした。

第二の心配は、学生の言動だった。村人が不快になる言動をしないだろうか。これまでわたしが苦労して築いてきた関係を、台なしにされたりしたらたいへんだ。しかし、そんな心配は杞憂に終わり、学生たちは村人のいたれりつくせりの優しさを敏感に感じとり、それに応えようとしてくれた。

わたしにとっても村人にとっても、エコタンとしてははじめての活動だったので、とにかくいろいろなことを試してみた。小学校での植林、村の伝統ダンスチームとの共演、日本食調理など。そのなかでもわたしにとって新鮮だったのは、「村議会との会議」だった。

取り組むべき課題とは

エコタンに何ができるかはわからないが、めざすのは「ボランティア活動」である。なので、「村の代表者である村議会の立場から、村がかかえている問題を教えてほしい」とお願いし、議員のみなさんに集まってもらった(写真2–29)。

これまで村の会議に参加したことはあるものの、院生時代のわたしは「参与観察者」であって、そこで何かを発言する立場ではなかった。外部の者として、議論の流れを眺めているだけだった。しかし、いまはちがう。この会議はわたしの要請で開かれたもので、内容や議論の進行をわたしが決めていいのだ！　これまでにも、調査助手の青年と何かをする、お世話になっているホームステイ先の家族と何かをする、ということはあったものの、村レベルでの「協働」ははじめての経験だった。集まった議員たちの視線からも、「出世したユキノは何をしてくれるんだ？」という期待を感じた。

しかし、期待されすぎるのも困る。こちらが何をできるのかは、まったく未知数だ。そこで、会議の冒頭では「みなさんの協力でわたしは博士号を取得して、先生になった。その恩返しをしたいと思っている。しかし、いまのところ何の資金もない。何をどこまでできるか、約束することはできない。今日はまず、村が課題と考えていることを教えてほしい」と説明した。

写真2–29　村議会を招集しての会議.
写真提供：目黒紀夫

これに類似した開発援助団の調査会合（PRA、RRAなど）は、この村でもしばしば開かれている。村人は、それぞれの援助組織の意図をくみとり、かれらが好むような発言をすることには、じつは慣れている。この会議も、そんな形式的なものにならないようにしなくては、と緊張していた。さいわい村人たちは、相手がわたしのせいかたいへんリラックスしており、議員どうしで活発な議論になっていった。

村のかかえる課題がいくつもあがったが、最終的に「村」という単位で優先順位の高い課題はふたつで、「水供給」と「ゾウによる農作物被害」だった。

水は、サバンナ気候で大きな川もないこの地域では、ずっと課題だった。村の水源はふたつで、ひとつは雨水のため池、もうひとつは一九六〇年代に掘られた深井戸である。ため池は、水浴びや洗濯、家畜用の水で、乾季になると干上がってしまう。深井戸は、そのまま飲料水にできる安全な水だが、汲み上げポンプにディーゼル燃料を使うために費用がかかる。週に一回しか供給できないし、ポンプの故障も年に一回は起こるので、その期間は使うことができない。

そして、もうひとつの課題は、国立公園に隣接したこの地域ならではの問題だった。二〇〇〇年ごろから、公園のゾウが畑にやってきて作物を食べてしまうようになった。その数は年々増加しており、いよいよ村人の生活を脅かすまでになっている。一九九〇年代にも畑の害獣に人びとは不満を言っていたが、当時の害獣は、アヌビスヒヒやサバンナモンキーで、村人は自分で畑の見張りをして追い払って対処していた。

しかし、ゾウは人力のみで対処するには大きすぎる動物である。ゾウを追い払おうとした村人が、逆にゾウに投げ飛ばされ踏みつけられて殺される事件が年に数件起きていた。村人がゾウに殺されているにもかかわらず、村人がゾウを殺すことは許されていない。たとえ殺人事件を起こしても、動物は守られているのである。「自然保護のために人間よりも動物が守られる不条理」が、ここでもあらわれていた。

学生メンバーにも活躍してもらわなければ、わたしひとりでは対策を実施することはできない。メンバーと話し合った結果、やはり、この地域の固有性があらわれるゾウ被害問題に取り組みたい、ということでエコタンの取り組む課題が定まった。

五　研究成果の還元に向けて――フィールドワーカーの応答責任

知ったことの責任を問われる

一年後の二〇〇六年夏、ふたたび学生九名とともにセレンゲティに向かった。今回は、前年に決めたゾウ被害問題の実態をあきらかにすることが目的だった。日本で資金を集めるには、被害の実態を説得力をもって説明できる材料が必要だ。被害データ、写真、関係者のインタビューなどを集めることにした。

学生メンバーがものすごくがんばってくれたおかげで、滞在期間のわずか一週間のあいだに、村の世帯地図を作り、三八世帯を訪問してアンケートを取り、その結果をまとめて村議会に発表する、どんな被害対策が有効で実現性があるか議員と話し合う、というところまで実施したのである。この調査では、九〇パーセントの畑が荒らされて収穫がなかったという深刻な食糧不足の実態があきらかになり、訪問先ではゾウに対する村人のはげしい怒りのことばをぶつけられた。

「ゾウが憎い」

「殺してほしい」

明日の食べ物にも困る状況では、当然の心情だろう。

村人は、マンパワーとしてやれることはすでに試みていた。ドラム缶を叩いて大きな音を出したり（写真2−30）、牛糞やエンジンオイルなどゾウの嫌う臭いを出したりしたが、効果はなかったという。唯一、効果の認められた手段は、政府の車で空砲を撃ちながら追い払ってもらう方法だった。

その結果、村人が提案する対策は「車によるゾウの追い払い」であり、「パトロールカー購入を支援してほしい」と頼まれた。これは、学生にとっては予想外の大きな要請だった。学生たちの議論のなかで、「車を購入する資金を集めるのは無理だ。この問題は大きすぎる」という意見が相次いだ。

そんなときに、村の青年マベンガから、エコタン活動への責任を問われた。

「調査しても、その問題に対して何もしなかったら、それははじめから何もしなかったことと同じだ。無だ」

心臓をつかまれたような気持ちだった。以前、院生のころに村人から調査成果の現地への還元について問われたとき、わたしは「学生だから……」という言いわけで逃げて、それ以上つきつめられることはなかった。しかし、マベンガは甘やかしてはくれない。かれは、村から出た、はじめての国立ダルエスサラーム大学の学生だ（日本の東大に相当）。多くの外国人や援助関係者にも会ってきた。タンザニアの観光業における国立公園の重要性、公園に最も近い村であるためのポテンシャル、外国人の自然保護思想と住民への不条理、そういった構造を理解していた。だから、かれはSEDERECという地元NGOをたちあげ、搾取されてきた権利を取り戻そうとしていた（写真2-31）。

これまでにもたくさんの外国人の研究者や援助関係者がやってきた。しかし、「村のために貢献してくれた」と村人が感じている組織は多くない。これらの訪問者は、目的が、自然保護のために住民に狩猟をやめさせることだったり、データを取るだけだったり、あるいはモノをくれることもあった。しかし、どれも一過性で、結局、村のためには役に立たなかった。イコマの人びとは、自然保護を押しつけられ、権利を奪われ、これまでも外国人から搾取されてきた。わたしたちまでもが、調べるだけ調べて情報を搾取するようなことはできない。わたしはもともと、そのつもりでエコタンの活動をはじめていたので、「やっぱりそう見られていた」という想いだった。

写真2-30
金属片でゾウを追い払うが効果は小さい．

写真2-31　会議で発言するマベンガ．

そして、学生たちには、村人がきびしい目でプロジェクトを見ていることを知る機会となったのだった。

マベンガのことばを受けて話し合った結果、学生たちも腹をくくった。ゾウ被害問題に取り組むと決めて調査を進めたからには、有効な手段がパトロールカーだとわかったからといって後に引くことは無責任である。とにかく、やれるだけのことをやってみると、マベンガに約束した。

パトロールカーの効果

帰国してから数社の自動車会社に企画書をもちこんだところ、三菱自動車工業株式会社からパジェロを提供していただけることになった。その車には、三菱自動車のみなさんの心のこもったデザインが塗装され、サーチライトやバンパーなど、ゾウパトロールのための万全な整備が施された(写真2-32)。

二〇〇七年三月に到着する予定の車に先行して、同年二月、わたしと学生はふたたびロバンダ村へ渡航した。車が到着したときの管理運用システムを話し合うためである。会議のなかで村人たちは、はっきりと約束してくれた。

「あなたたちを辱めるようなことは絶対にしない。われわれはこの車を、村の誇りをかけて適正に活用する」

三菱自動車のみなさんの想いと学生たちの責任感が、今度は村人に伝わった瞬間だった(写真2-33)。

写真2-32　パトロールカー1号のパジェロ.

写真2-33　パジェロの到着を待つ村人たち.

写真2-34　2台目のパトロールカー，トライトン.

二〇〇七年に一号車、二〇一〇年には一号車の老朽化を受けて二号車も送った（どちらも三菱自動車協賛）（写真2-34）。二〇一三年現在、村は二台の車を所有して、アフリカゾウによる農作物被害対策および救急車として使っている。運用の財源には、村内で営業するホテルからの借地料および宿泊税を用いている。

図2-3　ロバンダ村でゾウによる農作物被害を受けた世帯の割合

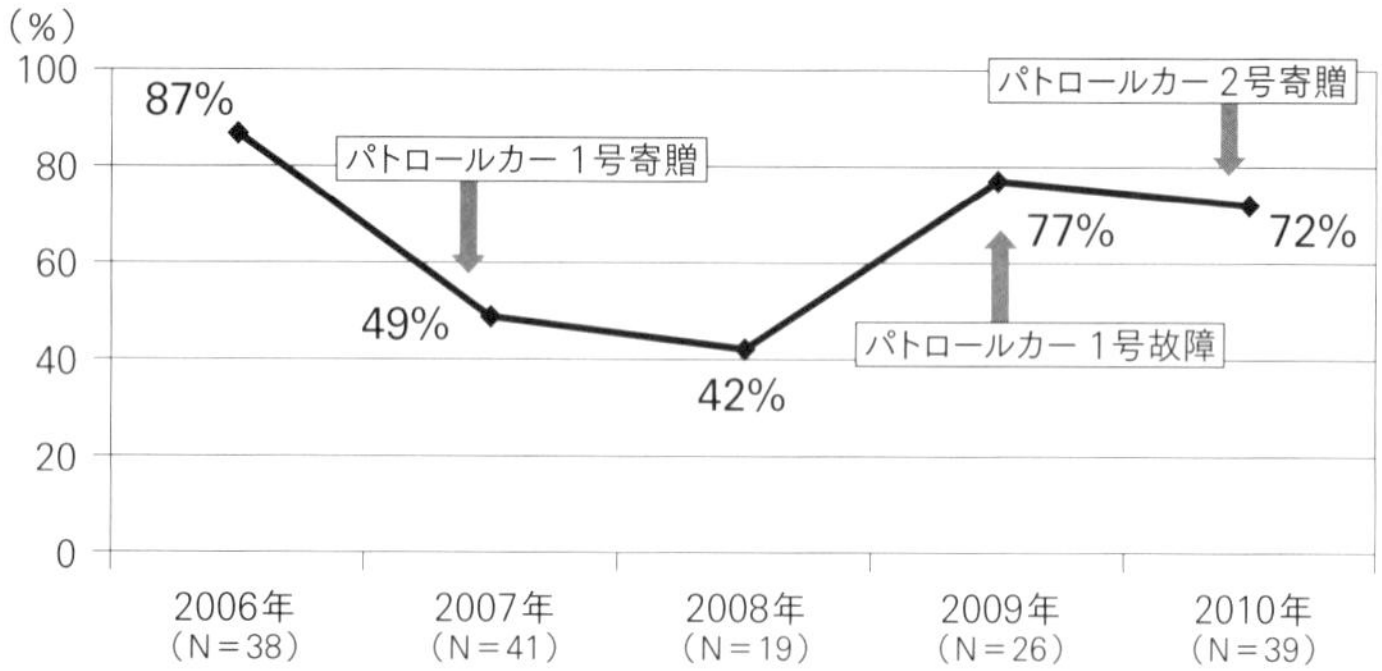

実際にパトロールカーの効果は、どれほどあっただろうか。被害世帯の割合の変化を図2-3に示した。二〇〇八年には、車の導入によって、被害にあう世帯の割合は一昨年の八七パーセントから四二パーセントへと半分以下に減る劇的な効果があった。しかし、二〇〇九年には一号車が故障して動かなかったため、被害はふたたび七七パーセントに増加した。これを受けて二〇一〇年に二号車を寄贈したが、それでも被害は七二パーセントもあった。

二〇一〇年の被害が、車があるにもかかわらず高めになった背景には、村に来るゾウの数が増加していることが原因にあるようだ。村を襲うゾウの群れは、年を追うごとに大きくなっている。近年では二〇〇頭もの群れでやってきて、同時多発的に畑を荒らすため、一台の車だけでは、ひとつの畑で数頭を追い払っているあいだに、ほかの畑で被害が出てしまうのである（写真2-35）。

以上の結果からは、車による追い払いが、どこまで被害量の軽減に効果があるか、ひきつづきモニタリングす

写真2-35　村に向かうゾウの群れ.

る必要がある。ゾウは知的レベルの高い動物であるため、ひとつの対策を実施しても、すぐに対処方法を編みだして畑に入ってくることが報告されている。たとえば、唐辛子入りオイルを塗りこんだロープを畑のまわりに張りめぐらす「唐辛子ロープ」がセレンゲティに二〇〇八年に導入された。しかし、数年のうちに、ゾウは鼻を近づけずにロープを倒す方法を見つけだし（おしりでバックしながらロープを引き倒す）、畑に入るようになってしまったと村人たちは言う。エコタンのパトロールカー作戦も、車が致命的な攻撃をしてこないことを学習し、ゾウが恐れなくなってしまえば、効果はなくなる可能性がある。

二〇一〇年の被害の多さは、すでに車の効果がなくなっているからなのか、それとも先にあげたゾウの数の増加などほかの要因なのか、ひきつづき検証していく必要がある。そして、車だけでは効果が十分でないようであれば、また別の対策方法も組み合わせていく必要があるだろう。

アフリカ各地では、すでにさまざまなゾウ被害対策が試みられている（表2-5）。電気柵は、建設にも維持管理にも高いコストがかかるが、そのぶん、効果も高いといわれている［Osborn and Parker 2003］。その一方で、電気柵よりは低いコストで作ることができる養蜂箱フェンス（写真2-36）も近年注目されている［King et al. 2011］。車の次の手段も見すえながら、村人はもちろん、上位自治体の郡や県、マベンガのNGO「SEDEREC」とも

写真2-36　ケニアで養蜂箱フェンスの研修を受ける村人.

表2-5　アフリカ各地で試みられているゾウ被害対策

ゾウ被害対策		イコマ地域での実施主体
畑を守る：ゾウが来ないように	◉受動的忌避策	
	・障害物を作る（電気柵, 唐辛子を植える, 溝を掘る）	—
	・化学成分の使用（唐辛子ロープ, ジャトロファ植栽）	行政
	◉能動的追い払い	
	・ローカル素材を使って（ドラム缶, 火をたく, 大声）	村人
	・見張り台	—
	・花火	—
	・ホーン	—
	・警報システム	—
	・スカウトの組織	村人
	・銃や車でパトロール	行政
ゾウの個体数管理	・ゾウの駆除	行政
	・ゾウの移住	—
	・ゾウの間引き	—
土地利用の変更	・畑の場所の変更	村人
	・作物種を代える	—
	・畑の小型化（農業の縮小）	村人
	・畑の放棄	村人
経済的な代替	・補償金	—
	・観光業からの利益還元	行政・村人

協議をつづけているところである。

学生はアフリカで何を学んだか

アフリカでのボランティア活動は、学生には劇的な教育効果があった。このようなボランティア活動による教育効果は、教育学の分野では、経験主義的教育論やサービスラーニングとして、すでに理論化されており、近年は日本の大学教育へ積極的に取り入れられている［Dewey 1938＝2004; 西田 2009］。

エコタンに参加したのべ四〇人の学生が書いた報告書を分析した結果、かれらも大きな学びを得ていることが確認できた。エコタン活動からの学生の気づきとして頻出したキーワードは、①動物保護、②人とのつながり、③自然とのつながり、の三つであった［岩井 2010］。

第一の「動物保護」とは、学生が「正しいこと」と考えていた動物保護政策を、住民を苦しめるものとして認識する過程で生まれていた。日本での勉強会でわたしや先輩メンバーの話を聞いただけでは、「動物保護のもたらす負の側面」を「頭で理解」できても「心で納得」はしていなかった。それが、現地で動物のなかで暮らすことの、恐怖に近い緊張感を実際に体験することで、「腑に落ちて」、自分の考えとして身につけることができたのである（写真2-37）。

第二の「人とのつながり」の気づきは、電気も水道もない不便な村の生活のなかでみいだされていた。水はため池から汲み、薪のかまどで調理し、暗くなったらランプを灯す。学生は、ここで生活するのに必要な能力が、自分にはひとつもないことにショックを受ける。ホームステイ先の家族のお世話にならないと、ボランティアどころか、「生きる」という最低限のことすらできない。そこから、便利さゆえにひとりで生きているかのように錯覚してしまう日本の生活でも、「自分が周囲の人に支えられて生かされている」という意識をもつようになるのである。

第三の「自然とのつながり」は、村で経験するニワトリやヤギの屠殺の場面で思い知る(写真2-38)。自分たち人間はほかの生命を殺し、それをいただいて生きているという、「人間も生態系の食物連鎖の一部である」という事実は、日本の生活ではおどろくほど見えにくくなっている。

セレンゲティの村の生活は、人とのつながりにしろ、自然とのつながりにしろ、システムが小さいために循環が見えやすい。そこで見て体験して気がついたことを、学生たちは日本の生活へと想像力をはたらかせていた。ある男子学生の文章を紹介しよう。

この村にかぎらず、途上国の多くの人びとは、自分の生活と向き合って暮らしている。生活するうえでかならず生まれる「汚い面」をみずから受けとめながら暮らしているのだ。……日本では、目を向けたくない過程に目を向けず、結果だけを見て生活しているのだ。……過程を見ない・知らない生活は本当に不自然だと思った。しかし、こんな不自然な状況が日本では自然になりつつある。肉を食べることにかぎらず、トイレにしても、電気にしてもそうだ。村の生活から現在のわたしの生活を見ると息がつまりそうになった[二〇〇七年報告書]。

この学生は、屠殺で学んだ生産—消費—廃棄のプロセスを、トイレ、電気、ゴミなど、自分の日本の生活のあらゆるプロセスにあてはめて想像できるようになっている。日本ではシステムが肥大化してしまって見えなくなっているものを、アフリカでの循環型生活を経験することによって想像できるようになっている。そこから「目に見えないつながりを見る力」、すなわち「想像力」を育んでいるのである。

写真2–37　急接近したゾウをやりすごす.

写真2–38　ニワトリをしめるのに挑戦.

むすび――「かりそめの共存」を求めつづける

「つくられた野生の王国」セレンゲティ

本稿では、アフリカ有数の動物保護区であるセレンゲティ国立公園が、もともと「野生の王国」だったわけではなく、人為的に「つくられた野生の王国」であることを示してきた。自然保護の美名のもとに、「狩猟民」と名乗ってきたイコマの人びとを追い出し、かれらから狩猟文化を奪い、生活を変えてきたのである。ここでは、イコマの生活の変容をまとめながら、今後の「野生動物との共存」のあり方についての私見を述べたい。

村人と動物のかかわり方の歴史的な変化をみると、一九八〇年代までは、獣害や旱魃といった自然の脅威に襲われながらも、肉という恵みを手に入れることで脅威を受け入れてきた。かりそめながらも均衡を保ち、「共存」してきたといえるだろう。しかし、一九八〇年代後半から狩猟取締りが強化されると、それまでの共存の均衡が崩れ、肉という「恵み」を得られなくなり、獣害という「脅威」のみが残されるようになった。それも、アフリカゾウという、地上最大の動物による脅威が新しくやってきたのであった。

自然保護論者たちは、自然からの「恵み」を、肉という直接的なモノではなく、「観光業収入」というカネ、すなわち間接的なかたちに置き換えようとする。それが一九九〇年代から導入された

「住民主体の自然保護(community conservation)」であった[Suich et al. eds. 2009]。しかし、それは外部者が描く理想像にすぎない。実際には、観光からの便益はごく一部の村人のところにしか届かない。多くの村人にとっては、ひきつづき恵みが奪われ、脅威のみが増大した状況がつづいているのが現状である。

このような観点からは、狩猟およびそれによってもたらされる野生動物肉は、共存の均衡を保つうえでたいへん重要な役割を担っていたことがわかる。狩猟はだれにでも開かれた活動で、機会が平等だった。また、肉という「恵み」は、目につきやすく保存しにくいその性質から、隣家や親族に分配されていくものだった。しかし、観光業からの収入の場合は、その仕事に就ける機会はかぎられており、ごく一部の村人しか「恵み」を受けられない。分配にかんしても、現金収入は肉ほど広範囲に分配されるものではないし、個人的に貯蓄しやすい。こうして、広大な国立公園の隣接地域のなかでも、「恵み」を受けられる地域は限定されてしまい、その一方で、ゾウの「脅威」は拡大しているのである。

かりそめの「共存の均衡」

狩猟がもっている「被害感情を相殺する仕組み」にかんしては、西﨑[2009]によるエチオピア・マゴ国立公園での事例や、目黒[2010]によるケニア・アンボセリ国立公園での事例からも報告されている。どちらの地域でも、狩猟が禁止されたことによって、獣害に対する被害感情が増大し、被害対策や補償を、公園を管理する政府機関に求めるようになっている。そして興味深いのは、狩猟を禁止される以前は、どちらの地域も獣害の対策を政府に求めることはなかった点である。自然の「恵み」と「脅威」は、一体となって人びとに認識されており、「脅威」である獣害にかんしても、自分たちで対処すべき問題と位置づけられていたのである。これは、イコマの人びとも同じであった。

狩猟が禁止されたいま、「脅威」である獣害と、アフリカの人びとはどのようにつきあっていくか。それが、現代の「共存の均衡」の課題である。

狩猟を再開できるように政府にはたらきかけることは、ひとつの方法だろう。しかし、高学歴を志向し、公務員・会社員といった職業を望む若者世代の多くは、もはや狩猟を積極的にやりたいとは考えていないようだ。日本でも若い世代は狩猟に関心がなく、狩猟者が高齢化しており、獣害対策として捕殺しようとしても、撃ってくれる人がいなくて困る状況である。二〇年後には、イコマ地域にもそんな問題が起こるかもしれない(11)。

もうひとつの方法は、住民が主体的に実施できる被害対策を支援することである。間接的な観光収入を得ればいいだけでなく、外部機関によって維持管理される電気柵でもなく、住民が自分で予算をもち運用できる範囲で実施する対策である。このような仕組みをつくりだすことが、対策そのものの持続性を高め、被害感情を相殺する仕組みにつながることが指摘されている[Osborn and Parker 2003; 西﨑 2009]。

実際にセレンゲティでのゾウパトロールカー導入の事例では、被害感情を軽減する効果があった。この車は、車自体は寄贈されたものであるが、その後の管理・運用・修理などは、すべて村議会の決定のもと、村の予算でまかなわれている。村の財産として有効活用する意識が高い。一度、車がシマウマと衝突する事故を起こして壊れたときに、エコタン側が管理体制の強化を求めたところ、「もはやわれわれのものになった車の管理に口を出さないでほしい」とまで言われたほどだった。そのため、二〇〇九年と二〇一〇年にゾウ被害が増大したときでも、その怒りの矛先は政府機関や外部者に向いてはいなかった。「村の観光収入を活用してパトロールカーを運用し、ゾウ被害を軽減する」という仕組みが、「被害感情の相殺」につながっているのだろう。

もちろん、この状態も「かりそめの共存の均衡」にすぎないのだろう。状況や人びとの認識は、どんどん移り変わっていく。それを追いかけながら、わたしも人びととともに、かりそめの共存を生みだすための模索をつづけていくつもりである。

「豊かさ」を考える

本稿で描いてきたように、自然保護に抵抗するイコマの思想や実践に対して、わたしも応援しながらかかわってきた。最後に、この過程がわたしの生き方におよぼした影響を考えたい。

まず、前節で示した学生たちの気づきは、言いかえればわたし自身が気づいてきたことだったのだ。日本で耳にする「自然保護」ということばの響きのよさの裏側で、苦しんでいる住民の存在を知ったこと。自分がひとりでは生きていけず、さまざまな人に助けられて生きていること。生産─消費─廃棄が循環する村の生活とくらべて、日本のシステムが非持続的であること。どれも、わたしも村の生活で学んだ。かれらの社会は「便利」ではないけれど、「豊か」で「満たされている」

と感じた。

村で循環型の生活を経験してからは、日本社会の行きすぎた便利さを求める姿勢には危機感を感じるようになった。結局、自分も含めてこの便利さに甘んじてきたことが、原発のある社会を認めることになり、二〇一一年の福島第一原発事故を引き起こしてしまったのだ。

いま、イコマの生活も、便利さを求めて急速に発展している。電気はまだ届いていないが、ソーラーパネルや発電機を使ってテレビを見る家庭が増えている。携帯電話はほとんどの人が持っているし、バイクの台数も増えた。何年かしたら電気が到達し、夜は明るくなって、みんながテレビを見るようになるのだろう。自家用車を持つ村人もだんだんあらわれるのだろう。

そうやって少しずつ便利になっていった末には、日本と同じような問題をかかえるようになるのだろうか？　若者は学校のために村から出ていき、帰ってこなくなる。都市と農村の格差はひろがり、過疎・高齢化していく。原発がつくられて、半永久的なリスクとともに生きる。そんな未来を選んでしまうのだろうか。

村人には、日本とはちがう未来を選んでほしいと願っている。しかし、そんなことを勝手に願われても、かれらにはさぞ迷惑なことにちがいない。だれだって便利な生活がしたい。病院にすぐ行きたいし、究極的には長生きしたい。その果てしない欲望を、立ちどまって考えられるかどうか。便利さや合理性よりも大切なものに気づけるかどうか。そこにかかっている。

ともかく人様の社会をとやかく言う前に、まずは自分の社会を理想に向かって変えていく努力をしなければならない。それをせずに、イコマの村人に何を言っても、先進国で便利な生活をしている人間の「上から目線」のことばでしかない。

学生を村に連れて行くプログラムをつづけているのは、日本を変える手段のひとつだ。わたしひとりの力では変えていくことはできない。もっと同じ価値観を共有する仲間を増やしたい。それは、思想信条を統一するものではけっしてない。かれらの気づきを促し、疑問をもって自分で考える力を養うことである。

そして、同じ価値観をもつ夫は、会社をやめて農業をはじめている。過疎・高齢化した農村では、五〇代は「期待の若手」だ。収入は少ないかもしれないが、それでも「ほどほど」に生きていけることを実践しようとしている。

アフリカから学んだ豊かさを、日本でいかに実現できるか。挑戦をつづけたい。

註

(1) マチャバの起源伝承……雨がやんだので、イコマとイセニェの若者たちはダトーガの祈禱師のところへ行った。それはンゴロンゴロ・クレーターの東の Mwigo wa Machaba(マチャバの土地)という場所だった。そこには湖があった。イセニェは祈禱師の家の垣根の門の内側で寝た。イコマは外側で寝た。祈禱師は垣根を飛び越えてヒツジを捕まえるよう言った。イコマは皮ばかりのヒツジ、イセニェは太ったヒツジを捕まえた。解体してみると二匹のヒツジは同じに見えた。料理してみるとイコマのヒツジのほうが太っていた。祈禱師はイコマとイセニェのそれぞれの弓を試して、イコマの矢をはるか遠くに撃った。そしてイコマに矢を追うように言った。かれはイコマが持ち帰るある物をその先に用意していた。前方にハゲワシが飛んでいる場所があり、そこにつづく道を示した。イコマの若者はその物を手に入れるために走った。そこには一対の象牙が落ちていた。はじめにその場所に着いたのはイコマの Gaikuwe クランの若者で、上(右)の牙をとった。二番目に着いたのは Himorumbe クランの若者で、下(左)の牙をとった。イセニェの若者は奪い取ろうとしたが、祈禱師が争わないよう言った。イセニェは牙を持ち去ろうとしたが、持ち上げることも動かすこともできなかった。イコマは軽々と象牙を運ぶことができた(古老 Mahewa Timani バージョン、一九九七年一〇月九日、ロバンダ村)。

(2) スクマは、ヌーの尾の毛で腕輪や足輪のアクセサリーを作り、伝統ダンスを踊るときには五〇以上も一度に身につけたという。また、スクマの祈禱師やダンスグループは儀礼の際にヌーの尾で作った払子を用いていた[Shetler 1998:522]。

(3) エリシャウ体験談……一九六一年、シボラ村に住んでいたときにマサイが来た。夜一〇時ごろ家畜囲いを襲われ、牛を奪われた。その後すぐに集落の男を集めて、一〇〇人以上で追跡した。翌朝七時ごろロモティ川で追いついた。草が高かったのでマサイが通ったところはよくわかった。マサイは八人だったので、こちらのほうが優勢で、牛はすべて取り戻した。戦いでひとりのマサイが死んだ(Makondo 男・六〇歳、一九九九年六月一六日、キャンデゲ村)。

(4) イキズへの食糧調達の旅とダトーガの祈禱師……一九四八年ごろ、不作の年があった。長老たちがムブル地域に行って、ダトーガの祈禱師(Kitenana)を連れてきて祈ってもらった。不作はすぐには止まらなかったが、やがて止まった(この旱魃は数年間つづいたようである)。Kitenana は三年ほど村に滞在した。この年に生まれた子どもはみな、Kitenana と名づけられた。

この年にイキズへ食糧調達に行った。イキズに行くことは家族で話し合って決めて、夫と自分(第二妻)と第一妻の三人で行った。一日目にムゲタ地域に着いて泊まり、翌日イキズ地域に入った。道中では同じように食糧を求めてイキズに行くイコマの人びとと何人も出会った。自分はヤギと牛を連れていった。夫は野生動物の干し肉(キモロ)とヌーの尾を持って行った。イキズに着くと交換にキャッサバの畝をもらい、そこから自分で掘り出し、醗酵、乾燥させた状態にする。そして、背中に山のように背負って帰ってきた。このときにリカオン、エランドを見た(Sumeta 女・八〇歳、一九九九年一月二二日、ロバンダ村)。

(5) 親戚を訪ねる途中でライオンに出会った話……ニチョカ村からロバンダ村に行くことにした。途中、グルメッティ川を渡ろうとしたが、水が多くて渡れない(当時は橋がなかった)。人が住んでいるところがあったので、そこで水が引くまで待たせてもらうことにした。いっしょに旅をしていた友人と二人で水を汲みがてら水浴びに川へ行った。二回水をかけると、ライオンがうなって近くの茂みから飛び出してきた。つばを吐きながら飛びついてきて、二人を飛び越えて去っていった。引き返して襲ってくることはなかったものの、二人は伏せたまま起き上がることも家に帰ることもできず、ただ震えていた。なかなか戻ってこないので、家の人が心配して見に来て、ようやく助かった(Anjerina 女・五八歳、一九九九年六月一七日、ミセケ村)。

(6) オロトラ猟では、トムソンガゼルやグラントガゼルの群れの周囲にオロトラを張り、二〇人ほどの勢子(abhatisi)が声を出しながら動物をオロトラのほうへ追いこむ。オロトラの近くで隠れている殴り役(omogekenge)が、動物がくくり輪に引っかかったところを、棍棒などでなぐってとどめをさす。勢子は、ロープぎわに動物を追いつめたら、最後はロープに突っこむまで誘導しなければならないため、ねばりが必要である。殴り役は、あまり早く飛び出しても人間に気づいた動物が逃げてしまうし、遅れれば動物がロープを振り切って逃げてしまうし、タイミングよく機敏に行動することを求められる。両者の協働がうまくあってこそ獲物を仕留められる。

(7) ライオンを殺した後のお祓い儀礼アガソ……昔、ニチョカ村に住んでいた。そのとき、子どもは四人になっていた。ある日、狩猟に行ってライオンを殺した。捕りたかったわけではない。トピに矢を命中させて追跡していたら、ライオンのほうが先に倒れたトピを見つけて食べようとしていたので、弓で撃って殺した。

お祓い儀礼アガソを老人たちがした。この儀礼はすでにライオンを捕ったことのある老人だけが執りおこなうことができる。猟には四人で行っていたが、一番矢の自分と二番矢の友人の二人が儀礼を受けた。

ライオンの皮と爪を持って家に帰った。敷地の外で待っていると、父が呼んだ。家の周囲の垣根に別の入り口を作ってそこから入った。母がビーズの首飾りを首にかけてくれた(守護の意味をもつ)。二人で家のなかに入った。自分たちがいるあいだ、女はその家に入ってはいけない。

翌朝、父が長老たちを呼んで、みんなでブッシュに行き、木の下でオスヤギを屠殺した(ヒツジでもよい。色はなんでもいいがオスでなければならない)。女はこの儀礼に入れない。殺したヤギを調理するのも男。ウガリ(穀物粉を練った主食)は女が家で作って、木の近くまで運んできたのを受け取る。ライオンを捕った人が女におかずを分けてあげて、女は家で食べる。家に帰ってくると女のいない家で寝る。

その翌朝、父が牛をくれた。息子を称えて。友人にはヤギをあげた。逆に友人の家に行くと、その父が自分にヤギをくれた。友人には牛を与えた。そのときは門から家に入った。そして、さらに親戚や友人の家をまわった。父方オジたちは牛をくれた。オバたちはお金をくれた。四日間あちこち歩いてまわった。額にライオンの爪をつけていくので、訪ねた先の人びとは言わなくても自分たちが何をしたかわかった。これが終わると普段の生活に戻る。女と寝てもよい(M・K、男・六〇歳、一九九九年六月一六日、キャンデゲ村)。
(8) 村では男性はけっして料理をしないが、ブッシュは「男性の場所」であり、そこにやってきた女性は「お客」であるため働く必要はなく、もてなしを受ける立場になる。「焼いた肉や煮た肉が、それはたくさん出てくるのよ。ウガリ(穀物粉を練った主食)なんか食べないわ。おなかいっぱいになるまで好きなだけ肉を食べられるの。あんなことは村ではできないわ」(N・M、女・五七歳、一九九九年二月一七日、ミセケ村)。
(9) 狩猟で捕まったとき……一九八九年九月、ミセケ村に住むA(当時二〇歳)とB(当時二五歳)は、ほかの二名を含んだ四人のグループで、村から三〇キロメートルの国立公園のなかへワイヤーでの罠猟に行った。狩猟キャンプに入って二日目の昼間、キャンプで休んでいたら五人の公園スカウトに取り囲まれた。狩猟者四人のうちひとりはスカウトの隙をみて逃走に成功したが、残りの三人は逮捕され、殴る蹴るの暴行を受けた。三人は町の警察に連れて行かれ、裁判になった。Aは、母方オジ(Aの父親はすでに死亡)が警察と裁判所の書記官に賄賂を払ったために釈放された。Bともうひとりは、家族の動きが遅れたため、八カ月間刑務所に入った。このとき、Aのオジは五頭の牛を売って賄賂の資金を作った(T・M、女・四二歳、一九九九年二月二〇日、ミセケ村)。

(10) スカウトに見つかって殺されてしまった狩猟仲間……五人で狩猟に行ったときに、車に乗ったスカウトに出会ってしまい、みんな散り散りに逃げた。自分たち三人はどうにか村まで帰ってきたが、残りの二人が帰ってこなかった。二人の親は、自分たちが殺したと思った。そこで、親も連れて現場へふたたび行き、車がどういうふうに動いたかを見せた。死体や殺された痕跡は見つからなかった。しかし、それ以来、その二人の姿は見ない。銃声を思い出すと、当たった音がしていた。捕まっただけで、町の刑務所に連れてこられると思ったが、刑務所にも来なかった。きっとスカウトに殺されたにちがいない(C・M、男・三〇歳、一九九九年六月七日、ミセケ村)。

(11) 日本と同じような事態になることをわたしは懸念しており、ぜひとも、狩猟の技術と文化をつないでいってほしいと願っている。「狩猟の観光化」は、狩猟文化継続のひとつの手段になりうるのではないかと期待しており、狩猟も含んだイコマ文化観光を振興することを、村人とともに計画している。

E PARLAM
L'UMANITAT

II
ことばと社会

第3回「さあ，オクシタン語のために進もう!」デモ行進
（フランス，カルカッソンヌ，2009年10月）.
世界文化遺産に登録されているカルカッソンヌの城壁には，
「私たちが話している言語は，人類の文化遺産だ」と垂れ幕が掲げられた.
撮影：佐野直子

第3章

言語を「文化遺産」として保護するということ

佐野直子

はじめに

二〇〇八年、フランス憲法が「改正」され、地方自治体の規定が記されている第七五条の付記一として、「地域諸言語はフランスの文化遺産（patrimoine）に属する」という条文が加えられた。フランス共和国の単一不可分性[1]を中核的な憲法原理とし、徹底した単一言語主義[2]をしいてきたフランス憲法が、はじめてフランス語以外の言語の存在を憲法条文で認めたという意味で画期的である。

しかし、この条文に対して、当該フランス国内の「地域諸言語」話者たちのあいだでは、「文化遺産という表現に納得がいかない」、「より現実的な行動を」、「われわれを眠らせるためだ」といった不満の声があがっている［Sano *in press*］。

「言語」を「文化遺産」としてとらえ、保護しようという潮流は、一九九〇年代以降にひろまった考え方である。それは「言語的多様性の保全」という目的のもとで、ユネスコなどの国際機関を中心として、一定の賛同を得られる主張となっているようにも見受けられる。しかし、少し立ちどまって考えてみると、ある言語を文化遺産という「モノ」として保護の対象とするとはどのようなことか、なぜ、どのように保全するのか、それほど明確なイメージがわくわけではない。また、フランス憲法が示すように、一定の「(地域)言語」が、「フランス」という国家の「文化遺産」に属するという場合、「文化遺産」としての言語が所属する場とされた国家と、その言語を使用している話者はどのような関係になるのであろうか。そしてそのなかで、当該言語を研究対象としてきた研究者たちは、どのような役割をはたし、話者とはどのような関係にあるのだろうか。

本稿ではまず、「文化遺産」としての危機に瀕する言語の保護という、近年の「多言語主義」にもとづく少数言語運動の傾向について概観し、「文化遺産」として保護の対象とみなされた「消滅の危機に瀕する言語」への注目とその問題点について述べる。そして、「文化遺産としての言語」の保護を担う当事者となった「話者」と「研究者」の関係、そこで求められる「研究者」という立ち位置の役割について考察していきたい。

一　言語的多様性の時代 ——言語が「文化遺産」になるまで

言語を「文化遺産（英：Heritage，仏：patrimoine）」としてとらえる、とはどのようなことだろうか。言語とは文化の容《い》れものであり縮図であり、または伝統的・歴史的に築かれてきたひとつの文化そのものである、といった言い方は、一八世紀末から一九世紀はじめに生まれた、ドイツ的ロマン主義の理念である［ハッキング 1989:11］。ひとつの固有言語をそれに対応する固有の歴史や文化、そしてその話者集団と同一視させる潮流が、近代ヨーロッパの言語ナショナリズムの基盤となり［佐野 2012:57］、その後、このような考え方が世界に拡散した。しかし、言語を「文化遺産」としてとらえる場合は、「文化としての言語」という理念をひきついでいるともいえる一方、従来の理念とは別のあらたな潮流がみられる。

「文化遺産」とは、過去からひきつがれて未来へと継承していかなくてはならないモノであり、それゆえに保護の対象とされる。そこには、「守っていかなくては失われる」という危機感がある。ある言語が「文化遺産」とみなされる、とは、その言語が危機に瀕しているということであり、なんらかの特別な手だてによって保護する必要性が強調されているということになる。つまり、「文化遺産」とされるような言語とは、なんらかのかたちで「危機に瀕している」という自覚と、それにともなう緊急的な「保護」措置が要求される言語である。冒頭の例でいうのであれば、フランス国内において、「共和国の言語」であると憲法の第二条で規定されているフランス語は、第七五条の付記一において、フランスの「文化遺産」と数えられる「地域諸言語」には含まれていない[3]。

有史以来、さまざまなことばが「危機に瀕して」きたであろうが、とくに近代以降、「危機に瀕する言語」の数がいままでにない速さで増加した、とみなされている。一九世紀以降、ひとつの国家に対してひとつの「国語(national language)」が定められ、「国民」はすべてその言語を読み、書き、話し、理解することを理想とする「国民国家」モデルが、その発祥の地であるヨーロッパのみならず、世界各地で流行した[4]。「国民」は、その義務と権利として、標準化され、書記化された「国語」の習得をめざすようになった。また、「国民国家」の形成の前に、帝国主義的または植民地主義的な支配を受けた地域においても、近代化の過程で(多くは支配者層の言語であるような)「公用語」となった大言語の識字率が上昇するなかで、公的な場面で書記言語として使用されないような小さなことばから、大言語へと使用言語をとりかえていく人びとが増えるようになった。

そこでは、「国語」「公用語」となった言語以外のさまざまなことばと、その多様なことばを多様な生活のなかで使用する人びとのあり方、すなわち「多言語状況」は、近代的な国民国家の形成において、ヨーロッパのみならず、世界各地で政治的に解決すべき「問題」としてあらわれた。「国語」または「公用語」となった大言語以外のことばを話す話者は、より豊かな生活、十全な権利の獲得のために、心ならずも、また、ときにはすすんで、みずからのことばや生活を捨て、社会的な地位向上の可能性を与えてくれる大言語へとシフトしていった。それは、古い道具が新しい電化製品にとってかわられるように、当然とみなされる風潮があった。

早くから近代国民国家建設が進んだ西ヨーロッパ諸国においては、国語によって固められた国民国家という敷石がすきまなく土地を埋めつくす「舗装工事」[Baggioni 1997＝2006:40-42]が、第二次世界大戦とそれにともなう戦後処理によって完成したとみなされている。しかし、「問題としての多言語状況」がまさに解決されたと思われた一九六〇年代以降に、大言語による抑圧によって、さまざまなことばがなくなっていくことは、進歩ではなく喪失なのではないか、というあらたな問題意識があらわれた。現代社会の「進歩」がさまざまな弊害をもたらし、多様で豊かな自然、文化、言語といったものを破壊してきたという反省や、そのような力をふるってきたさまざまなシステムへの抵抗といった潮流は、画一的な「国語」や「国民文化」をつくりあげようとしてきた国民国家へも向けられ、国語ではない小言語の復権を求める運動が各地で展開された。そこには、自分たちの親世代までは永々と受けつがれてきたはずの言語を自分が(十分に)話せないという現実に直面した世代の、自分たちがその言語を消滅させてしまうことに対する悔恨や恐怖、怒り、そしてひとつの言語が失われることにともなう、ヨーロッパのナショナリズムにおいて何よりも尊重されるべきとされていた「固有の文化や伝統、歴史」の消滅への強い危機感があった。

一九九〇年代には、ヨーロッパを発信地として、言語の多様性を称揚する「多言語主義」が、「新しい時代を指し示す理念として掲げられるようになった」[砂野 2012:11]。従来、それぞれの小言語の復権運動は、さまざまなマイノリティの復権運動などと並行して世界各地で散発的に展開されていたが、一九九〇年代以降、言語的多様性の保持と称揚、言語的民族的マイノリティの(政治的ではない)文化的な権利の承認などが国際機関によって「国際的な問題」として議論されるようになった。具体的には一九九〇年の、世界銀行、ユネスコ、ユニセフ、国連開発計画の主催によるジョムティエン(タイ)の「万人のための教育(EFA)世界会議」において、初等教育の普遍化がめざされ、それが「アジア、アフリカの多言語社会への大規模な「母語」識字キャンペーンへとつながった」[砂野 2012:13]ことをはじめとして、一九九三年の国際連合による「世界の先住民の国際年(International Year of World's Indigenous Peoples)」と、それにつづく一九九四年から二〇〇三年にかけての「世界の先住民の国際の一〇年(International Decade of the World's Indigenous People)」、一九九九年五月のユネスコによる「国際母語の日(International Mother Language Day)」の制定などがあげられる(図3−1)。国語や公用語以外の言語をさまざまな場面で使用する権利を求めようとする「言語権」が、「民族自決権」といった政治的な文脈から切り離されて、具体的なかたちで議論されるようになったのもこのころである[渋谷・小嶋編 2007;佐野 2001]。一九九二年六月に、欧州評議会において「欧州地域・少数言語憲章」が採択され、加盟国はこれを批准した場合、具体的に「地域・少数言語」の使用を保護・促進するための法的整備を求められるようになった。一九九六年にはNGOを中心として、「世界言語権会議」がカタルーニャ(スペイン)のバルセロナで開催され、「世界言語権宣言」が採択されている。二一世紀に入ると、ユネスコ総会は二〇〇一年に、「文化的

図3−1　ユネスコ「国際母語の日」(毎年2月21日)のポスター(2009年).

多様性に関する世界宣言」を採択し、その「行動計画」において、「五．人類の言語的遺産を保護し、できるかぎり多数の言語における表現、創造、普及のための支援をおこなう。六．母語を尊重しつつ、教育のあらゆる段階において、できるかぎり言語的多様性を奨励し、また、低年齢からの複数の言語学習を促進する」ことを打ち出した。国連は二〇〇八年を「国際言語年（International Year of Languages）」としている。

このような「言語的多様性の称揚」「多言語主義」という理念の国際的な流行と、国際機関のイニシアティブによる言語的多様性の保護を促進するためのさまざまな方策の整備が進むにつれて、世界各地の非常に多くのことばが急速に衰退し、もう日常生活ではほとんど使用されなくなりつつあることが意識されるようになった。世界にはおよそ六千から七千の言語があるとされているが、そのうちの半数から九割が二一世紀末までに消滅する、という危機感が世界的に認知されるようになったのも、やはり九〇年代以降である。もはや話し手が数百人、数十人といったレベルまで「減少」しているようなことばの場合では、その話者に「言語権」を付与するという対応では処理しきれない。そして、それは称揚すべき言語的多様性にとってゆゆしき事態であり、なんらかの処置をおこなわなくてはならない、という警鐘が、言語学者たちによって鳴らされるようになったのである［Krauss 1992; Hagège 2000＝2004］。

日本言語学会は、一九九四年に「消滅の危機に瀕した言語小委員会」を設置し、数々の言語が失われる前に、至急に「危機言語の分析・記述・記録をおこなう」必要があることを主張した。さまざまな研究プロジェクトが世界中でたちあげられ、危機言語の記述・記録が大規模におこなわれるようになった。また、「消滅の危機に瀕する言語」への対応として、「文化遺産として言語を保護する」という表現があらわれた。欧州評議会の「欧州地域・少数言語憲章」の前文では、「消滅の危機にさらされているものすらある欧州の歴史的な地域言語または少数言語を保護することは、欧州の文化的富と伝統の維持発展に貢献することを考慮」していると記され〔渋谷編 2005:27〕、本憲章が地域言語・少数言語話者の権利を保障するためのみならず、「文化遺産」としての言語の保護を目的としていることが打ち出されている。ユネスコの「文化的多様性に関する世界宣言」の「人類の言語的遺産の保護（Safeguarding the linguistic heritage of humanity）」という行動計画、さらには、二〇〇三年に採択され二〇〇六年に発効した、ユネスコによる「世界無形文化遺産保護条約」の第二条において、「口承による伝統および表現（無形文化遺産の伝達手段としての言語を含む）」（傍点筆者）として「言語」が「無形文化遺産」のなかに数え上げられたことからも、「多数の言語を消滅から救うために遺産として保護する」ことが言語的多様性の維持のために必要である、という国際的な合意が形成されつつあるかのように思われる。

二　「危機に瀕する言語」へのまなざし——だれが何を、なぜ、どう「保護」するのか？

現在、いくつの消滅の危機に瀕する言語があり、どの程度の危機的状態に陥っているのかという「測定作業」が、さまざまな研究機関やユネスコなどの国際機関を中心に進められている。ユネ

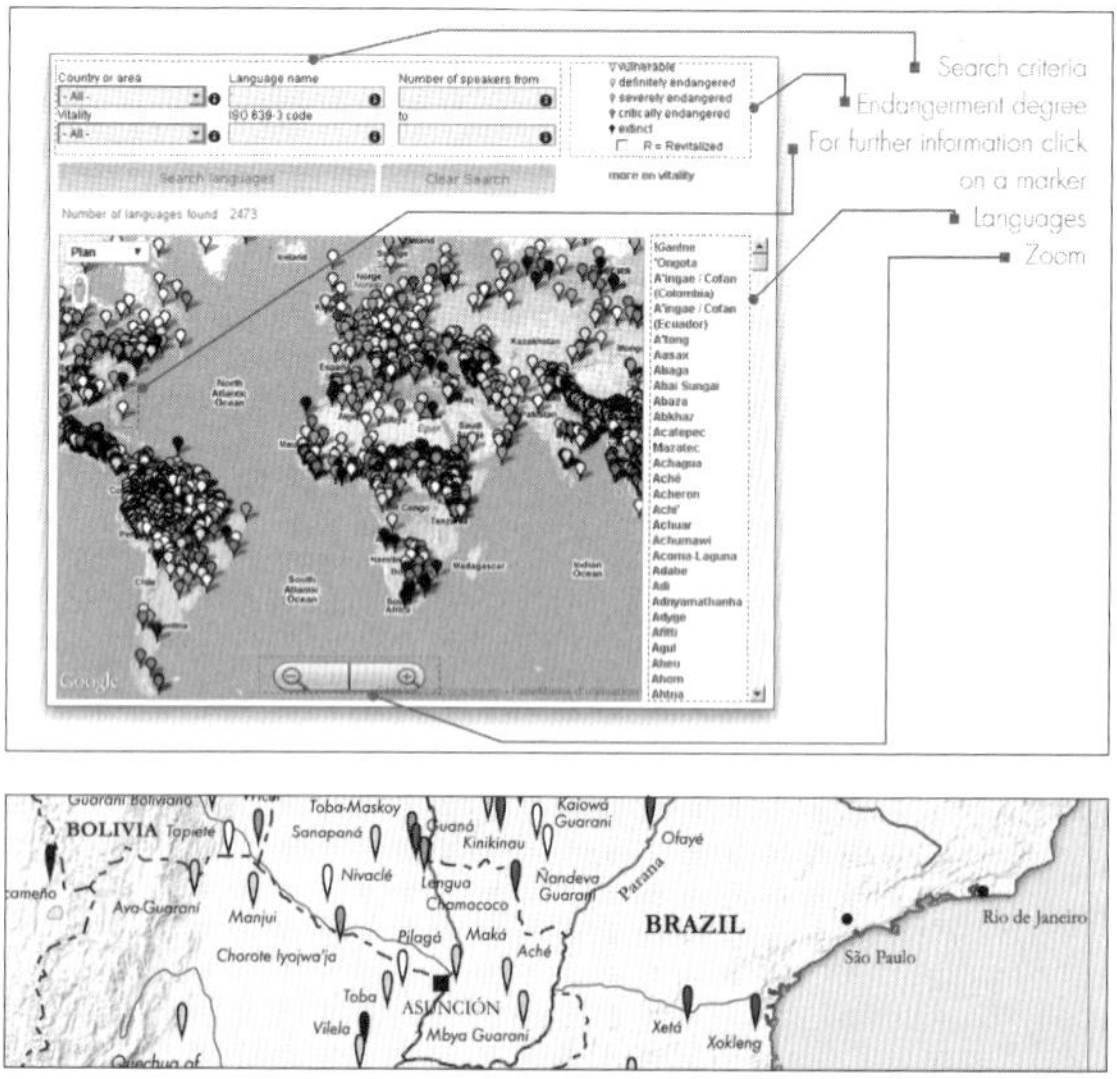

図3-2・3-3　ユネスコ『世界の危機言語地図』インタラクティブ版の画面.
出所：UNESCO［2011：10-11］

スコが一九九六年から発表するようになった『世界の危機言語地図』［Moseley ed. 2010］のインタラクティブ版二〇一二年一月三一日現在のデータによれば、現在「危機言語」に数えられている言語は二四七四あるとされ、さらに「不安定（vulnerable）」な六〇一言語、「決定的な危機状態（definitely endangered）」の六四八言語、「重大な危機状態（severely endangered）」の五二六言語、「きわめて危機的な状態（critically endangered）」の五七六言語、そして「消滅した（extinct）」言語が二三一と数えられている（図3-2・3-3）。そのなかで日本においては、北海道のアイヌ語が「きわめて危機的な状態」とされ、南西諸島の「八重山語」「与那国語」が「重大な危機状態」、そして「宮古語」「沖縄語」「国頭語」「奄美語」と八丈島の「八丈語」が「決定的な危機状態」とされ、合計八言語が数えられている。有史以来、消滅した言語は数多いが、一九五〇年代に消滅したと考えられるものは、この言語地図に含まれているという。この「危機言語」の数は、随時、新しく確認された言語が出てくるたびに更新され、その数は現在も増えつづけている（そのためか、全体数とそれぞれの状態ごとの言語の合計数が一致していない）。

しかし、「危機言語」として数え上げられている言語リストを眺めてみると、さまざまな疑問がわいてくる。「消滅の危機に瀕する言語」とはどのようにして成立し、なぜ保護しなくてはならないのか、そして、どのように「文化遺産」として保護されるのだろうか――?

生まれつづける「死に瀕する言語」

まず起きる疑問は、これらの言語を「数える」という行為についてである。先述のように、日本には八つの「危機に瀕する言語」があるというが、南西諸島の言語を六言語と数えるのは適切なのだろうか。「ユネスコの担当者は「方言として扱われているのは認識しているが、国際的な基準だと独立の言語と扱うのが妥当だと考えた」と話した」〔朝日新聞 2009〕とのことだが、「言語」と「方言」を分かつ「国際的な基準」とは何か。いや、沖縄の諸言語は、むしろもっと細かく分けるべきではないのか。そして、日本だけとってもこれだけ複雑なのに、世界中の危機言語を数えることができてしまう「基準」とは、どのようなものなのだろうか。

また、数え上げられた言語にはそれぞれ固有の名前がつけられ、その名前のつけ方も、やはり一定の「基準」にそっていることがユネスコの『世界の危機言語地図』からみてとれる。すなわち、地名が言語名となり(「八丈語」「沖縄語」)、または「民族」名が言語名となっている(「アイヌ語」)。この基準は、どのように生じているのか。そして、このような基準を一律に適用するのは、適切なのだろうか。

普段、人びとの生活のなかで使用されていることばには、明確な名称も、文法も、境界もない。

多くの場合、人びとは、「自分たちが話していることばと、となりの村で話していることばはちがう」といった認識を、実際の経験によってもっているし、また、「若者である自分が話していることばは、自分の祖父、祖母が話していることばとはちがう」といった認識もあるだろう。これは、なにも世界の「危機に瀕した言語」について考えるまでもなく、日本でもあたりまえに感じられる認識である。自分の話していることばが、なんとなく「名古屋弁」などといわれていることは知っているかもしれないが、じつのところは「名古屋弁」なのか「尾張弁」なのかはっきりしない。いや、「一宮弁」なのかもしれない。でも、自分は「だぎゃあ」なんていわない――などといったかたちで、言語の名称もその区切りも定かではない。それでも、なんとなく、「三河弁」とはちがうし、「東京弁」とも「大阪弁」ともちがう、といった認識は、多くの人が日常的な経験をとおしてもっている。そもそも、人びとは、自分の話していることばが「何語」であるのか、などという問いをたてることはほとんどないだろう。ただ、そのことばを使って生活しているというだけである。

そこに、「言語」という概念が、近代ヨーロッパの「言語科学」によってもちこまれる。「ひとつの、数えられる、一体性をもった言語」という「専門的知識」によって、人びとが実際の生活のなかで、日々あたりまえにことばを使っているという実践が、まったく別のかたちで記述しなおされる。音韻、語彙、形態素、統語構造が記述され、数えられるモノとして切り取られる。その記述は、もちろん実際の話者の話すことばから抽出されるが、そのモデルとなるインフォーマントは多くても数名であり、ほとんどの場合は、地元に長く（生まれてからずっと）暮らし、そこから出たことがほとんどなく、ほかの「大言語」の影響に「汚される」ことのない、したがって、できればほかの言語との接触があまりないへんぴな地域の、できるかぎり高齢の話者である。このような話者モデルについて、社会方言学者のチェンバースとトラッドギルは、(皮肉をこめて)「NORMs(Nonmobile, Older, Rural, Male)」と呼んだ[Chambers and Trudgill 1980:29]。このようなインフォーマントを選択している時点で、すでに、実際に話されていることばはつねにゆらいでおり、変化しやすく、また混沌とした状況にあることを、ほかならぬ言語学者自身が理解している(移動する都会の若者は、そのようなゆらぎや変化に「汚されている」可能性があるからインフォーマントにふさわしくない)ことを示している。しかし、言語学者は、より「純粋」なかたちでの言語の記述こそを研究の目的としている。そして、そのような「純粋な」言語が、閉じた体系性をもったかたちに切り取られ、固定される。数え上げられる言語の基準とは、人びとが生活するフィールドのなかに言語学者が入っていって、一定の手続きにそった言語学的な記述・記録を十分に残したかどうか、それのみにかかっているといってもよい。

言語学者が「危機に瀕した言語」に対して非常に積極的にかかわってきたのは、このような言語は、話者が減少し、わずかなインフォーマントしか残されていない、という前提のもとに、安心してNORMsを「最後の母語話者」という代表性をもたせた対象として設定することができ、全体性、一体性を前提とした言語学的な記述が可能であるからだろうとも思われる。「危機言語」として数えられる言語は、その消滅の危機に直面したと認識されることではじめて言語学的に調査・記述され、そこではじめて「数えられる言語」というモノとしてたちあがる[佐野 2002]。「危機に瀕した言語」とは、死に瀕しているのではなく、現在次々に確認され、記述されることで、あらたに生まれているのである。

「言語学的な言語」の社会言語学的状況

このようにして数え上げられる言語が記述されると、次に、その言語にはラベルをはるための名称が必要になる。その際にもちこまれる「専門的知識」は、言語学的ですらなく、むしろきわめて政治的である。すなわち、ある言語にはそれが話されている地理的領域があり、その言語を話すことによって区切られているとし、また、ある言語にはそれを母語として親から子へと語りついできた集団があり、その言語を話すことによって「歴史的な集団」として区切られているとする、ヨーロッパ近代国民国家の基盤となった理念である。ユネスコが用いている言語名＝地名＝民族名の一体化という「国際的な基準」は、あきらかに近代ヨーロッパの言語ナショナリズムをモデルにしている。

しかし、現実に、とある記述された言語に、たとえば「名古屋語」という名称がつけられたとき、その「名古屋」の範囲はどこまでなのか、また、そこに「名古屋人」という話者グループが存在するか、といわれたら、ことはそれほど簡単ではない。東京の人に向かってはわかりやすくするために「名古屋人」と自称しても、じつは名古屋市住民ではない、といったことはあるだろうし、日本の地理的事情を知らない人にみずからを「名古屋人」とは自称しないだろう。世界においても、言語名と話者集団名と地名の不一致、ゆらぎはめずらしいことではない。そもそも土地に根づかない言語も多いし、「アイヌ」とは、地名でも民族名でもなく、アイヌ語で「人間」という意味の一般名詞であるという。しかしここでは、近代ヨーロッパの政治的な理念が、言語学的な専門知識のなかに滑り込み、「国際的な基準」に強い影響をおよぼしてしまっている。

そこに矛盾が生じる。たとえば、行政区分としての名古屋市の二〇〇万人以上の住民のことばを、数人の高齢のインフォーマントに代表させていいのだろうか。名古屋市内においても、場所によってかなりことばがちがうといわれる。言語学者が一定の作法にもとづいて記述さえすれば、瑞穂区のインフォーマントにしぼった「瑞穂語」をつくりだすことはたやすい。いや、瑞穂区内でもその町ごとに異なることが予想され、際限なく細分化していくことも可能だろう。純粋に言語学的な記述を考えたとき、インフォーマントがひとりいれば言語の記述は十分に可能なのであり、そこには「民族」も「土地」も必要ないからである。しかし、「言語」という概念のなかに、すでに土地と歴史的母語話者集団との運命的な結びつきを内包させてしまっている近代的理念においては、このような際限のない分化は、えてして「言語」と「方言」というかたちで収拾をつけていることが多い。ひとつの「言語」を標準として定め、そこからはみ出すゆらぎの部分のみを記述するのが、「方言学的」な記述方法となる。そこでは今度は「方言」という別の概念、「方言学」という別の専門的知識、別の記述方法が導入されている。

また、「消滅の危機に瀕する言語」には、その「危機度」を計る基準がある、とされている。ユネスコの指標によれば、言語の「生命力（Vitality）」は、①世代間言語伝達、②話者の絶対数、③「グループ」全体のなかの話者の比率、④言語の使用領域（ドメイン）、⑤新しい領域やメディアへの対応、⑥言語教育やリテラシーのための教材、⑦コミュニティのメンバーのかれらの言語に対する態度、⑧政治的・制度的な言語態度や言語政策（公的な地位や使用を含む）、⑨資料の種類と質の、合計九要素によって計られている［UNESCO 2003］。そこでは、文字どおり「母語＝母のことば」として、家族という私的空間で使用され、世代間伝達がおこなわれる言語であることが重視される一方で、他方では、近代的な社会生活に適応し、書記化され、文法化され、教育され、その言語によってメディアなども含めた「公的空間」が形成されることがめざされている。十分な「公的空間」をつくりだすためには、一定の話者数を満たすことも重要となるだろう。ここでモデルになっているのも、「母語話者」集団（＝民族）に政治的な権利を与え、その政治的空間において公用語として「規格化」されてきた、おもに欧米の大言語である。また、いつ、どこで、だれが、だれと当該言語を使用しているのか、という問いによって言語を記述しようとする「危機度」の基準とは、言語学的なものというより、ある言語の社会的状況に焦点を合わせた、社会言語学的な基準である。

しかし、ここにも疑問が生じる。最初から、せいぜい数名のNORMsをインフォーマントとして記述された言語とは、つまりは、それ以外の人びと（都会の、移動する若者など）の多様な言語使用をあらかじめ排除したかたちでできあがった言語にすぎない。記述され、数え上げられ、名前がつけられる時点においては、話者数やその使用状況などをいっさい考慮せず、「言語学的」につくりあげられる言語が、一度できあがるとたんに、その話者数や使用場面、教育・行政のサポートといった「社会言語学的」な状況が「問題化」されるとしたら、その問題は顚倒している。

高齢のインフォーマントを基準にして言語学的に記述された「名古屋語」ができあがったとした

ら、それは前記の「生命力」の基準からいけば、きわめて危機的な状態にあるといえるだろう。世代間伝達は十分になされているとはいいがたく、公的な場面では（名古屋市長の努力にもかかわらず）ほとんど使用されていないし、書記化も教育もなされておらず、なにより名古屋市民がそれほど名古屋弁の公的使用を好意的にとらえていないことが多いからである。いま、名古屋で実際に話されていることばのあり方に対する関心が、「専門家」による一定のモデルにあわせて記述しなおされたとき、「危機的状況」が生まれる。

そもそも言語の「生命力」とはなにか。言語にいのちがあるのだろうか。基本的に、言語の「生命力」は、話者が生存しているかによって計られ、「最後の話者」が亡くなられたことによって、当該言語は「消滅」したと判定されている。その際の「最後の話者」とは、そのことばの体系を完全に会得した「母語話者」が想定されている。母語話者の話す言語を記述することで、一体性のある、閉じた体系としての言語があらわれるのであり、別の言語の話者が、一定の年齢の後にその言語を習得したとしても、「母語話者」のような完全な言語体系を会得することは困難である、という前提がある。

しかし、たとえば「名古屋語」の母語話者とはだれなのか。現在、名古屋周辺の一定の話し方を日常生活で使用している人びととは、「名古屋語母語話者」なのだろうか。すでにメディアをとおして「東京弁」を会得し、それをまぜながら使っている場合、もはや「母語話者」としての資格はないのだろうか。一方で、現在の「高齢者」が使用している「名古屋語」は、はたして「純粋」な名古屋語なのだろうか。そのことばも、さらに上の世代にくらべればかなり変化してきているのではないだろうか。

逆にいえば、現在の「名古屋弁」の使用者は、相手によって、場面によって、話題によって、さまざまなことばを使い分けている。場面や相手によってはいわゆる「共通語」を使用する人がほとんどである一方で（ただし、東京の「共通語」とは異なる）、日常的に友人や家族と「共通語」を使用している人は多くはないだろう。そのとき、このようなごく一般的な名古屋市住民の「母語」とは何語だろうか。「共通語」は、比較的大きくなってから学ぶことばであるならば、「母語」とはいえないのかもしれない。それなら、「名古屋語」なのだろうか。しかしその「名古屋語」が、すでに上の世代のそれとはかけ離れてしまっている場合、若い世代は「名古屋語」の母語話者ですらないのだろうか。それではかれらの母語とはなんなのだろうか。さまざまなことばを使い分けるこのような話者は、複数の「言語集団」に所属しているのであろうか。その際の「言語集団に所属する」資格となりうるだけの言語能力とはどの程度なのだろうか。東京生まれ、東京育ちではあるが、ここ十数年ほど名古屋に暮らしている現在名古屋市民のわたしが「名古屋語話者集団」に含まれるのはむずかしいかもしれないが、それでは、どれだけの期間、名古屋に暮らしていれば「名古屋語話者」とみなされるようになるのだろうか。

言語の「生命力」の基盤となる「母語話者」とは、その言語のみを完全に、自然に、無意識に話す、という単一言語話者を前提とした「言語学的」な話者像であり、多様な場面で多様にことばをまぜつつ自覚的に選択して使い分け、あたらしいことばをどんどん生みだしていくという「社会言語学的」な話者像とは相いれない。現実のことばは、使用されることでつねにゆらぎ、混淆していくとすれば、言語の安定的な記述は、ほとんど不可能なモデルである「完全な単一言語母語話者集団」においてか、さもなければその逆に、「母語話者集団」を失うほど「危機的」に使用されなくなったと前提されることで、ようやく可能になるともいえる。そのときに残っていたＮＯＲＭｓなインフォーマントを「最後の母語話者」として設定して、その話者の言語を記述すればいい。その話者よりも世代をさかのぼったことばが記録／記述されていないのであれば、それが最後の「純粋な」言語の体系ということになるだろう。

「消滅の危機に瀕する言語」の何が問題か

そして、「消滅の危機に瀕する言語」は、なぜ「文化遺産」として保護されなくてはならないのだろうか。現在、その動機は、世界の「言語的多様性」を保持するため、とされる場合が多い。ユネスコのホームページ上では、「なぜわたしたちは気にかけなくてはならないのか」とするＦＡＱに対して、「それぞれの言語は、それぞれの価値観、哲学、個別の文化的特徴によって、独自の世界観を反映している。ある言語が消滅することは、数世紀にわたって具体化してきた、歴史的・精神的・生態的知識を含む独自の文化的知識の取り返しのつかない喪失となってしまう。それらの知識はその言語の話者のみならず他の多くの人びとにとって、生存のため不可欠なものであろう」と答えている。また、世界の生物多様性と言語多様性の相関関係もユネスコが主張する理由のひとつである。(5) ベーカーは言語多様性を守らなくてはならない理由として、①言語多様性と生物多様性の関係、②言語はアイデンティティを表現する、③言語は歴史の貯蔵庫である、④諸言語の存在は人類の英知の総量に貢献する、⑤言語はそれ自体として興味深い、と簡潔にまとめている[Baker 2006:45–48]。

しかしながら、少なくとも二〇世紀なかばごろまでは、さまざまなことばが大言語に抑圧されて話されなくなることは、「進歩」の証としてとらえられることのほうが多かった。かつて、多くのことばの使用に結びつけられていた、固有の価値観や文化的特徴にもとづく伝統的な生活は、貧困や「遅れ」とみなされ、そこで使用されていることばになんらかの価値があるとみなされてはいなかった。もし、伝統的な生活文化が過酷なもので、かつ、そこから抜けだすことが可能だったならば、多くの人びとは抜けだすことを選択するであろう。さまざまなインフラの発展や機械化、またはその生活地域からの移住などによって、その固有で伝統的ではあるがきびしい生活と結びつけられたことばの使用が衰退することになった場合、保護するべきは、「伝統的生活と切り離せない」ことばなのだろうか。言語の多様性を保持するために、人びとに過酷な生活にとどまるよう要求することに正統性をみいだすことはむずかしい。

じつは、「消滅の危機に瀕する言語」を保護しようとする場合、このような、その言語が使われていた文脈、生活、文化から、その「言語それ自体」を切り離すことが可能になる。言語とは、その言語が話されてきた文化を表象するものであり、その文化の容れものであり、縮図であり、それゆえ「ある言語」は、その言語が話されてきた「ある文化」と切り離せない、とされてきた。たしかに、諸言語の統語構造や、とくに語彙については、その「翻訳不可能性」がしばしば主張され、文化相対主義的言説を生みだすもとにもなっている。しかし、言語学的な言語の記述とは、あらゆることばが、同じ基準で、同じ手法にそって、同じように記述可能である、という前提に立っている。「ひとつの言語」の記述方法は確固たるかたちで確立しているのに対して、「文化」の記述方法（そして「文化」概念そのもの）はきわめて多様である。そのため、ある文化の「固有性」を訴えたい場合は、ひとつずつ切り取られた言語にその文化を結びつけることで、「固有性」を裏づけようとすることが多い。

しかし、「消滅の危機に瀕した言語」は、もはやその言語を使用する機会、生活、つまりその言語に裏打ちされた「文化」が失われつつあるがゆえに危機に瀕しているとみなされる。さまざまな語彙、表現、言いまわしが使用される生活・文脈が失われたとき、そこにはもはや「翻訳不可能性」はない。多くの場合、一定の言語学的手法で記述された言語のみが切り取られて残される。そして、そのようなかたちであれば、たとえかつてそのことばが使用された生活がきびしく、そのことばにかつて付与されていた価値が低いものであったとしても、そのような生活や価値それ自体を保存する必要はなく、「言語それ自体」のみを、「言語（学）的多様性」のために保存し、保護することが可能になるのである。

近代ヨーロッパの言語ナショナリズムにおいては、記述され、規格化された「言語」があることは、そこにその言語の「母語話者集団」とその集団がもつ固有の文化と歴史、そして地理的な「言語領域」があることを意味した。そして、そのような一定の地理的領土を有する母語話者集団＝「民族／国民」は、近代国民国家をたちあげる政治的権利を有するとみなされた。つまり、「ある言語」の存在はその話者の近代的な人権や政治的権利と結びつくとされ［佐野 2012: 59］、だからこそ、「言語」に対する特権的ともいえるほどの保護促進がひろく認知されているはずであった。しかし、「消滅の危機に瀕する言語」とは、近代言語学のアポリアとなってきたこれらの「話者集団」や「言語領域」の存在、そしてそれにともなうさまざまな（政治的）権利の主張、さらには話者の言語能力、実際の言語使用、そのことばが使われてきた「固有の」文化からさえも切り離された、純粋に「言語学的な言語」である。それは、記述言語学者が、二〇世紀後半以降につきつけられたさまざまな学問的挑戦（人類学の反省、生成文法、社会言語学など）を超えてみいだした、フィールドのエル・ドラド（黄金郷）でもあったといえるだろう。

そして現在、「言語（学）的多様性の称揚」と「消滅の危機に瀕する言語の記録・記述の必要性」によって、世界各地で、数えられる言語の数は増加している。アフリカやアジアのみならず、先にあげた日本の例もしかりであるし、ヨーロッパでは、従来「方言」「いなかの話し方」とみなされてきたことばが、「言語」として数え上げられ、そして、法律によって「保護」の対象とされている［寺尾 2012; 石部 2010］。すでに「母語話者集団」との宿命的な結びつきが失われた「消滅の危機に瀕した言語」であれば、国家にとってときには危険な話者集団のアイデンティティや権利の主張、とくに政治的権利の主張とは切り離して、「国家の文化遺産」として保護することが可能である。かつて「国語」を国家と同一視して保護促進し、「国語以外の言語」に対しては非常に抑圧的な政策をとってきた国家や中央政府も、「危機に瀕した言語」であれば、問題なく保護のための支援をおこなうことができ、そのことで「多様性を認める寛容な国家」としてのアピールも可能である。ヨーロッパにかぎらず、一九九二年に内戦がようやく終結した中米のエルサルバドルにおいて、近年、「消滅の危機に瀕する言語」としてのナワト語の保護の機運が急速に高まっていることについて、ナワト語保護の現場（写真3-1）をフィールドワークしたカステジャノスは、分裂していた国民をあらたに統合する象徴として、「エルサルバドルの文化遺産」としてのナワト語が使われているという面があると指摘し、「衰退した言語を復興させることは、その言語を話す話者のためではあるが、国家および権力ある者の利益と結びつくこともある」と考察している［カステジャノス 2012:103］。

現在、「言語」に付与されてきた「人権」の担保性、そしてなによりも、それを話す人間、話す生活そのものが、多言語主義や言語（学）的多様性の称揚の潮流とともに「言語」からはぎとられ、言語の特権的保護の必要性のみが、形骸化して残されている。「文化遺産としての言語」は、専門家によって切り取られ、規格化され、政府によって保護され、管理される存在となったのである。

それでは、そのような、話者やその権利、そのことばが使用された文脈や文化から切り離された「言語それ自体」こそが、「文化遺産」として

写真3-1　学校で使われているナワト語の教科書（エルサルバドル，イサルコ市）．
出所：カステジャノスほか［2012:64］
写真提供：María Castellanos

保護の対象になったのだろうか？　問題は、それほど単純ではない。「言語それ自体」を保護するとはどのようなことなのだろうか。

三　「文化遺産」としての言語をとりまく人びと——話者、活動家、研究者

話者やその権利、そのことばが話されてきた生活からも切り離されたモノとしての「言語それ自体」は、とりあえず、記述し、記録し、保存しておけばよい。一度、一定の基準にそって規格化されてしまえば、言語は時代を超えて保存することが可能になる。そのようにして書かれた言語はもう「死ぬ」ことはない。その記録を保存する博物館や情報センターをつくっておけばいいのであるならば、行政側としても、それほどコストはかからない。実際、そのような言語センターや研究所は各地で設立されている。(6)　言語学者としての仕事も、十全なかたちで言語学的手法にそって記述し、記録し、分析し、そのデータを保存すれば、それで終わる。実際に日本言語学会の「危機言語」小委員会は、「一六年あまりの活動を経て、発足当初の目的をはたした」として、二〇一〇年三月に解散している［日本言語学会　危機言語のページ 2003–2010a］。

しかし、文化遺産としての言語を「保護」することは、その記録を「保存」することとは異なる。記述、記録が完了したから、もうこの言語は消滅しません、問題は解決しました、というのであれば、ここまで危機が叫ばれることもないだろう。「遺産」として、次世代にどのようにひきつぐ

のか、という問いが当然たてられ、言語という遺産を守り、次世代にひきつぐ、とは、その言語を使いつづけることにほかならない、という答えが導きだされる。一度、人びとの日常的なことばの使用のあり方が、「（危機に瀕した）言語」という「国際的な基準」によって専門的に記述しなおされたことによって、今度は人びと自身がその「言語」という概念を使用して、日々の経験を再記述するようになる。「生きた言語」とは使用されている言語である。言語とはアイデンティティの源泉であって、その存在は尊重されなくてはならない。わたしたちには、この危機に瀕した言語を使う権利と、この「文化遺産」としての言語を次世代に残す責務がある――。

その際に問題になるのは、やはりそれぞれの言語の「言語学的」な記述ではなく、「社会言語学的」な言語状況である。先の「危機度」の指標を逆行させ、小言語から大言語への「言語シフトを逆行させる（Reversing Language Shift）」［Fishman 1991］ための、具体的な政策や活動、専門家の協力が求められる。ユネスコの無形文化遺産セクション、危機言語についての専門家グループが二〇〇三年に刊行した報告書『言語の生命力と危機（*Language Vitality and Endangerment*）』では、その序文において、「言語的多様性は人類の遺産にとって不可欠である」と宣言したのち、多くの言語が危機的状況にあることを述べて、「この危機に対抗するためには、言語コミュニティ、言語の専門家、NGOと政府の協力的な努力が必須である」としている［UNESCO 2003:1］。

言語学者は、中立的な外部者としてある言語を記述したらそこから立ち去る、といった態度ではなく、よりその言語の状況にコミットした態度が求められる。たとえば、「日本言語学会　危機言語のページ」においては、「Q5　言語の消滅を防ぐにはどうしたらよいですか？　危機言語に対し、何かできることはありますか?」という問いに対して、まず、「言語学者としてできる最大の仕事は、もちろん危機言語の分析・記述・記録を行うことです」としたうえで、「ここからさらに一歩を進めて、言語学者みずからが危機言語の復興保持の方向に踏み出す道も開けています。つまり、現地コミュニティの要請に応え、危機言語を守るよう共に努力するということです」と答えているのは興味深い［日本言語学会 危機言語のページ 2003–2010b］。言語学者は、一定の「活動家」としての役割を担うことが可能であり、期待されているということである。

その方法として、「たとえば教材作りや言語教育といった言語学関連の仕事」があげられている。一度、記述・記録され、保存され、名づけられた言語は、その記述されたテキストにもとづいて教材を作成し、教育をおこなうことで習得することが可能になる。消滅の危機に瀕した言語の場合、とくにそのような言語教育をおこない、言語を習得し、使用する場面をつくりださなければ、その言語を次世代にひきつがせることが困難であるため、世界各地で言語教育を中心にした復興運動がおこなわれている。書記化され、教育されるにふさわしいかたちに標準化・規格化され、だれにでもアクセス可能になった言語は、学校教育などをとおしてあらためて話者を獲得することが可能である。「復活した（revitalized）」言語も、ユネスコの『世界の危機言語地図』に別枠として提示されている。

しかし、ここにも奇妙な矛盾が生じる。「言語（学）的多様性」を守るためにこそ、言語学的に一定のかたちで記述され、規格化されたはずの「言語それ自体」は、もはやかつての伝統的な生活や文化から切り離され、もはや守るべき「多様性」が失われた既製品のようになってしまっている。

書記化され、規格化された言語は、だれにとってもアクセス可能な、どこにでもあるような教科書のなかに収まった、つるりとしたかたちに変貌しており、もはや、ある地名、ある民族名に結びつけられる必要もない。話者集団名を使って名づけられた言語と、当の話者集団そのものはすでに断絶している。学校教育によってその言語をあらたに習得した話者は、言語学的に想定された「母語話者」ではなく、だれでも習得可能であるならば、「かつての話者集団の子孫」であることがかならずしもその言語を習得しやすいわけではなくなり、それを選択する必要もなくなる。

世界中のさまざまなことばは、かつてはさまざまなかたちで使用され、さまざまな事情によって衰退していったのであろうが、一度「消滅の危機に瀕した言語」として記述されたのちの復権運動は、言語の書記化、教育への導入、民俗音楽や伝統の創造と再構築、教育現場だけでなく、新聞・雑誌・ラジオ・テレビなどのメディアでその言語を使用することによる（とくに若者の）雇用の模索など、世界中でおどろくほど似ている。そして、教材不足、教員養成の困難、個人的な努力によって支えられ、個人的な事情でつぶされることもありうる教育プログラム、教育で獲得した言語を使う場面の少なさ、といったさまざまな問題をかかえていること、とくに、まだ話しことばとして生活のなかで使われていた時代を記憶している話者たち自身が、このような「規格化された言語」による復興にためらいを示していることなどもまた、世界各地でみられる現象である［Sano 2008; カステジャノスほか 2012］。どこにでもある言語のうちのひとつにすぎなくなってしまった「言語それ自体」を学習するくらいなら、いっそのこと、より有用な言語、たとえば英語などを学ぶべきなのではないか、――このような議論も各地でたびたび耳にする。

それでもなお、現地でこのような小さな言語を消滅から救おうと熱意をもって活動する人びとが見られるのは、世界の「言語的多様性」を守りたいからといった抽象的な理由によるものなのだろうか。先の「日本言語学会　危機言語のページ」の問い「Q5　言語の消滅を防ぐにはどうしたらよいですか？　危機言語に対し、何かできることはありますか？」に対する答えをもう一度読みなおすと、もうひとつ、興味深いことに気がつく。言語学者はたしかに「活動家」として能動的にかかわることが期待されているが、そこではもはや、危機言語問題における「まなざす側」、主体ではない。言語の記述場面においては、「記述される・まなざされる側」として、受動的な数名のインフォーマントであり、対象となる言語のリソースにしかすぎなかった話者の存在は、「文化遺産としての言語保護」にいたってはそこから切り離され、もはやその遺産の「保護」の主体と所属先は国家や政府にもなりえたはずだった。しかし、その「復興」がめざされたとき、そこには専門家に要請したりするような「現地コミュニティ」――というよりも、「危機に瀕する言語」のまわりにあらたに形成された人びとのネットワーク――が（ふたたび）たちあらわれているのである。

「かつてあったはず」の文化や伝統、コミュニティを取り戻し、それをもとに生活を営んでいくことはむずかしい。そもそも「かつての話者集団」たちが、そのようなことを望んでいないことも多い。ただ、「危機に瀕する言語」は、だれにでもアクセス可能なモノに変貌し、歴史的な話者集団、固有の文化や文脈から切り離され、むきだしの「言語それ自体」として放り出されているがゆえに、その言語を保護したいという気持ちへと人びとをかきたてる。そしてそれらの人びとのなかで、その言語のまわりにあらたなネットワークをつくることが可能になる。そこにいるメンバーはもはやその言語の「母語話者」ではないが、みずから選んでそのネットワークに参入し、きわめて自覚的にその言語を使用する話者となる。その復興活動は、言語の「危機度」を計る基準を逆行することがめざされる。それは、話者一人ひとりが「いつ、どこで、だれが、だれと、何について、この言語で話すのか」、すなわち、当該言語の社会言語学的な状況を強く意識しつつ、さらには「自分は話者として、いつ、どこで、だれと、どんなことについて、その言語で話したいのか、話すべきか」を選択することで、その状況を意識的に変革させようとする活動である。話者は単に、多様なことばを場面ごとに使い分ける「社会言語学的」なモデルにそっているのではなく、その言語の使用状況をメタに記述する「社会言語学者」のまなざしをみずからもちつつ、しかも、その状況に介入する「言語政策」の主要なアクターになっている［Sano *in press*］。

近代の「言語学」のモデルとして想定されていたのは、「自然に、無意識にことばを話す母語話者」は、自分の話していることばに対して「専門的な知識」をもたず、一方で、外部からやってくる「専門家」としての研究者が、その言語を記述する能力と資格をもつ、という状態であった。それは、「母語話者インフォーマント」と研究者のあいだに、階層的、または「人種的」・植民地主義的な乖離がある場合にさらに顕著にあらわれた。研究者と、対象とされる人びととの搾取的関係の問題は、多くの研究分野で指摘されていることである。しかし、専門的知識による「言語学的」な言語の記述がひとたびおこなわれ、それにもとづいた「社会言語学的」な復興活動をはじめたとき、専門家としての研究者はそれらの話者＝活動家＝「社会言語学者」たちのネットワークに同等の立場で参加するメンバーとなるか、さらには利用される存在となる。そして、その利用価値や利用のされ方は、その研究者の立場や分野、「話者」ネットワークとの関係などによって、さまざまなものになるだろう。次節では、「危機に瀕した言語」のひとつであるオクシタン語のネットワークにおける、個人的な経験としての「利用のされ方」を述べておきたい。

四 個人的な体験から——「オクシタン語」話者とはだれか、研究者とは何か

オクシタン語——危機に瀕しつづける言語

南フランスからイタリア北西部アルプス地域、スペイン、カタルーニャ自治州のアラン谷において話されている、とされる「オクシタン語(l'occitan)」または「オック語(la langue d'oc)」は[7](図3-4)、一九世紀はじめには、すでに「消滅の危機」を強く感じていた言語であり、それゆえの復権運動の歴史も、すでに二世紀近くにおよぶ。中世ヨーロッパの俗語文学の嚆矢たる、恋愛叙情詩人トルバドールが使用した中世オック語以来の威光を取り戻すための文学運動、辞書・規範文法の作成や、比較言語学・記述言語学・方言学による記述／記録などが、一九世紀なかば以来、ずっと試みられつづけてきた。それらの活動は、それ自体が失敗したわけではない。近代オック語の

復興のために、「プロヴァンス語」という名称のもとで文学活動をおこなった詩人ミストラルは、一九〇四年にその功績からノーベル文学賞を獲得した。南フランスのモンペリエ大学で一八七〇年から刊行されている『ロマンス諸語研究誌（*Revue des langues romanes*）』において中心的な研究テーマのひとつであったオクシタン語研究は、フランスの方言学やロマンス語文献学の発展に大きく寄与している。

それでも、これらの運動によっては、オクシタン語の使用の衰退自体は止められていない。言語の存在をけっして「民族問題化」しよ

図3-4 『ことばと国家』(田中[1981])に掲示された「フランスにおける言語分布」図

「オック語」の領域は南フランス全体,
フランスの国土の3分の1を占めている.
この地図を見たときに,
これだけひろい言語領域をもっている言語が,
なぜ知名度がほとんどないのか,
と疑問を抱いたのが, わたしの
「オクシタン語」研究のきっかけだった.
出所：田中[1981：80]

うとしない、徹底した「国民」＝「フランス国民」という図式によって、話者の認識は多くの場合、「ひとつの言語」としてのオクシタン語ではなく、「プロヴァンス語」「ベアルン語」「オーベルニュ語」など、それぞれの地域ごとに分かれた言語に、さらには村ごとに分かれたさまざまな「いなかことば」＝「パトワ(patois)」[8]に分断されたまま、その使用は徐々に衰退した。早くから北のフランス語とは異なる「言語」としての存在が意識され、「言語学的」には記述されながらも、それゆえにその内部が分裂し、その言語を話す「母語話者集団」としての一体性にもとづいた政治的権利の主張や、ナショナルな感情はついに生みだされなかった。一九世紀後半から二〇世紀後半にかけて、多くのヨーロッパのことばが、言語を根拠として「民族＝国民」を構築しようとする言語ナショナリズムの運動を展開していたころ、オクシタン語の存在にもとづいた民族的運動は、その萌芽はあったが定着せず、復権運動の対象は「言語それ自体」にしぼられ、地元知識人を中心とした、教養主義的、学問的な要素が強くなったため、大衆的な共感を得られなかったといわれている。

そのなかで、一九六〇年代以降、フランス国内におけるオクシタン語の「母語話者」、すなわち、その言語を第一言語として完全に習得し、自然に、無意識に日常的に使用する、といったモデルにそった話者は、ほぼいなくなっていたとみなされている(図3-5)。ユネスコの『世界の危機言語地図』によると、「オクシタン語」と総称される言語は、フランスとイタリアにまたがるアルプス・プロヴァンス語、ガスコーニュ語が「決定的な危機状態(definitely endangered)」とされ、フランス国内のオーベルニュ語、ラングドシアン語、プロヴァンス語が「重大な危機状態(severely endangered)」であるとして、地域によって複数の名称に分裂したかたちで記載されている。このような名称や方言の分裂状態も、「ひとつの言語」としてのオクシタン語を復興しようとする運動にとって、大きな問題とみなされている。

「消滅の危機」から救い出そう、とする復興運動は、その地理的・方言的な分裂とそれにともなう表記法の分裂などの問題〔佐野 2005〕は残しつつも、とくに教育分野を中心におこなわれてきた。復権運動の中心は、おもに教師たちが担っている。教師たちは、オクシタン語を「ひきつぐ」ためには、次世代にひきつぐための学校教育、とりわけ読み書き場面において使用するための能力を伝え、実践する場としての社会教育がきわめて重要であることを強く自覚しており、オクシタン語を読み、書き、話すことが「運動」であることを教えてきた。現在は、オクシタン語を「教

図3-5
「オックの男　君にはことばへの権利がある．語れ！」
1960年代から70年代にかけて，
オクシタン語の公的使用や
南フランス（オクシタニア：Occitània）の
経済的・政治的自立を求める
オクシタニスム運動が起こった当時のポスター．
粗野な「いなかことば（パトワ）」にすぎないと
みなされたオクシタン語を話すのが恥ずかしい，
という意識を変えるために
「ことばへの権利」を打ち出している一方で，
この運動が男性中心であったこともうかがえる．

科」としてではなく教授言語として使用することで、より高いオクシタン語能力の育成をめざした「イマージョン教育」をおこなうＮＰＯ運営の学校「カランドレート（Calandreta）」が、幼稚園から中学まで南フランス各地に点在するほか、公立学校でのバイリンガル教育もおこなわれている。一九七〇年代にはオクシタン語が大学受験のための必修または自由選択科目として導入され、一九八〇年代以降は大学でのオクシタン語による講義や単位、学位、教職免状なども整備されるようになっている。自由選択ではあり、地方ごと、学校ごとにばらつきが大きい不安定な状況ではあるが、学校教育全般にわたってオクシタン語教育を受けることが可能である。社会人向けのオクシタン語講座も各地の文化団体によって開催されている。

現在、「オクシタン語」の言語領域とみなされている地域住民の一〇パーセントにも満たない一〇〇万人弱程度しかオクシタン語を使用できないと見積もられている。[9] そして、その多くが、（「小さいころ、祖父母が話しているのは聞いていた」といった思い出話をしばしば強調することはあっても）学校や文化サークルなどの語学講座でそれを習得した人びとである。とくにフランスでは日常的な生活のなかで使用されることはなくなりつつあり、道ばたなどの会話で耳にすることはほとんどない一方で、文化団体によるさまざまなイベント、音楽祭、デモなどがたびたび開催され、そのような「特別な場所」［Sano 2003:1145］において、その書記化された形態の提示を含めて積極的に使用される言語となっている（写真3-2・3-3）。

また、「オクシタン語研究」やその記述は、多くは地元出身の研究者たち（教員であれ、市井の研究者であれ）が担ってきた。多くの研究者は本人がオクシタン語話者であり、対象としての言語に愛着をもっている。オクシタン語の危機的状況に対して積極的にコミットし、復権運動にもかかわってきた研究者も多い。とくに一九八〇年代ごろに、戦後のオクシタン語研究と復権運動の中心人物であり、オクシタン語作家でもあったロベール・ラフォンを中心に展開された「オクシタン語社会言語学」[Lafont 1997]は、オクシタン語の使用状況をどのようにまきかえすのか、という明確な「運動」としての目的をもって研究するというスタンスをとった[中嶋 1991; 佐野 2004]。「オクシタン語」という「消滅の危機に瀕する言語」は、自身が話者でもある「専門家」によって、非常に早くから(その記述の方法があまりに多様で分裂していることそのものが問題になるほど)記述されてきたし、この言語を保護しようとするネットワークも、早くから地元の研究者、「専門家」が中心的なメン

写真3–2　フランス南西部トゥールーズ市内.
通りの名前がフランス語とオクシタン語の
2言語で表記されている.

写真3–3　フランス南西部大西洋岸の
バイヨンヌ市の3言語標識.
フランス語，バスク語，オクシタン語で
行き先が表示されている.

バーとして参加してつくりあげられてきた。一九九〇年代に「危機に瀕する言語」が世界的な問題になったときには、外部から「専門家」としての言語学者のまなざしをもちこんで、「言語」を一からつくりあげる必要はすでになかったのである。

それでは、「外部の研究者」は必要ないのであろうか。そういうわけでもない。「危機に瀕する言語」は、その国家の枠内において、「国語以外のことば」として抑圧されてきたため、その存在を国際的にアピールすることが重要視されてきた。とくにヨーロッパにおいては、「国内問題」としてではなく、「国際的な民族問題」としてアピールできれば、その政治的重要性が正当化できることもあり、国外の研究者の存在は歓迎された。「プロヴァンス語」（プロヴァンス地方で話される方言を中心とした運動なので、プロヴァンス語とされている）が失われる危機感のもとに、のちのノーベル文学賞受賞者となるミストラルを中心に一八五四年に結成された文学運動団体「フェリブリージュ（Felibrige）」は、南フランスの諸州とパリにそれぞれ支部をもち、会員はそのどこかに所属することになっているが、それ以外にソーシ（Sòci）という、外国の研究者などを対象にした特別会員制度がある。一九九五年にラングドック・ルシヨン州とミディ・ピレネー州の委託で作成された『世界の中のオクシタン語（*L'occitan dins lo mond / Occitan in the world / L'occitan dans le monde*）』［Conservatoire Occitan 1995］というパンフレットでは、フランス国内のみならず、世界各地における「オクシタン語研究」の拠点のリストが地図つきで掲載されており、そのなかには早稲田大学などいくつかの日本の大学も掲載されている。フランス国内では「いなかことば」にすぎなくても、国外の大学では文学言語として、または「ふつうの言語」として学問的に研究対象とされていることは、この言語が国際的に「ひとつの言語」として認められるためには欠かせない要素となる。「外部の研究者」は、外「へ」向けた広告塔としての役割を期待されているのである。

その一方で、一九八一年に、政治的な状況にまきこまれがちなフランス国内の研究者ではなく、むしろ「フランス国外」の研究者を中心に結成された「国際オクシタン語学会」は、会長は代々フランス国外の人とする不文律があるなど、「外部の研究者」も含めたオクシタン語研究のネットワークが形成されている。この学会発表では「ロマンス諸語」のみが使用され、オクシタン語やカタルーニャ語、イタリア語などで発表されることは多いが、英語での発表は認められていない。ロマンス諸語で研究し、発表するのであれば、「外部の研究者」であっても、外「から」のまなざしとはみなされていないし、そのようなまなざしは必要とされていない。

わたしが飛びこんでいったのは、このような「オクシタン語ネットワーク」のなかであった。

「特別な場所」の話者として

わたしがオクシタン語にかかわるようになって、二〇一二年で二〇年を迎えた。

田中克彦の『ことばと国家』［田中 1981］を読み、そこで述べられていたフランスの少数言語オック語（オクシタン語）の歴史に興味をもち、モンペリエに最初に留学したのは、大学四年生のときであった。日本ではほとんど不可能であるオクシタン語習得が第一の目的であって、何も知らない学部生としての渡仏であった。

わたしは最初から大歓迎を受けた。日本から大学生がこのことばを学ぶために留学してきたことに、「オクシタン語話者」たちは不思議がることはあっても嫌がることはなく、それどころか大よろこびで受け入れてくれた。求める資料は惜しみなく提供されただけでなく、あちこちに出かけるたびに、初対面であろうが食事と宿に招待され、頼めば、いや頼まなくてもどこにでも連れて行ってくれ、むしろあちこちに紹介するために引きまわされた。

じつは、わたしがオクシタン語を学ぶ前から、オクシタン語ネットワークのなかでは、「オクシタン語を話す日本人がいる！」という「神話」があった。実際、トルバドールの文学の日本人研究者は数多いし、プロヴァンス文学研究者として多くの作品を日本語に翻訳して紹介した杉富士雄氏［ミストラル 1977］や、現代オック語文法書などを刊行した多田和子氏［多田 1988］のような、現代オクシタン語研究の先駆者もいる。何よりも、フランスの有名な外国語学習教科書を刊行するアシミル社から一九七五年に出版された、初の本格的な語学学習書である『やさしいオクシタン語（*L'occitan sans peine*）』において、「オクシタン語はオクシタン人[10]（los Occitans）にしか関心をもたれていないのですか？——もちろん、そんなことはありません！　わたしたちの言語はたくさんの国で教えられています。イタリア、ドイツ、アメリカ、そして日本でもふたつの大学で教えられているのです。知らなかったのですか？・」［Nouvel 1975:17–18］という例文が載せられているのである（図3-6）。わたしはどうやら、伝説の体現者らしかった。日本の大学で学んだのか、と何度となく聞かれ、日本では学んできていないし、日本の大学の正規科目として教えられることはほとんどないと思う、と答えて何度もがっかりされた。

わたしは徹底して歓待され、注目され、かわいがられたが、わたしはあくまでも「まなざされる側」だった。めずらしい動物を見るかのようなあつかいであった。「なぜ、(日本人のあなたが)オクシタン語を学ぼうと思ったのか」と何度となく地元ラジオ局や新聞でインタビューを受け、「オクシタン語」を使用するテレビ番組などに出演した。「日本」「東洋」に対してもっているヨーロッパの幻想(これはフランスではとくに強いと思われる)が、わたしの「パンダ化」に拍車をかけたようであった。はるか遠い、「西洋に比するほどの」、しかしまったく異なる文明をもっている東洋の国からはるばるこの言語を学びに来ている、という図式が、どうやらオクシタン語話者たちを熱狂させたらしい。そこには「女の子」に対するジェンダーバイアスもあるだろうし、このような「パンダ」の役割を嬉々として受け入れたわたしの利用価値の高さもあったのだろう。人びとの歓待ぶりに、一度ふと「どうしてみなさんがこんなに親切にしてくださるのか、わからないんですよ」ともらしたとき、「それはあなたがジャポネーズ(日本人女性)だから、ということもあるでしょう。あなたがアラブ人だったらどうだったかわからない」と言われ、愕然としたこともあった。

図3-6 『やさしいオクシタン語』に掲載された
「オクシタン語を話す日本人」のイラスト.
ステレオタイプな日本人に向かって,
ステレオタイプな「オクシタン人」(ベレー帽をかぶっている)が,
「オクシタン語を上手に話す日本人もいるんだぜ!」と言っている.
出所:Nouvel[1975:17]

二度目の留学は、博士後期課程在学中で、オクシタン語の使用実態について社会言語学的な関心をもち、少しオクシタン語を話せるようになり、論文を書きはじめ、調査をおこなおうとしての渡仏であった。わたしは、あいかわらずの歓待を受け、あいかわらずたびたび地元メディアにインタビューされ、あいかわらずの「特別あつかい」であった。その一方で、「研究者」としての立場にたって社会言語学調査をおこなうことについては、困難を感じずにはいられなかった。

だれが、いつ、どこで、だれに、何について話すときにオクシタン語を使っているのか、これが「オクシタン語社会言語学」の基本的な問いになる。しかし、「消滅の危機に瀕した」ことを自覚し、消滅してしまうことをくいとめようとしている言語における「話者」とは、すでに「活動家」にほかならない。自然で無意識な、完璧な話し手としての「母語話者」というモデルはとうに崩壊していたし、もしそのような話者がいたとしても、その人びとも少なくとも二言語話者なのであり、どの言語を、だれに対して、いつ使用するかについてきわめて自覚的である。わたしとオクシタン語で会話してくれる話者とは、「母語」であろうとなかろうと、自覚的にオクシタン語を話し、学ぶことを選択し、「あえて」わたしに対してもオクシタン語を使用しようとする、社会言語学化された、かつ「運動家」としての自覚のある話者たちであった。逆に、そのような自覚のない話者は、「よそ者」であるわたしの前で「パトワ」を話す恥ずかしさから、フランス語にシフトしてしまうことが多かった。

留学先の大学でオクシタン語を学んだわたしと、わたしの前にあらわれる「研究対象としての話者」には立場にちがいがないどころか、同じ「オクシタン語学習者」という土俵で考えれば、わたしのほうがずっとオクシタン語が下手なのである。ほとんどの「研究対象としての話者」は、対象言語に対する十分な自覚と知識をわたしよりもはるかにもっており、その社会言語学的状況を自身で記述し、わたしに説明した。そのような話者は、オクシタン語で書き、教育機関や市民サークルなど、さまざまな教壇に立って実際にオクシタン語を教えている人も少なくなく、教育的配慮からわたしにオクシタン語を使ってくれるのだった。「研究対象としての話者」はわたしの先輩であり、師匠であった。それは、「フィールドから学ぶ」といった研究姿勢の問題などではなく、圧倒的な現実としてそうであった。「研究者とインフォーマントの対等な関係」など、まったく逆の意味で望むべくもなかった。

前述のとおり、オクシタン語研究にたずさわる「国外」の研究者は多いし、社会言語学的な研究をする、とくに若手の「フランス国外」の研究者も少なくない。その人たちもフィールドに入って調査をするのであろうし、きっと各地で歓待も受けたのだろう。しかし、そのなかでも、一目でわかる「よそ者」としてのアジア人の風貌、しかも相当幼く見えてしまう「東洋人女性」ということから、わたしの「パンダ」ぶりは圧倒的だった。自分が「研究者」としてフィールドの人びととの関係を結ぶ以前に、すでに「パンダ」の役まわりがわたしには与えられていたのであり、「対象をまなざす主体」といった「研究者」の立場を獲得するのはむずかしかった。話者＝活動家たちが勝ち取ってきたさまざまな研究や教育システムの蓄積、その結果としての現在の言語の使用状況を学ばせてもらい、それを「よこからたてに」して、広告塔として伝える作業が、せいぜいわたしに望まれていることのようであった。「西洋に学ぶ東洋人」の図式も踏襲されていた。

写真3-4　ルイ・ヴラン財団「プロヴァンスの使命賞」の賞状を受け取る筆者（2004年5月）．右にフェリブリージュ会長のピエール・ファーブル氏，後ろにアルルの民族衣装を着た女性が並ぶ．写真提供：Michel Neumuller

最たる出来事が、二〇〇四年の、ルイ・ヴラン（Louis Vouland）財団の「プロヴァンスの使命賞」受賞であった（**写真3-4**）。この賞は一九九七年に、地域の歴史、芸術、言語分野において活躍した、三〇歳以下の若者を対象とした賞として創設されている。それを三〇歳をとうに過ぎてから受賞したのであった。当時はようやく就職はして、いくつかの論文は書いていたとはいえ、まだたいした業績もなく、単著も出版されていなかったときである。受賞理由がわたしにはまったくわからなかった。ただ、その前年にたまたま、一八五四年にミストラルとその友人たちによって設立された「プロヴァンス語」文学団体である「フェリブリージュ」の会合に合流して、会長と知り合い、「来年はフェリブリージュ創設一五〇周年記念式典をやるから、ぜひ来なさい」と言われていた。フェリブリージュの会長は、どうやらつてのあるらしいこの財団にわたしを推薦して、賞の副賞の賞金でわたしをフランスに招待したということのようである。「日本人でオクシタン語を話す（大学教員ではあるが、「研究者」としての業績はあきらかに買われていなかったし、日本でオクシタン語を教えているわけではない）」というだけで、年齢制限を超えて受賞することを問題視するような態度の人は、少なくともあからさまにはいなかった（裏では何か言われていたかもしれないが）。

創設一五〇周年記念式典には、わたし以外にも、スイス人、スウェーデン人、イタリア人の男性研究者が招待されていたが、すでにかなりの業績のある大御所らしいこの三人と肩を並べられるとはとうてい思えなかった（写真3-5）。三日間にわたる記念式典のうちの半日が、この四人によるシンポジウムであったが、わたしに与えられた発表テーマは「日本におけるオクシタン語研究」であった。わたしはまだ何もしていないのだが、先人の業績を「たてからよこに」して発表した。式典のあいだの宿泊費も食事代もすべてフェリブリージュから支給され、わたしは「外国人名誉会員」としてのソーシに任命された（写真3-6）。わたしが「こんなに歓待されるのはなぜなのか、よくわからないんですよ」とスイス人の先生につぶやくと、今度は、「あなたがどれほど人びとを魅了しているか、あなたはわかっていない」と言われ、やはり愕然としたのだった。

写真3-5　フェリブリージュ創設150周年記念シンポジウム（2004年5月）.
左から，イタリアのダリオ・パセロ氏，筆者，
フェリブリージュ会長のピエール・ファーブル氏，スイスのアンリ・ニッゲラー氏，
スウェーデンのスヴェン・ビョークマン氏.
写真提供：Jean-Marc Courbet

写真3-6
フェリブリージュの外国人特別会員（ソーシ）証書.

図3-7
拙著『途上の言語』[Sano 2008]の表紙.
オクシタン語話者について書かれた
本であるにもかかわらず,
桜咲く名古屋城の写真が採用された.

「わたし」の何が人びとを魅了するのだろう？　わたしはたしかに「外」からやってきて、オクシタン語という言語の話者のネットワークから歓待され、一定の役割を期待されるメンバーではあったが、それは「研究者」としての役割ではなかった。そこでは、わたしは対象に主体的に関心をもって（対象に魅了されて）「まなざす側」ではなく、「魅了する側」、すなわち「まなざされる側」にいなくてはならないらしかった。

もがかなかったわけではない。せめて「下手な研究者」あつかいはされたいと、学会でもフランス語やオクシタン語で発表はしたりしているが、会場の反応の多くは「パンダ」に対するそれであった。イタリアでの調査をもとに、イタリアのオクシタン語文化団体がわたしの単著を出版してくれることが決まったときは、やっとこれで少しは「脱パンダ」できるのではないかととてもうれしかった。単著の原稿がそろい、それをもとにした日本語での論文を執筆していたころ、新宿を歩いていて「あなた、とてもはっきり変わり目の相が出ていますよ！」などと占い師の女性に話しかけられ、「ついに脱パンダか！」などとウキウキしたものだった。

しかし、いざその本の表紙を決める段になったとき、その文化団体は「日本の城の写真はないか？」と言ってきた。オクシタン語が話されているイタリアのピエモンテ州の州都トリノは、名古屋と姉妹都市提携を結んでいる。文化団体が主催するイベントの資金援助を依頼する際に、トリノ市役所にわたしも同行したことがあったのだが、その際に見かけた愛知万博のポスターに掲載された名古屋城がとても印象深かったらしい。「イタリアのオクシタン語話者について書かれている本に、名古屋城は関係ないじゃないですか」と抗弁したが無駄だった。「日本人が書いた」ことを掲示することが重視されたのだった（図3-7）。

わたしはやはり「まなざされる側」から抜け出せないのだろうか。そして、「研究者」として、そこから抜け出さなくてはならないのだろうか。

「文化遺産」の保護者の一員であること

すでに「危機に瀕」してから二〇〇年の歴史をもつこの言語は、「言語それ自体」として多様なかたちで記述されており、それゆえにその記述の仕方は際限なく分裂し、「ひとつの言語」としての存在すら、やはりあらゆる意味で疑問をもたれている。後発の「研究者」たちには、危機言語とし

図3-8
第2回「さあ，オクシタン語のために進もう!（Anem, òc ! Per la lenga occitana)」デモ行進のポスター（ベジエ市，2007年3月）.
オクシタン語の公的使用促進とそのための法的整備を求めるこのデモ行進は，2005年以来，ほぼ2年に1回のペースで南フランスの各都市で実施されている．当日は各地からオクシタン語話者が1万人以上集まり，オクシタン語であたりまえに会話する「特別な場所」がつくり出され，無料コンサートや屋台も出てお祭りの様相を呈する．ポスターのイラストは，ニース在住の芸術家Benによるもの．

ての「言語学的記述」はもはやそれほど求められていないし、「社会言語学的記述」については、ある言語を「保護」することを選択した話者＝活動家＝「社会言語学者」たちの前で、「研究者＝専門家」／「話者＝無知なインフォーマント」といった古い図式はとっくに通用しなくなっている。「まなざす側」の地位など、安定的には存在しない。

　そのなかで、オクシタン語の社会言語学的な状況は、「話者＝活動家＝社会言語学者」が、だれとして、だれと、どのような話題においてオクシタン語を話しているか、互いにまなざしあいながら記述されることになる。近代ヨーロッパのナショナリズムのなかで信じられてきた、ひとつの言語に付与される固有の歴史、文化、民族の存在を徹底して否定され、[11]「言語それ自体」としてのみ形成されたオクシタン語については、その「話者」とはただ一点、「話す」という行為によってのみ定義されている。「母語話者」の特権性が失われ、このこ

写真3-7　トゥールーズの市庁舎(2012年3月).
同月, 第4回「さあ, オクシタン語のために進もう!」デモ行進がトゥールーズで開催され,
「行こう, 双子たち! オクシタン語のために進もう!」というプラカードが市庁舎に掲げられた.

とばを話す生活がすでにほとんど失われつつある「危機に瀕する言語」においては、ネットワークのなかで自覚的にその言語を使用することで「特別な場所」をつくりだしていくしか、その言語を使用し、つまり「保護する」方法はない。「話者＝活動家」たちは、そのような場所を積極的に増やしていくこと、つまり、できるかぎりさまざまな相手と、さまざまな場面でオクシタン語を話すことを望む。話者たちの意図的な言語状況への介入——「言語政策」——が、この言語を「保護」することにほかならないからである(**図3-8・写真3-7**)。

わたしはそのネットワークのなかで、ある種、特殊な、というよりも「特権的」な話者であった。「日本人」であることのステレオタイプ、「パンダ」役はもう引き受けるしかなかったが、先駆者の方々に感謝するべきこととして、そのステレオタイプは、「話者」としての参入を拒否されるようなものではなく、むしろ歓迎してくれるようなもの

であった。だとしたら利用するしかない。当初あまり自覚はなかったのだが、わたしは、その語学学習者としての関心から、初心者のときからとにかくオクシタン語を話したがったし、オクシタン語を話すという経験をするための「特別な場所」にできるかぎり出かけていっていた。そしてそこで、さまざまな市民サークルや会合、研究会では、「日本人」とオクシタン語で話す、という、従来の対話者や場面を超えるような状況をわたしがつくりだすことが非常に歓迎されたのだった。わたしは「研究者」として話者のネットワークを外から観察するのではなく、そのネットワークの末端に参入し、新しい結節点のひとつになることを期待されていた。

方言分裂のはげしいオクシタン語は、すでに「母語」としてのオクシタン語使用がほとんどなくなっていても、それぞれの地域で話し方がかなり異なり、教えられている言語すら標準化されていない。方言の分裂やそれにともなう表記法の分裂、「オクシタン語」というひとつの言語意識の形成の「失敗」は、保護運動に欠かせない教育への導入などにおいて大きな問題ととらえられている。しかし、実際に会話してみると興味深いのが、そのようなはげしい方言差を前提としつつ、それでも「自分の(学んだ)変種」を使用しつづける、という言語態度がしばしばみられることである。互いの変種を探り合い、そのちがいを指摘しあい、笑い合いながら、自分の話していることばが、その母語話者ではないゆえの下手さや方言差によって、相手には完全に理解できないと十分に自覚しつつ話しつづける。この態度は「同じ言語を完璧に話すことで完全に理解しあえる共同体」という幻想も否定する、奇妙に気楽なものであった。わたしがオクシタン語の母語話者でないことはあきらかだが、ほかの人もそうなのである。そのなかで、わたしに対しても「どこで学んだのか」、「どの方言を話しているか」という質問がなされ、「その言いまわしは○○地方のものだね」などと、どこの変種を使っているのかを当てられ、「あなたの方言はマイラ谷（イタリアのオクシタン語が話されている谷のひとつ）の響きがある」などと推量されるようになったとき、「自然に話す」のではなく、「あえて使う」言語となった危機言語のネットワークにおいて、わたしも「話者＝活動家」であり、文化遺産としてのオクシタン語の担い手、「文化遺産」の保護者の一員とみなされているようであった。

一方、研究会やサークルといった既存の「特別な場所」以外においても、わたしはオクシタン語を使ってみたかった。「まだ母語話者がいる」と神話的に言及される山間部、イタリアの「オクシタン谷」やスペインの「アラン谷」などに行って、これまた伝説となっている「フランス語（イタリア語）を知らないのにオクシタン語を話せる日本人旅行者」を演じて、オクシタン語で話しかけてみたりした。当初は大笑いされることもあったし、嫌な顔をされることもあったし、わたしのフランス語アクセントの下手なオクシタン語から、フランス語で返事をされることも多かった。しかし、世紀がかわったころから、（わたしのオクシタン語能力が多少上がったせいもあるかもしれないが）話者たちの態度にも変化があらわれてきた。見るからに「よそ者」であるわたしとオクシタン語で話すことを、人びとはすすんで受け入れるようになってきたのである。

フランス中央山間部に位置するアヴェロン県のミヨーで、「農民同盟」の運動家であるジョゼ・ボヴェらが、「多国籍企業による文化破壊」の象徴であるマクドナルドを打ち壊した事件[12]の二年後の二〇〇一年八月、それを記念するフェスティバルが開催されたとき、わたしはそこで六〇歳前後の男性三人がオクシタン語で会話しているのを聞きつけた。近隣の農家だという男性たちは、わたしがオクシタン語で話しかけるとおどろきはしたが、おもしろがって、オクシタン語でいろいろな話をしてくれた。

かつて学校で「パトワ」と呼ばれていたオクシタン語が禁止されていたことについて、ひとりが、学校の先生のフランス語の口調を真似しながら説明しようとした。その学校の先生のフランス語の口調を真似したついでに、会話がフランス語にシフトしそうになると、それを聞いているもうひとりが、たびたび「パトワを話せ!」とつっこんできたのである(以下、ゴチック体がフランス語の部分、MとRが地元の農民、Nが筆者、=は割り込み)。

M:先生はおれたちに言ったもんだ、**「だめだめ、フランス語を話しなさい」**

N:うん。

M:**「パトワを話してはいけません」**

N:うん、うん。

M:**「家でパトワを話す、オクシタン語を話すならいいですよ、でも学校ではだめです。学校では、フランス語を話さなくてはいけません」**

N:**ああ、そうですか。**

M:だからな、**わたしはある日、わたし、わたしは=**

R:=パトワを話せよ、クソが!

M：だからある日、おれは先生（Regenta）に向かって言ったんだよ、いったい＝

R：＝先生（Regenta）ってのは**「先生」**のことだ。

N：うん、うん。

M：先生ってのは**「先生」**のことで、で、先生に、**つまり、**おれは先生に言ったんだ、**それでわたしは、「ほっといてください、わたしはこの地方の人間で、そして＝」**

R：＝だから、パトワで話せってば！

［Sano 2003：1148–1149］

従来のオクシタン語の社会言語学的状況からはなかなか想像しがたい、「東洋人とオクシタン語を話す」、「あえて「パトワ」で話そうとする」という「特別な場所」をその場でつくりだすことを楽しんでいるとき、話者は従来の言語状況への積極的な介入をおこなう「話者＝活動家」となっている。わたしには「特別な場所」をつくりだす装置としての利用価値があるようだし［Sano 2003：1146］、その場所に参加する「話者＝活動家＝社会言語学者」のひとりとして、その様相を記述していくことはできるのである。

むすび

近代言語学における「言語」概念は、ことばを使う人びとの生活世界や身体性、使用される文脈などと切り離してことばのありようを自立的に記述するために使用され、ことばをモノとして対象化させた。しかし、その「自立性」ゆえに、「言語」は政治的権利の担保とされ、「歴史的母語話者集団」や「領土」、さらには「国民／民族文化」といった、「言語それ自体」とは異なる要素を背負うことになった。

現在、世界で数え上げられた言語の半数が消滅の危機に瀕しているとされているが、そのような言語は、人びとの生活や文化も、領域、政治的権利もすべてはぎとられた「言語それ自体」として記述されている。「危機に瀕する言語」は、ことばであるかぎり宿命的に結びつけられるはずの話者からすら切り離され、「文化遺産」というモノとして保護・管理することがついに可能になったかのようにも思われた。

しかし、その「文化遺産」としての保護が訴えられたとき、そのような言語のあらたな使用状況、あらたな使用態度が生じている。だれにでもアクセス可能な「言語それ自体」を、だれが、どのように、いつ使用するのかという社会言語学的状況が問題化される。話者たちは、「文化遺産としての言語」の保護とは、その言語を使用することである、という態度を引き受け、まなざされる対象としてみずからを顕示すると同時に、その社会言語学的状況を積極的に変容させ、その変容を互いにまなざしあいながらつねに記述しなおしている。そして、大言語話者と小言語話者、西洋と東洋、男性と女性、研究者とその対象者、話者と運動家、運動家と研究者、そして「言語学的なまなざし」と「社会言語学的なまなざし」、関係性が何重にも折り重なって錯綜するなかで、話者たちの予想やコントロールをも超えるような運動やネットワークが生まれている。

ことばはことばであるかぎり、「言語」として管理可能なモノにはならないのだろう。

註

＊本論文は、カステジャノスほか［2012］所収の「生まれたての言語——「危機に瀕する言語」とは何か」をもとにして、大幅な加筆・修正をほどこしたものである。

(1) フランス第五共和制憲法第一条「フランスは一にして不可分であり、非宗教的、民主的、そして社会的な共和国である」。

(2) フランス第五共和制憲法第二条では、「共和国の言語はフランス語である」と規定されており、この条文がたびたびフランス国内のフランス語以外の言語の公的使用に対しての障害となっている。

(3) ただし、グローバル化する英語の覇権に対する危機意識として、「文化遺産としてのフランス語の保護」を訴える論調は存在する。EUが発足して一年、憲法第二条が挿入された一九九二年から二年後の一九九四年に、フランスは「フランス語の使用についての法律(La loi n°94-665 du 4 août 1994 relative à l'emploi de la langue française)」、いわゆる「トゥーボン法(Loi Toubon)」を制定して、フランス語使用のさまざまな場面の義務化を規定した。その第一条において、「フランス語はフランスの特性と文化遺産の基本的な要素である」（傍点筆者）としている。

（4） ここでの「国語」とは、行政文書などにおいて使用される「公用語（official language）」という意味のみならず、「国民国家」のアイデンティティや国民統合の象徴とされるような言語を指す。実際にはヨーロッパ諸国においてすら国語と公用語の分離、複数の国語の採用などは数多くの国家でみられるが、「単一の国語をもつ国民国家」モデルそのものは、ヨーロッパよりはるかに多言語的なアジア、アフリカ諸国が、ヨーロッパの帝国主義から独立をはたしたときの言語政策においても踏襲された。しかし、これらの新興国家の多くにおいて、「単一の国語・公用語」を国民全員が読み、書き、理解するまでにはいたっておらず、かつての宗主国の言語が事実上の公用語となっているのが現状である［砂野 2012］。

（5） 言語多様性と生物多様性の関連については、当時注目を集めていた「生物多様性保全」の議論に言語問題をリンクさせようと、とくに九〇年代後半からしばしば主張されてきた。この主張については、Nettle and Romaine［2000］などを参照。

（6） フランスでは二〇〇〇年前後から、地方分権の潮流を受けて、地方自治体による「言語センター」の設立が相次いだ。ただし、言語学者による研究成果がかならず地元に残されるわけではなく、インフォーマントの音声や映像データは大学に保存されたまま、当のインフォーマントたちがアクセスできない、といった問題も世界各地で散見される［カステジャノスほか 2012］。

（7） 南フランスで話されることばを「ひとつの言語」としての一体性を有するものとしてあつかおうとするときの名称は「オクシタン語（l'occitan）」が使われる。一方で、北フランスとは異なる南フランスのことば、というフランス国内の二分性を基盤に、その南フランスのことば内部の多様性を尊重する姿勢を表明しようとする場合、「オック語（la langue d'oc）」という名称が使用されることが多い。ただし、この「オックのことば」という名称それ自体がフランス語であり（オクシタン語で書くなら la lenga d'oc となる）、言語の名称の「国際的な基準」とはかけ離れた呼び名となる［佐野 2005］。

（8） フランス語圏で話される、フランス語以外の「いなかの、より劣ったことば」の総称として、非常によく使用される表現。「パトワ」であるかぎり「言語」ではなく、また、「フランス語ではない」ことしか意味しないため、「パトワ」と名指しされるあらゆる話し方の「固有性」はいっさい考慮されない一方で、「パトワは村ごとに異なる」といった、非常に分裂した言語意識を表現する[佐野 2011]。オクシタン語など存在せず、ただ、村ごとに異なるパトワがたくさん存在するにすぎない、という言語意識は、「ひとつの言語」としてのオクシタン語を「保護」しようとするさまざまな活動にとって大きな問題と認識されている。

(9) 「オクシタン語」が話される領域全体の、信頼に足る定量的な社会言語学調査はおこなわれていない。一九九一年と一九九七年にラングドック・ルシヨン州において、また一九九七年と二〇〇六年にアキテーヌ州において、千人程度を対象とした調査がある程度である。それによれば、オクシタン語を理解する人は三四〜四八パーセント程度だが、「普段から話す」人は五〜九パーセント程度にとどまるという[Boyer et Gardy éd. 2001: 334]。

(10) 民族的グループを含意する「オクシタン人」という呼称は、現在ほとんど使われない。

(11) この点については、フランス国内においても、「ローマ人の侵入以前の民族」とされた「バスク人」や「ブルトン人」、または「外国」のナショナリズムとの同一視がむしろ危険視された「アルザス人」や「コルシカ人」などが、一定の「固有の歴史・文化」をもつ、と曲がりなりにもみなされた(ただしその政治的な活動は非常に抑圧された)こととは大きく異なる。

(12) ジョゼ・ボヴェらによる「マクドナルド事件」については、Bové et Dufour [2000＝2001] を参照。

第4章

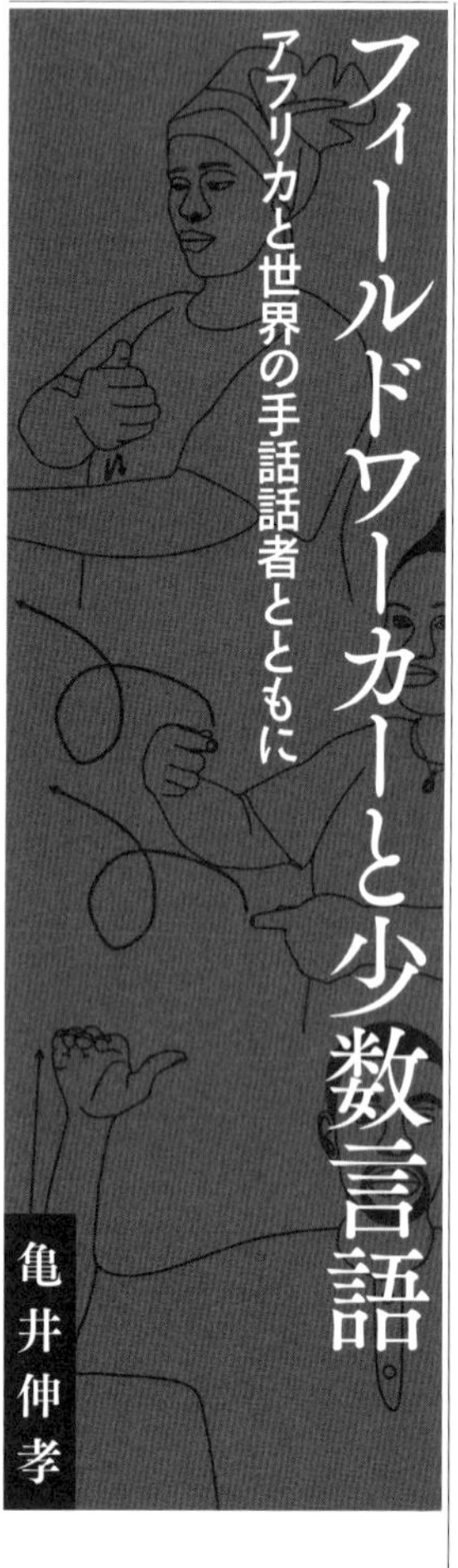

フィールドワーカーと少数言語

アフリカと世界の手話話者とともに

亀井伸孝

はじめに

本稿は、フィールドワークをおこなう調査者と、少数言語およびその話者たちとの関係のあり方を検討することをねらいとしている。

わたしたち文化人類学者は、フィールドにおいて、言語的・文化的マイノリティとかかわりをもつことが多い。通常は、対象社会における参与観察調査のなかで現地の言語を習得し、その言語でなされる語りの収集などをつうじて調査を進める。ただし、少数言語はしばしばほかの言語との関係において劣位に置かれ、誤解や抑圧を受けることもある。このような状況にあって、調査者が少数言語を「研究対象」としてのみ位置づけ、それ以外のことをおこなわない姿勢を取るならば、当該の話者たちに十分に受け入れられないおそれがある。

この章では、わたしがアフリカ諸国や日本のろう者（手話を話す耳の聞こえない人たち）と出会い、研究や交流、生活などをともにしながら経験したことにもとづいて、フィールドワーカーと少数言語の多様なかかわり方の実態を例として示したい。そして、そのさまざまなアクションが、まずは研究の遂行に直接役に立つということを指摘する。あわせて、研究への寄与にとどまらず、少数言語集団の権利擁護に資するという実践的側面をもつことを指摘し、その成果がふたたび研究の促進へと還流していく構図を示す。この認識にもとづき、「研究／実践」に二分しがたい、総体としての「現場への関与」をおこなう際の、フィールドワーカーの望ましい姿勢にかんする提言をおこないたい。

以下では、少数言語集団に長期的にかかわるフィールドワーカー全般を想定するが、主として文化人類学者の事例をあつかう。なお、「少数言語」とは、当該地域のほかの言語にくらべて話者人口が相対的に少なく、政治的、経済的、社会的に劣位に置かれている言語を指すこととする。

一　少数言語と調査者――問題の所在

多言語問題という「共苦」

多言語の共存というテーマは、典型的な「共苦」の問題であるといえる［飯嶋 2009］。飯嶋秀治は、いくつかの暴力問題などを例示しながら、「共苦」という概念について述べている。たとえば公害や差別などの社会的問題が生じたとき、あきらかに直接的な被害をこうむる人びとが存在し、その立場に注目が集まる。一方で、加害側と目される側にもなんらかの「苦」が存在しており、加害側であるとみなされることが理由でそのことが軽視されることもしばしばである。このような状況を解きほぐす手だてとして、現場での各種のアクションがあり、フィールドにおける文化人類学者のあり方を考える一助となるとする。

世界には、七千近くともいわれる多種類の言語が分布し、各地で共存している。(1) しかし、特定の地域においてある言語の話者が多数を占めている場合、話者人口の少ない言語を話す人びとはさまざまな意味で劣位に置かれることがある。たとえば、その言語が公用語としての認知を受けず、公的な使用が制限されたり（政治的な劣位）、その言語による教育や就労が認められず、少数言語話者が職を得られないか、低収入の地位にとどめられる事態が生じたり（経済的な劣位）、その言語に対する誤解や偏見が生まれ、差別の要因となったりする（社会的な劣位）などである。

多言語問題は、第一義的に、言語的マイノリティの苦痛と不利益を直視し、それらを軽減、除去しようとするところを出発点とする。大言語中心の社会制度や常識は、あきらかに少数言語話者を苦境に置いている加害要因といえるであろう。しかし、それは同時に、マジョリティの側がかかえた問題でもある。言語的マジョリティに属する人は、意図しないままに大言語の一話者として育ち、暮らしており、みずからに積極的な加害の意識はない。そのうちの一部の人たちが、マイノリティに対して向き合おうとしたとき、まず言語が異なってコミュニケーションができないというギャップに直面し、さらに「加害者」としてマイノリティに接することを余儀なくされ、その立場性が問われることとなる。

大局的にみれば、マイノリティの側により多くの苦痛と不利益があり、それらを軽減することが必要である。一方、局所的にみれば、コミュニケーションのギャップと関係改善のためにとまどうという意味では、マジョリティもマイノリティもそれぞれの課題をかかえこむ。立場がちがい、「苦」の内実も程度も異なるが、言語のちがいを挟んで課題をかかえあう両者の共存をはかることが要請されるという意味で、多言語問題は「共苦」の認識において取り組むことが必要である。その共苦を、さまざまなアクションをつうじていかに解きほぐしていくかを見すえることが、この章のテーマである。

従来の文化人類学者と少数言語のかかわり

文化人類学者が、これまで少数言語とどのようにかかわってきたかを眺めてみたい。文化人類学者と少数言語のかかわり方の典型とは、「フィールドワークにおいて、対象集団の言語をみずから習得し、それを話しながら調査をおこなう」という研究のスタイルである。それは、フィールドワークの方法を打ち立てたとされるマリノフスキーにさかのぼる。

かれは『西太平洋の遠洋航海者』において、調査対象社会の人びとの語りを正確に引用する学術上の必要性から、「土語を覚え、調査の道具としてこれを使いうる民族誌学者は、さらに一歩前進することができる」(原文ママ、以下同じ)と述べている［Malinowski 1922＝1967:92］。また、かれ自身が習得したキリウィナ語で記したノートは、「言語学の豊富な材料と一連の民族誌の資料を同時に手に入れていることとなり有用であるが［Malinowski 1922＝1967:92］、対比として、ピジンイングリッシュを用いていては、「彼らと詳細で明瞭な会話をかわすことが、まったく不可能」で、調査のなかでも「混乱してしまった内容以外は、何も出てこなかった」ことを記している［Malinowski 1922＝1967:71–72］。

マリノフスキーが示した、文化人類学者が現地語をみずから習得して調査手段として用いるという姿勢は、その後の文化人類学の標準のスタイルとして定着した。文化人類学の多くの教科書や事典が、方法論あるいは研究史概説の一部として、現地語を習得することの重要性を、しばしばかれの名前とともに強調している［松田 1991; 江渕 2000; 小泉 2008; 大塚 2009; 富沢 2009］。また、マリノフスキーも指摘しているように、言語それ自体が、重要な言語学的あるいは民族学的な資料の一部となっている。対象社会の人びとと意思疎通をはかるためだけでなく、その認識のあり方を知る手がかりとして、当該社会の言語にかかわる資料を収集することは欠かせない作業であり、とりわけ言語人類学、認識人類学の分野でその意義が強調されてきた［サピア and ウォーフ 1970; 松井 1991; 宮岡編 1996］。

フィールドワーカーが少数言語を対象として調査し（①研究対象としての少数言語）、また、みずからがそれを習得して調査の手段として活用する（②調査手段としての少数言語）ことは、文化人類学のみならず、さまざまな分野の研究においておこなわれてきている。(2)

従来の議論の不備とこの章のねらい

これまでのフィールドワーク論は、調査者にとっての少数言語を、研究対象、または調査手段として位置づけるにとどまっていた。

これに対し、この章で提起したいことは、第一に、フィールドワーカーとしての少数言語とのかかわりは、実際にそのふたつで尽きているのであろうかという観点から、事例にもとづいて現状の分析をおこなうものである。長期間をかけ、苦労してある言語を習得した調査者には、その言語を介した周囲との多くの関係が生じ、それにまつわるもろもろの行為（アクション）がともなっているであろう。とりわけ、それが抑圧を受けがちな少数言語であった場合は、いっそう各種のアクションが現場で呼び起こされる契機に富んでいるであろう。さらに、それらのアクションとの関係が、調査のあり方自体に影響をもたらしていることも考えられる。このため、このような多様な現実を直視することを試みる。

第二に、それらのアクションおよびそれによって構築される関係の多様性を念頭に、フィールドワーカーにおける望ましい現場とのかかわり方にかんする提言をおこなう。これらの作業をおこなうことは、「現地語を覚え、収集する」とのみ述べられていたフィールドワーク論の可能性の幅をひろげることに寄与すると期待される。

世界の手話と研究の課題

調査者と言語の問題を論じるにあたり、この章では、ろう者が話す手話(手話言語)の調査事例をとりあげる。

手話とは、世界各地のろう者たちが話す、視覚的な言語の総称である。これまで、手話は文法のないジェスチャーであり、音声言語より劣ったコミュニケーション手段であるなどといった誤解を受けがちであった。しかし、一九六〇年代にはじまる手話言語学の発展にともない、手話は音声言語と同様の複雑な構造をもつ言語であることがあきらかになった。現在までに、世界には少なくとも一三〇種類の異なる手話言語が分布していることがわかっている。わたしは日本では日本手話を話すが、米国ではアメリカ手話を、フランス語圏アフリカ諸国ではフランス語圏アフリカ手話をというふうに、訪れる地域、会うろう者によって、いくつかの手話を使い分けている。

このような認識のひろまりと並行して、少数言語である手話の社会的な地位の向上もみられるようになった。ウガンダやフィンランドでは憲法で手話が国の言語として公認され、国連障害者権利条約では、音声言語と並んで、手話は言語であるとの条文が盛りこまれている。

今日、世界の手話をめぐっては、大きくふたつの課題があると言ってよいだろう。ひとつは、世界の手話言語分布の全容をあきらかにすることである。アジアやアフリカなどの途上国では、その地域でどのような手話が話されているのかがあきらかになっていないことが多い。このため、まず現地調査をおこない、それぞれの地域のろう者たちが話す手話を記載し、その実態をあきらかにすることが求められている。

もうひとつの課題は、手話の社会的地位を全般的に向上させることである。憲法や法律で手話を公認した国があらわれはじめているものの、その数はまだ多くない。また、法律で認められたといっても、教育、就労、政治参加などのあらゆる場面で、手話が音声の公用語と対等な地位を得ている国はほとんどない。それぞれの国の言語政策において、手話が音声言語と対等な地位を占めることは、世界中のろう者の願いと言ってよいだろう。

どちらの課題にせよ、手話の現状について理解を深めるためには、実際に手話が話されている現場で基礎的な調査をおこなうフィールドワークが必要になる。ただし、研究対象としての手話に関心が集まる一方で、調査の現場で流暢に使いこなせるほどの手話の語学力をそなえた研究者の人材は、かならずしも多いとは言えない。

手話の事例に注目する理由

少数言語とかかわるフィールドワーカーのアクションと関係構築のテーマを論じるうえで、手話は適切な事例であると考えられる。

第一の理由として、手話話者であるろう者の人口は全人口の〇・一パーセント程度と推定され、手話は典型的な少数言語である。第二に、手話は固有の文法と語彙をもつ自然言語であるにもかかわらず、一般的に音声言語よりも劣位のコミュニケーション手段であるとして、誤解、偏見、抑圧にさらされてきた。第三に、これはきわめて重要なポイントであるが、ろう者は「耳が聞こえない」という身体特性をもつため、大言語である音声言語に同化することがきわめて困難である。[3] マジョリティは、マイノリティの側における同化の努力を安易に期待することができず、「異なる言語との共存」の問題に徹底して向き合うことを要請される。

これらの特性に鑑みれば、曖昧さを排して多言語の共存の問題に取り組む姿勢を培ううえで、手話は適切な事例であろう。そこから得られる知見が、音声の少数言語の事例にも適用できる汎用性をもつかどうかにかんしては、考察の部分で検討することにしたい。

以下では、まずわたしの研究歴における調査者としての立場の変化を述べ（第二節）、その結果、手話という少数言語によりおこなうこととなった各種のアクションを例示する（第三節）。それらをふまえ、フィールドワーカーにとっての少数言語の位置づけを類型化し、提言へとつなげる（第四・五節）。

二　手話言語のなかへ――調査歴と調査者の立場の変化

研究の概要

わたしは、アフリカを主要な調査地とする聴者（耳が聞こえる人）の文化人類学者である。一九九六年にはじめてカメルーンを訪れ、おもに西・中部アフリカ七カ国のろう者と手話にかんする文化人類学的研究を進めるとともに、その知見を活用しながら国際開発研究の分野における提言をおこなってきた（図4-1）。

これらの研究は、基本的に手話による参与観察調査によりおこなわれた。つまり、わたし自身が対象地域の手話を習得し、それの話し手としてろう者の集まりに参加しながら、さまざまな情報を収集するという方法である。これにより、ろう者コミュニティの歴史と文化を記載し［亀井 2006］、また、DVD手話動画辞典を編集した［亀井編 2008］。わたしが調査のなかで実際に使用した経験がある手話は、日本手話、フランス語圏アフリカ手話、アメリカ手話、ナイジェリア手話、ガーナ手話、フランス手話の六言語である。(4)

この節では、「研究対象としての手話」に関心をもって学びはじめたころから、むしろ「手話の世界のなかに軸足を置きつつ、その外側の世界（音声言語を話す世界）とのあいだを往還する」ようになった現在のスタンスにいたるまでのわたしの立場の変化を紹介し、のちに多様なアクションを

図4-1　調査地

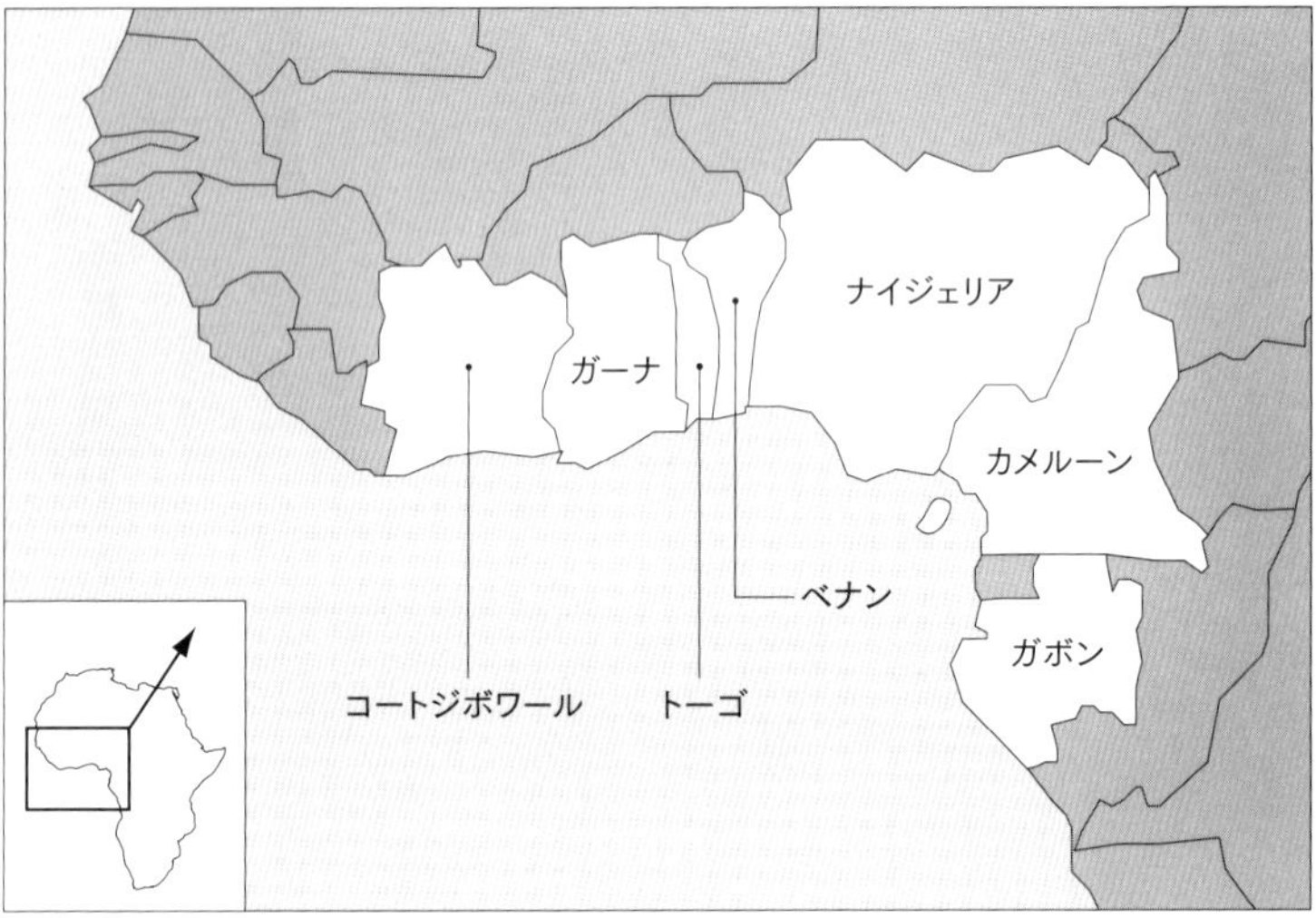

つうじて手話という諸少数言語とのかかわりを深めていく際の背景を示す。

立ち位置の変化

①研究対象としての手話への関心

一九九六年、わたしははじめて日本手話を学び、翌一九九七年に現地調査のために訪れたカメルーンで、はじめてアフリカのろう者に出会った。一九九八年にカメルーンの手話の状況にかんする学会発表を音声日本語でおこない、その発表にもとづいて二〇〇〇年にカメルーンの手話にかんする日本語論文を公表した。この時期のわたしにとって、手話とは「研究対象」であり、研究者は手話にかんして語ることができれば十分であろうという認識であった。みずからその言語を習得して用いるということの重要さについては、まだ十分に自覚していなかった。

② みずから手話を習得して使う必要性の痛感

一九九八年、ろう者の歴史研究家らによって設立された日本聾史学会の第一回大会が開催された。この学会には、「大会公用語は日本手話のみ」というルールがあった。当時、日本手話の初学者であったわたしは、「手話の語学力が十分ではないので、通訳をともなって参加してもいいですか」と主催者側に問い合わせたところ、「いいえ、音声での参加は控えてください。手話を覚えてから来てください」との回答があった。その趣旨は、ろう者が手話で自由に討論をおこなうことを重視するため、ろう者たちが理解できない音声言語の使用によって、会場の雰囲気を一変させることは控えていただきたいというものであった。

初学者であったわたしは、その指示にしたがって大会に参加することとした。十分に理解できないまま終了した大会参加であったが、手話の研究に参画しようとする入り口において、研究者自身が手話話者になろうとする姿勢をもつことがきわめて重要であるということを考えはじめるきっかけとなった。

③ 音声言語のみにより研究をおこなうことの後ろめたさ

手話をある程度話せるようになり、ろう者コミュニティにおける参与観察ができるようになったころ、ろう者たちのあいだに、手話が堪能ではない聴者の研究者に対するきびしい見方が存在することを知った。

「聞こえる人だけで集まり、音声だけで話していて、いったい何をしてるの」
「手話もできない人が、よく手話の研究なんかするよね」

このような指摘は、多くの場合、当該の研究者には伝わらない。なぜなら、このような語りは手話のなかで交わされ、手話を理解しない人には届かないコメントだからである。

わたしが手話の集団のなかで自然な参与観察がおこなえるようになると、このような指摘が直接わたしの目に飛びこんでくるようになる。ろう者たちの本音がいっそう切実に感じられ、音声言語のみを使用言語として手話にかかわる研究をおこなうことが後ろめたい行為であると感じられるようになった。

④手話話者のなかに溶けこむ

二〇〇二年、カメルーンで現地のろう者たちとセミナーを開催し、わたしの研究の成果を共有しようと試みた。開催することは歓迎されたが、わたしが音声フランス語を用い、現地の手話通訳者をとおして発表したところ、参加したろう者たちからはほとんど質問も出ず、関心をもってもらえなかった。三カ月後、現地の手話がある程度上達したころ、手話通訳を依頼することをやめ、自分が手話で語るかたちでの発表を試みた。すると、議論が大いに盛り上がり、ろう者たちの積極的な意見や質問が相次いだ。調査者がみずから手話を用いて発表することは、手話の集団に参加するうえでの誠意を示すことであり、しかも直接的で正確な意思疎通の手段であることがわかった。

このような経験と立場の変化のなかで、ろう者たちとの信頼関係を強固にするためには、手話を「研究対象」としてのみ位置づけるのではなく、さらに、「調査手段」として必要なときのみに用いるにとどまらず、成果公開や日常生活でのふるまいなども含め、いっそう徹底してそれを話す者であろうとする姿勢をもち、かつ実際の行動で示す必要があるとわたしは考えるようになった。この確信が、以下で紹介するアクションの数かずの原点となっている。

三　コートジボワールにおける調査の風景

西・中部アフリカの手話の状況

この章では、わたしが西アフリカのコートジボワールで実際におこなった調査の風景を例示する。フィールドワーカーが少数言語を対象として研究し(①研究対象としての少数言語)、また、みずからがそれを習得して調査の手段として活用する(②調査手段としての少数言語)だけでは済まない、現実の一端を垣間見ていただくことができるであろう。

わたしがフィールドワークをしてきた西・中部アフリカのフランス語圏諸国では、植民地時代も含めて、歴史的に政府がろう教育の整備に積極的ではなかった。この欠落を補うように、アフリカ系アメリカ人のろう者牧師が設立したキリスト教団体が、アフリカ一三カ国でろう学校設立事業を展開した。コートジボワールも、そのうちのひとつである［亀井 2006］。

この事業のなかで、米国で話されているアメリカ手話がアフリカにもたらされ、それが音声フランス語とアフリカの文化の影響を受けて変容しながら浸透した。いまでは、このアフリカで変容した手話言語が、西・中部アフリカ諸国の都市部のろう者たちのあいだでひろく用いられている。ろう学校で教師が教えるのも、成人ろう者たちが日常生活で話すのも、さらにろう者たちの団体やキリスト教会で使われるのも、この手話言語である。アメリカ手話の伝播から四〇年近くの年月が経った今日、この手話はすでに土着化し、アメリカ手話とは異なる特徴をもっている。この手話はまだ正式な言語名をもっていないため、わたしはアフリカ現地のろう者たちと協議を重ね、この手話を「フランス語圏アフリカ手話」と呼ぶことを提唱している。

かれこれ一六年近くにわたるアフリカのろう者たちとの交友関係のなかで、わたし自身もこの手話を覚え、調査の仕事にかかわることはむろんのこと、おもしろく楽しいことから、つらく悲しいことまで、何でも手話で話してきた。

わたしがはじめにアフリカでこの手話を習得したのは、カメルーンである。ろう者の家にホームステイさせてもらい、一カ月ものあいだ、連日連夜、手話を話して暮らした。このことで、まず言語の基本が叩きこまれた。前述のとおり、西・中部アフリカではこの手話が共通言語として広域的に用いられているため、近隣のフランス語圏の国ぐに、たとえばコートジボワールやベナンを訪れたときも、初対面であってもろう者の会話をほぼ理解することができた。はじめて訪れる国であっても、若干の方言と、その地域でのみ用いられる固有名詞（地名や人名の手話語彙）を学ぶことで、すぐに調査に入ることができた。

手話の公認を求めるアフリカのろう者

西・中部アフリカの国ぐにの政府は、まだ手話を国の言語として公認していない。それに関連して、ろう者たちの権利が十分に保障されていない状況がある。たとえば、コートジボワールには全国にろう学校が一校しかない（日本には約一〇〇校ある）。実態はまだあきらかにされていないが、とりわけ農村部に多くの不就学のろう児たちがおり、都市部のろう児たちも定員超過のために入学を何年も待たねばならない状況にある。また、中学校以上のろう教育は整備されておらず、耳が聞こえない生徒は普通学校に通うこととなるが、手話通訳の態勢が整っていない状態で授業を受けることは困難をともなう。

また、手話通訳にかんしては、政府や自治体がその関連の事業をおこなっていないため、キリスト教系のＮＧＯが聴者のための手話指導と通訳者育成に取り組んでいる。しかし、民間団体でできることは非常にかぎられており、手話通訳者の育成を政府が責任をもっておこなうことをろう者たちは切望している。ろう者たちが手話で教育を受け、働き、政治参加し、社会生活を営むためには、ろう者が話している手話が政府によって言語として公認され、関連の事業が整備されることが望ましい。そのように、ろう者たちは願っている。

ここで、手話の公認をめぐって問題となりうるのは、「どの手話を公式に認めるか」という点である。先に述べたように、世界には多くの種類の手話が分布している。とくに、アフリカには諸外国の手話をもたらして使おうと考える教育者たちがいる。アメリカ手話もかつてはそうした外来手話のひとつであったが、それはすでに土着化し、豊富な語彙と多くの話者をもつ、日常的にひろく用いられるアフリカの言語となった。一方、その手話使用をめぐる現状を軽視して、あらたにフランス手話やベルギー手話をもたらして教育に用いようという立場が存在している。

カメルーンやガボンなどいくつかの国ぐにでは、ろう者たちが話している手話の現状や言語的ニーズを無視して、ろう学校が新しい外来手話言語を拙速に導入した結果、ろう者たちの世代間で話す手話が異なってしまったり、人材がかぎられている手話通訳者たちがふたつの異なる手話を習得する負担を強いられたり、さまざまな問題が生じている。コートジボワールでは、計画的に新しい外来手話言語を導入するという話はまだ具体化していないものの、ろう者たちは「ほかの国の手話をあらたに導入するよりも、まず自分たちが実際に話している手話を公認してほしい」と切実に願っている。(5)

このような背景のもと、外から飛びこんできたのが、手話の調査をしたいと訪れた文化人類学者のわたしであった。

現地での盛り上がり

文化人類学的な調査をおこなう目的で、わたしはコートジボワールを訪れた。しかし、その訪問は、はじめから中立客観の営みではありえなかった。ろう者たちは政府やマジョリティに対するはたらきかけを進めようとしているが、その取り組みのなかで、手話の研究は大いに活用できる資源になるとみなされた。そして、わたしの訪問は、ろう者たちのそのような期待とともに歓迎された。むしろ期待されすぎて、怒濤の忙しさを体験する事態となった。

ここでわたしは、この状況を調査から切り離して無関係を装うのではなく、むしろそのような状況の渦中に飛びこんで、さまざまなアクションを組み合わせながら調査を遂行するという道を選んだ。

「手話の公認をめざしたい？　じゃあ、いっしょに調査して、あなたたちの手話のことを社会に知らしめよう」

現地のろう者たちに共同研究者となってもらうのがよいだろうと、手話の調査に関心をもつろう者たちに対する研修を企画した。何人かのろう者に集まってもらい、わたしは手話でレクチャーをはじめた。手話は音声言語とは異なる言語である。アフリカの手話を最もよく知っているのは、外来の研究者や聴者たちではなく、アフリカのろう者自身である。手話のなかにはさまざまなちがいがあり、いずれも文化として尊重するに値する。諸外国の手話辞典などに頼るのではなく、ここコートジボワールで話されているありのままのろう者の手話を観察することからはじめたい。このような、手話の現地調査にかかわる基本事項を説明した。

わたしの話が終わると、ろう者たちは堰を切ったように、おのおのの手話で思いを語りはじめた。わたしはすっと引っこんで、聞き手にまわる。一時間も二時間もつづくろう者たちのおしゃべりは、わたしにとって最良の勉強の機会となり、同時に、ろう者たちの夢がおのずと膨らんでいく創造的な時間ともなった。

「ろう者たちでチームをつくり、手話の本を作ろう」

「聞こえる人たちのなかにも理解者を増やし、調査のためのさらなる研修をしよう」

ろう者たちが思いを述べ合い、それが具体的な目標になっていった。諸外国の実態を見聞きしてきたわたしが、「そういえば、ほかの国では……」などと投げる軽い話題も、ろう者たちにとって刺激となった。こうして、手話によるろう者のための研修は、大いに盛り上がって終了した。

外まわりの仕事

「手話の研究を円滑に発足させるためには、周囲にもっと理解者がいたほうがいいよね」

このような話の流れで、ある日、わたしは思いつきを述べた。

「省庁や関連団体の幹部に会って、この話をしておくのはどう?」

それはいい考えだ! と意気投合したろう者たちとともに、現地の聴者たちに対する説得と啓発のアクションをはじめた。外国人研究者がろう者につきそって説明にやってくるということは、それ自体が大きな説得力をもつ事件となるようである。

政府の障害者福祉局を訪れ、手話の調査の必要性や、研究成果を教育や福祉事業のなかで活用することの重要さを説いた。障害者団体の幹部に会ったときは、ろう者当事者たちがその研究をおこなうことの必要性を話し、理解してもらった。

大学の言語学研究所の所長に会い、手話の調査に対する理解と協力を求めたところ、研究所の年次大会で研究発表をする機会を設けましょうとの提案を受けた。この国ではじめての、手話にかんする学術的な発表である。ろう者と手話が大学で存在感を示すチャンスを無にするわけにはいかず、原稿を用意して、ろう者とともに当日の発表に臨んだ。手話のことをまったく知らない聴者たち相手に啓発の手伝いをするというのも、お世話になっている研究者がはたせる役目なのだろう。

ろう者中心の手話の調査

ろう者たちに基本的な調査の心得と方法についての手ほどきをおこない、あいさつまわりを終え、後の作業をろう者たちにまかせて、わたしは一度帰国した。数カ月後に再度訪問したとき、九〇〇語近くの手話の語のイラストが完成している様子を見た。かれらは本気で手話の調査を進めているとの手応えを感じた。

さらに、わたしがかつて近隣の国であるカメルーンで制作した手話のDVD動画辞典を見せたところ、「わたしたちの国でもDVDを作りたい!」というアイディアが浮上した。さっそく協議し、DVDについても現地のろう者が中心になってビデオ撮影をしてもらうのがよいという結論となって、手話の語の撮影作業がはじまった(写真4-1・4-2)。わずかの期間に、約二八〇〇語の収録が進んだ。

収録が終わった週の土曜日、ろう学校を会場として調査の報告集会が開かれた。集まったのは約一八〇人、ほとんどがろう者であった。わたしは手話通訳を介さずに、みずからの手話で語りかけた。

「みなさんが手話ということばの権利を求めていくためには、いま、どんな手話を話しているのかをしっかり観察して、示していくことが必要です。そこで、手話辞典を作るための撮影をはじめました。ろう者が中心になって進めています」

写真4-1　手話の収録風景．現地のろう者たちとともに（コートジボワール，2010年8月）．

写真4-2　手話の収録スタッフ（コートジボワール，2010年8月）．

満場の拍手。ろう者の拍手は両手をパチパチと叩くのではなく、両手のひらをひらひらと宙に舞わせる「目で見る拍手」である。

わたしは、あくまでもひとりの研究者として調査をつづけている。そのことにかんして、ぶれは存在していない。しかし、現場における実際の営みは、言語的マイノリティに対する支援の色が濃くにじんだものである。それが実現できた鍵とは、まず相手の言語を徹底して叩きこんだこと、そして、それを惜しみなく多様なチャンネルで使いこなしてきたことであると考えている。

四　手話をめぐるアクションの類型

調査者であるわたしが、実際に手話にかんしておこなってきたアクションの数かずを、一〇のタイプに類型化して紹介してみよう。

①手話を研究対象とする

手話を研究対象とすることは、調査における本来的な位置づけのひとつである。ただし、手話という言語およびその言語集団であるろう者にかんする記載をおこなうこと自体が、一定の重要さを帯びたアクションである。たとえば、これまでのような「ボランティア・福祉」のイメージのみを再生産するのではなく、あわせて「言語・文化」領域のテーマでもあることを意識して紹介することは、社会啓発のうえで欠かせない。また、「言語」一般の概説をあつかう事典などが編集されるとき、「言語とは音声である」という通念にもとづいて手話にかんする記載が抜け落ちてしまうことのないよう、関係者に意見の具申をしたり、みずから執筆したりすることも大切である。

わたしのほか、手話にかかわる研究者たちの努力が次第に実り、現在では、言語、文化にまつわる複数の事典、辞典において、手話を人類の自然言語の一角に正当に位置づける記述が増えてきた［日本文化人類学会編 2009 ほか］。国立民族学博物館では、二〇一〇年の改装以降、「言語」一般の展示のなかに手話言語が含められたが、手話研究者たちが研究成果をもってこの改装に協力した。しばしばマイノリティの姿をかき消してしまうことがあるマジョリティの認識のバイアスを念頭に置きながら、研究成果を正当に学術界に紹介し、とりわけ事典や教材に反映させていくことは、少数言語にかかわる研究者における重要なアクションであろう。

②手話を調査手段として用いる

調査の使用言語として手話を用いることは、参与観察のなかで欠かせない。わたしは、まずカメルーンで手話を習得し、みずから用いはじめた。やがて、「ろう者に会うときは、一貫して手話話者となる」というルールをみずからに課し、手話通訳に依存しないこととした。はじめて訪れた地域で新しい手話に出会うときは困難もあり、また同じ手話のなかにも地域による方言などのちがいがあるが、そのようなヴァリエーションを貪欲に覚え、なるべくその地域の手話の集団に違和感なく溶け込めるよう努力をしている。

写真4-3　ろう者たちとともに開いた報告集会（コートジボワール，2010年8月）．

なお、わたしがろう者とともに手話で調査をおこなっているさなかに、事情を知らない現地の聴者が、音声言語の発話とともに割りこんでくるといったハプニングも生じる。そのようなときには、手話の会話に音声発話で割りこむことは控えていただきたいと、マナーを教示することがある［亀井 2009］。これはちょうど、かつてわたしが日本聾史学会においてふるまいを諌められたのと同様の、聴者におけるマナーの普及をおこなっていることになる。

③手話で研究成果の発信をおこなう

わたしは、手話で学会発表や講演をおこなってきた。先に、カメルーンでのセミナーで、手話による成果発表をおこなって好評を得た逸話を示した。これに勢いを得て、日本手話のみを使用言語とする日本聾史学会において、はじめて日本手話による発表に挑んだ。手話初学者としてとまどっていた初参加の大会から数えて、ちょうど五年後にはたしした達成であった。わたしとしては、ろう者に対し研究者としての姿勢を示そうとした機会であったが、発表の使用言語がろう者コミュニティにおけるわたしの評価にもかかわると知る機会となった。この後、各地のろう者団体からの講演依頼が舞い込むようになったのである。「みずから手話で講演できる研究者」という点が評価されたようであった。その後も、ガーナやナイジェリア、コートジボワールなどを調査で訪れるたびに、現地ろう者団体とともに講演行事を開催し、その土地の手話でろう者に対する成果公開をするようにしてきた（写真4−3）。研究者自身の手話の語りによる成果の開示は、手話通訳を介した音声での講演や、文字で書かれた文書での提示とは比較にならないほど、真摯に、好意的に、各地のろう者たちに受けとめてもらうことができた。

④ 手話通訳をする

わたしは、現地調査のなかで、手話通訳をおこなうことがある。参与観察調査の一環として、現地のろう者とともに生活を営み、日常的に会話や行動をともにしていると、手話を理解できない現地の聴者を交えて三者で話をする機会に出会う。こうした場面で「わたしは中立的な観察者であって手話通訳者ではないので、通訳はしない」という姿勢を貫いていたら、どうなることであろうか。手話と音声言語の両方の能力をもっているにもかかわらず、傍観者としてその場にいることは、コミュニケーションの断絶状況に困惑しているろう者や聴者に違和感をもたらすおそれがある。専業の通訳者としての立場と責任を負うものではないが、その場のコミュニケーションを円滑にする程度のボランタリーな通訳を買って出ることで、むしろ良質の参与観察をおこなってみようというくらいのかかわり方があってもよいであろう。

もっとも、これは関与の程度をみずから調整する必要もあるアクションである。ろう者が通訳を必要とする場面は無数に存在するため、それに忙殺されて調査を放棄するのは本末転倒であろう。場面の状況をみて、適切に役割を使い分けることも重要である。

偶発的な場面での通訳のほか、次に紹介するようなろう者の共同研究者とともにおこなうフォーマルな行事などでも、通訳を担当することがある。

⑤手話で教育や国際交流事業をおこなう

わたしにとっての手話とは、教育や国際交流などの事業をおこなう作業言語でもある。二〇〇八年、東京外国語大学アジア・アフリカ言語文化研究所で言語研修「フランス語圏アフリカ手話」が開催された。カメルーンのろう者の手話講師を東京に招聘して開催された、一〇〇時間の語学集中講義であるが、これを主任講師として担当した。習得の目的となる言語は西・中部アフリカでひろく話されているフランス語圏アフリカ手話であるが、一〇人の受講生のなかにはろう者も含まれており、日本語とあわせて日本手話を講義の教授言語として用いた。

この研修の教材として、約三三〇〇件の動画ファイルを含むDVD手話動画辞典と語学教科書をあらたに準備した［亀井編 2008; 亀井 2008］。これらも、手話を作業言語としてろう者と共同作業を進め、完成させたものであった。

また、同時期にJICA（国際協力機構）研修のために来日していたコートジボワールのろう者との懇談会の開催や、日本手話学会における招待講演など、言語研修に関連する国際交流事業にも、カメルーンのろう者とともにわたしも手話話者として、またときには、フランス語圏アフリカ手話と日本手話、日本語とのあいだの同時通訳者として関与した。

先に、コートジボワールでろう者に対する研修をおこなった事例を紹介したが、それもこのアクションの一例である。

⑥ 現地の聴者に対して手話にかんする啓発をおこなう

調査滞在中に、しばしば請われるかたちで、現地の手話学習者たちにアドバイスする役目を引き受けることがある。二〇〇八年、コートジボワールのろう者たちが集う教会で、現地の手話通訳者たちのための小懇談会が開かれた。「君みたいな人（わたしのような手話通訳の経験が長い聴者）のことを、この国の手話通訳者たちに見せたいと思った」と、発案したろう者団体の幹部に依頼され、手話学習者としてのマナーにかんする助言をした。このときも、わたしは小講演で音声言語ではなく手話を使うことを選び、手話学習中の聴者たちにも理解できるよう、平易なゆっくりめの手話で手話通訳者の卵たちに語りかけた。

写真4-4　障害者福祉局でのプレゼンテーション（コートジボワール，2010年3月）．

コートジボワールのろう者が手話の調査をして成果を発信しやすいように、政府関係者、大学の研究者、障害者団体幹部などを訪れてさまざまな情報提供をおこなったのは、このアクションに含まれるであろう（**写真4-4**）。

このほか、ろう者に対する偏見をもっていたり、手話通訳における倫理からの逸脱をくりかえしたりする、現地の耳が聞こえる学生、研究者、手話通訳者たちに対し、教育的な忠告や指導をしばしばおこなうことがあり、はなはだしいときには「叱る」というアクションに発展することもまれにある。

⑦ろう者との共同研究をおこない、手話で研究実務を進める

ろう者とのかかわりが深まると、ろう者を「研究対象」としてよりも、むしろ「共同研究者」と位置づけ、あるいは育成するという関係も生まれるようになる。コートジボワールでの取り組みは、その一例であった。

研究者が集まり、調査計画や予算などの研究関連業務の打ち合わせをおこなうとき、聴者どうしであれば音声言語でおこなうが、わたしはろう者の研究者とともに手話で打ち合わせをおこなうこともめずらしくなくなった。

二〇〇八年のコートジボワールでの調査では、現地のろう者のアシスタントとともに、手話とは別のテーマの調査をおこなう経験をした。つまり、手話がもはや研究対象ではなく、純然たる研究の作業言語となった事例である。相手のろう者は専門家としての研究者ではないが、その素質をもつ人材として調査の経験を積んでもらったことになり、ひろい意味で研究に貢献しうる人材の育成にかかわったともいえる。

⑧手話にかかわる研究者に調査倫理を提唱する

わたしは、これまでの経験をつうじて、研究者自身が手話を習得して使用することの重要性を知った(第二節)。それを自分が実践するだけでなく、ほかの研究者においても、手話調査をおこなう前にみずから手話を学習・使用するよう奨励している。手話が話せないまま手話の研究を進めることは、正確さに欠ける結果をもたらすばかりか、ろう者との信頼関係を損ない、当該の研究分野の振興を妨げる事態を招きかねない。このため、調査の前提として手話の語学力を身につけ、それを用いて研究に取り組み、また、手話で学会発表などの成果公開をおこなうことを勧める趣旨の論考を発表してきた[亀井 2006, 2009]。

アフリカ諸国で、現地の研究者やそれをめざす学生に会い、手話研究を進めるうえでのアドバイスを請われることがあった。わたしは、まず何よりも手話を覚えて自分で使う必要があると助言した。そういう姿勢をもつ聴者の研究者が増えれば、ろう者をとりまく研究の環境は次第に改善されていくであろうからである。

⑨学術行事での手話の使用を促進する

学会などの学術行事に手話通訳者を配置し、ろう者の研究者の参加を促進し、手話を学術の使用言語として認知する制度を構築していくためのはたらきかけをしている。二〇〇四年、わたしが所属する国際開発学会の大会にろう者が参加を希望し、手話通訳者の配置がはじめて学会執行部の課題となった。二〇〇五年、当事者であるろう者の会員と行動を合わせ、わたしは「ろう者の会員を迎えるにあたって」という意見書を学会のニューズレターに寄稿した［亀井 2005］。また、二〇〇六年の学会総会で、「ろう者が手話で学会発表したとき、理解できなくて困るのは聞こえる人たちです。手話通訳は「ろう者のためにある」のではなく、会員全員が受益者なのです」という趣旨の発言をおこなった。

学界が制度的に手話を使用言語として認知する態勢を整えることは、ろう者の研究者層を厚くし、公正な参加機会を守り、ひいては手話にかんする研究分野の振興に寄与するものと考えられる。傍観していたらろう者が学界から排除されたままになってしまうという看過できない実態に対し、手話を話す者のひとりとして、わたしがおこなったアクションの事例である。

⑩ 手話になかば帰属し、生活する

研究者としてのアクションの範囲をはるかに超えている可能性があるが、関連することとして、わたしは手話話者としての交友関係や信頼関係づくりに専心しつづけ、結果として、ろう者の妻とともに暮らすことを選んでいまにいたっている。相手は日本のろう者であるため、専門とするアフリカのろう者のコミュニティとの直接的なかかわりではない。ただし、家庭内の言語が手話になったことで、手話の世界は自宅の外で出会う外部の言語ではなく、自分が帰るべき内部の言語となった。つまり、わたしにとっての手話とは、学んだり調査で用いたりするのみならず、そこにみずからがなかば帰属し、それで生活する言語となっている。(6)

五　アクションの多様性から浮かぶ調査者の姿

アクションをつうじて見た少数言語の位置づけ

　これまでに見たように、さまざまなアクションをつうじたかかわりを取り結ぶようになったわたしにとって、手話という少数言語は、もはや研究対象や調査手段という域をはるかに超えた、重要な位置づけをともなったものとなっている。

　第一節で指摘したとおり、文化人類学における少数言語の位置づけは、一般的には以下の二項目であった。

①研究対象としての少数言語
②調査手段としての少数言語

この章で見たのは、さらに以下のように形容できる少数言語の位置づけであった。

③研究成果発信の手段としての少数言語
④通訳をする言語としての少数言語

⑤教育・国際交流事業の手段としての少数言語
⑥現地での啓発のテーマとしての少数言語
⑦研究実務の作業言語としての少数言語
⑧調査倫理提唱のテーマとしての少数言語
⑨学術行事での使用を促進する言語としての少数言語
⑩帰属先、生活手段としての少数言語

これは、わたしというひとりのフィールドワーカーが、そのときどきの必要性、関心、意欲などに誘われるかたちでおこなってきたアクションの実態をふりかえることで得られたリストである。フィールドワーカーと少数言語とのかかわりは、少なくとも、文化人類学の教科書における①と②にとどまらない豊かさを秘めている。

多様なアクションと関係の汎用性

ここで抽出したフィールドワーカーと少数言語の関係について、それがほかの多言語状況における問題に適用可能かどうか、その汎用性を二点に分けて検討しておきたい。

ひとつは、これらが「手話に特有の結果である可能性」にかんしてである。第一節で述べたとおり、ろう者は耳が聞こえないがゆえに、音声言語を習得・使用することがむずかしく、大言語への同化が困難な言語集団である。それゆえに、徹底して曖昧さを排し、異なる言語の共存の知恵をしぼることがどこまでも要請されるテーマであった。一方、音声の少数言語集団においては、耳が聞こえるという身体的な特性ゆえに、マイノリティが大言語へ同化していく道が選択肢として残されている。このようなちがいはあるものの、自律性をそなえた持続的な言語集団という点では手話の集団と状況を共有している。実際に、抽出された①〜⑩の各項目にかんして、音声の少数言語に適していないと思われる項目はなく、よりきびしい条件で検討された手話と音声言語の共存をめざす数かずのアクションは、ややゆるい条件下にある音声言語どうしの共存のためのアクションとしても援用が可能であることを示している。(7)

もうひとつは、「わたし個人に特有の結果である可能性」にかんしてである。たしかに「⑩なかば帰属し、生活する」(少数言語話者のひとりと日々の生活をともにする)というレベルにいたる深入りのしかたは汎用的とは言えないためにさておくとしても、③研究成果発信や、⑤教育・国際交流事業、⑦研究実務の作業言語などとして、自分が習得した少数言語を活用している先人たちの例を知っており、かならずしもわたし個人の特殊性に帰すべき結果とも言えないであろう。(8) ほかの調査者のフィールド経験を持ち寄ることで、少数言語にまつわるアクションのリストをいっそう豊かなものとし、調査者における関係構築の可能態の幅を拡充していくことができるのではないかと期待される。

研究と実践のあいだの往還

現場におけるフィールドワーカーのアクションの数かずは、しばしば状況依存的な個人的技芸であり、一般化して調査マニュアルとして提示することはむずかしい［武田・亀井編 2008］。ただし、そのとき、その場における課題に臨機応変に対処することは、調査者に対する少数言語話者たちの信頼を培うことに寄与してきたであろう。信頼関係の醸成は、参与観察調査を円滑にし、調査者がその言語の集まりの一員として語学力と観察力を向上させることにつながる。つまり、少数言語をめぐるアクションの数かずは、何よりもまず、フィールドワーカーの本来業務である調査を円滑に進めることにたしかに役に立っている。

一方、アクションは調査の円滑遂行のみを目的とし、結果としているわけではない。これらのアクションは、実際に諸問題の改善を促し、当該言語の話者たちの権利を擁護し、幸福追求に資するという実践的側面をもっている。このような問題解決が、「同じことばを話し、理解のある仲間」としての信頼関係の醸成につながり、いっそう調査が円滑になるというふうに、「実践」と「研究」を往還する正のフィードバックが生じる。さらには、少数言語に理解と関心をもつマジョリティの層を厚くすることにより、多言語問題の「共苦」の構図の両側の人びとに、ささやかなインパクトを与えることもできるであろう。

ひとりの調査者がひとつの言語を習得して使いこなせるようになるまでには、長い年月と多大な労力を要する。ただし、一度言語を習得すれば、その能力はひとえに民族誌を書く目的のみに使用されるものとはかぎらず、多様な活用のしかたが選択肢として浮上する。この「多機能性」こそが、ある言語の話者となりえたフィールドワーカーの強みであり、少数言語の話者たちとの信頼関係を強める利器となる。その強みをまず正視することを、わたしは提唱したい。

調査者の多機能性を活かして

少数言語を習得した調査者の多機能性を念頭に置きながら、フィールドワーカーの望ましい姿勢について検討したい。フィールドワーカーが現地でいかにふるまうべきかの全般的指針を述べることは、この章の紙幅を超える課題である。ただし、フィールドにおいて調査者は、前記のように「研究／実践」に明白に二分することが困難な、総体としての「現場への関与」をすることがしばしばである。その状況にあって、多大な労力と時間を要して少数言語の話し手となることができたフィールドワーカーが、多様な機能を十全に活かして良好で持続的な関係を維持することに挑まないことは、研究にとっても実践にとっても損失であると思われる。多様なアクションを媒介としつつ、もちえた能力と機会を現場への関与に用いることは、実践的でありつつ、フィールドワーカーをよりよい理解へと導く学術上の貢献にもなることを、わたしの経験から強調しておきたい。

「少数言語を習得した調査者がそなえた多機能性を、研究と実践の両面において有効に活かすことができる」という実態を直視し、個々人が望ましい関係構築のために能力を活用することを奨励して、もって少数言語とかかわるフィールドワーカーにおける望ましい姿勢の提唱としたい。そのような試みの積み重ねが、異なる言語が衝突する界面の両側で生じている「共苦」に向き合い、それらを双方に対して説明するだけでなく、軽減、除去することへとわたしたちを導く回路をつくることであろう(9)。

フィールドワーカーは、習得した言語を多くの場面で用いることが望ましいであろうし、ときには失敗も含めて、フィールドにおけるアクションの経験を開示しあうことも重要であろう(10)[亀井 2009]。この章では、わたしの経験にもとづく一〇項目を例示するにとどまったが、ほかの調査者の経験をも参照することによって、いっそうその機能の種類を増やしていくことができるはずである。文化人類学の教科書のフィールドワーク論を、選択肢に富んだ「厚い記述」へと誘うこともまた、この分野の振興のためにフィールドワーカーがなしうる重要な貢献ではないかと考えられる。

註

＊本章は、「少数言語とフィールドワーク――調査者のアクションと倫理の検討」(『九州人類学会報』第三六号、特集「アクションを待つフィールド」、九州人類学研究会、二〇〇九年、一四―二五頁)をもとに、大幅な加筆をおこなったものである。本書への収録にあたり、九州人類学研究会および特集担当の飯嶋秀治氏(九州大学)の許諾をいただいたことを謝意とともに記したい。

(1) 世界の言語にかんするデータベース *Ethnologue* (http://www.ethnologue.com) には、現存の六九〇九種類の言語が登録されている。そのうちの一三〇言語は、ろう者が話す手話言語である(最終アクセス日:二〇一二年一一月二七日)。

(2) 言語学は研究対象として少数言語をあつかうものの、かならずしも研究者がそれを習得するとはかぎらない。また、開発実務の領域においては、現地語を習得せずに英語などの大言語を作業言語とすることも少なくない。調査者自身に現地語の習得を課す文化人類学のスタイルは、フィールドワーク全般のなかでは強い要請の部類に入る。ただし、たとえば開発分野においても、現地の言語を理解できないとデメリットが生じることが指摘される［Nolan 2002＝2007］。

（3）　人工内耳などの医療技術により部分的に聴力を得て、音声言語への同化を選ぶろう者もいる。ただし現状では一般的ではなく、かつ、聴者と同等の聴力を得られる保証はない。多くのろう者は、手話話者として生きることを選んでいる。

（4）　もっとも、これらのうちアメリカ手話とガーナ手話とナイジェリア手話はルーツを同じくするきわめて似かよった言語である。また、フランス語圏アフリカ手話はアメリカ手話と共通する語彙を多くもつ。

（5）　フランス語圏アフリカ手話の公認をさまたげうる要因のひとつとして、各国の村むらを訪ねて少数のろう者が話している手話を「発見」し、それこそが真のアフリカ由来の手話であると紹介しようとする調査の存在がある。極端な場合、アフリカ都市部の多くのろう者たちが話している手話は、外来のアメリカ手話に「汚染」されたことばであり、言語的な抑圧の結果であるとすらみなされてしまう。この少数手話言語の調査がはらむ問題については、亀井［2011］でくわしくとりあげている。

（6）　わたしは聴者であり、音声言語も併用している。もっぱら手話を用いて暮らすろう者の立場とは異なるため、「手話の集団に帰属している」と断言することは控えた。ただし、軸足が大きく手話のなかに置かれているため、「なかば帰属する」という表現を用いている。

（7）　この逆は成り立たない。すなわち、少数音声言語のために考案された計画のなかには、ろう者にそのまま適用できないものがある。たとえば、教育による言語的な同化政策は、（是非はさておき）少数音声言語話者においては身体的に可能であるが、ろう者においては身体的に不可能である。

（8）　かつて拙著［亀井 2006］で調査法・調査倫理を紹介したところ、書評で「調査自体が、亀井氏以外の誰にもとても真似できるものではない。まずは亀井氏の調査態度とその労力に心より敬意を表したい」との評価を受けたことがある［金澤 2007：386］。肯定的な評価には感謝したいものの、わたし個人の特殊性によるものと読者が受けとめてしまった場合、わたしが提唱している調査方法・倫理の汎用性が下がってしまうため、「いたしかゆし」である。

(9) このような研究者の望ましいあり方を「倫理」というキーワードとともに議論しようと試みたことがある[日本手話学会編 2009]。「倫理」という語の受けとめ方には研究分野により温度差が存在することから、本章では使用を控えたものの、今後このテーマを検討していくうえでかかわりが深いキーワードであることを指摘しておく。

(10) 工学系の分野で取り組まれている「失敗学」を参照しつつ、わたしは「フィールドワークの失敗学」という試みを提唱している。フィールドワークにおいて「失敗」とみなされた事例を収集、分析し、その知見を共有することによって、フィールドワーカーがそれぞれの多様な調査環境において参照できる選択肢を拡充するというものである。日本文化人類学会課題研究懇談会「応答の人類学」は公開研究会「フィールドワークの失敗学」(二〇一二年一一月一〇日、東京外国語大学本郷サテライト)を開催し、その可能性について検討している。

III 調査と現場

当店は、6月30日をもって
休業させていただきます。
長い間のご愛顧ありがとうございました。
そうま農業協同組合　Aコープ飯舘店

避難指示をめぐる混乱の犠牲となった村（福島県飯舘村，2011年6月）.
避難を強いられる地域，とどまることを強いられる地域，
避難を「拒否」する人，とどまることを「拒否」する人，
帰還を強いられる人，帰還を「拒否」する人，帰還がかなわない人…….
大勢の人びとが心身を幾重にも引き裂かれながらの暮らしをつづけている.
撮影：安喜健人（新泉社編集部）

第5章

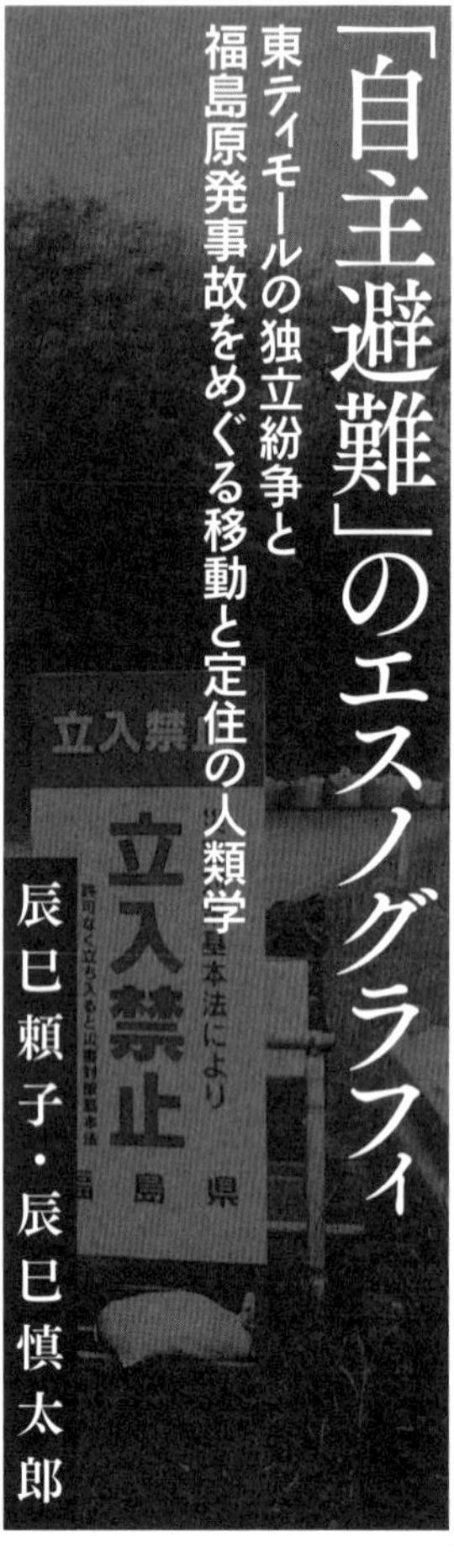

「自主避難」のエスノグラフィ

東ティモールの独立紛争と福島原発事故をめぐる移動と定住の人類学

辰巳頼子・辰巳慎太郎

「すべての難民が
ふるさとへ帰るその日まで
私たちは活動を続けます」
――国連UNHCR協会
［ACジャパン、二〇一一年度支援キャンペーンCM］

はじめに

フィールドワーカーは調査と名づけられた旅をする。そして何日か何週間か、幸運なときは何カ月か何年かの旅をして、フィールドワーカーは戻る。フィールドワーカーが戻る場所には、調査先で出会った人びとはいない。旅は終わった。フィールドワーカーは故郷に帰り、旅先で出会った人びとはあいかわらずの場所にとどまる。「移動するひと」と「とどまるひと」、それが一般的に考えられる「調査する者」と「調査される者」の関係だ。

しかし、本当にそうだろうか。旅をしているのは調査者だけではない。文化人類学を専門とするわたしたちは、これまでフィリピン、インドネシア、東ティモール、エジプト、パキスタンなどで短期、長期の調査をくりかえしてきた。そこでわたしたちが出会ったのは、土地で生まれ育ち、その文化を代表してくれそうな、地元に根づいたインフォーマント＝ネイティヴだけではなく、わたしたちと同じようにさまざまな場所を旅した人びとだった。

かれらの旅の理由はさまざまだが、調査研究などというわたしたちの旅の理由は、あきらかにのんきな部類に分類された。戦闘から逃げるためや生活のためにやむをえず移動する人たちもいれば、自分の人生を少しでも希望がもてるものにするために旅をする人もいた。そこには、あるときはややのんびりとした、しかしまたあるときはより深刻で、旅をするなんていう生やさしい言葉では語ることができない、移動をめぐる物語があった。そしてそのような移動の物語の延長には、「とどまること」すなわち定住への希望がつねに存在していた。

本稿は、そのような移動する人びとのなかから、東ティモール民主共和国の独立前後に起こった戦争からの避難、そして日本の原子力発電所事故からの避難を事例として、「自主避難者」と呼ばれた人びとに焦点をあてる。自主避難者とは、文字どおり、みずからの意思にもとづいて避難する人びとという意味であるが、福島第一原子力発電所事故においては、放射線被害の度合いが低いと国が判断した地域、すなわち避難指示区域外から避難した人びとを指す。ただしこの呼び方は、国や東京電力に損害賠償責任のない人びとという印象を与えることから、支援団体では「広域避難者」という呼称を用いている。東ティモールにおける自主避難者とは、強制的に移送された人びとではなく、かつ難民キャンプ以外の地で避難生活を送る、UNHCR(国連難民高等弁務官事務所)の主要な支援対象者ではない人びとを指す。

本稿は、東ティモールおよび日本の事例を比較し、それぞれの地域における避難の特徴をあらわすことを目的としているわけではない。また、地域を超えて避難する人びと一般にみられる特徴を割りだそうとしているわけでもない。本稿は、避難という非常事態を、人びとが営む日常の延長上に位置づけることを試みたい。

「避難」とは緊急的で一時的な行為であり、移動、ましてや定住とはまったく相いれないようにみえる。では、それを日常の文脈からとらえなおすとはどういうことか。たとえば移民についての研究を重ねる伊豫谷登士翁は、移動する人びとを見つけて「移民」と名づけ、その特徴を議論するだけではなく、現代を暮らす人びとの日常は移動と定住のくりかえしからなるという点から出発することの重要性を指摘する。そして、定住を「定常」と考える移動研究から脱却し、「場所から移動を問うのではなく移動から場所を問う」ことを主張した[伊豫谷編 2007]。避難という非日常の行為が、どのように移動と定住という人びとの日常とつながるのか。避難という状態をそのような観点から検討することによって、ある場所にとどまることとはどのような種類の行為なのかをよく分析することができるのではないかと考える。

一　移動と定住の人類学

移動する

ひと昔前までは、フィールドワーカーが調査先で出会う相手とは、その地域出身でそこにとどまっている人びとであるはずだった。インフォーマントとなる人びとはその土地で生まれ、その土地の文化を理解し、その土地の風習を代表するネイティヴであるはずだった。そのようなネイティヴに導かれ、フィールドワーカーは調査をする。しかし、調査する者とされる者のこのような「一般的な」関係は、人とモノとおカネが動く現代において、ほとんどみられなくなったか、そもそも存在してはいなかったのではないかと考えられるようになった。調査地で出会うインフォーマントが、じつは旅する人びとであり、しかも自分より熟達した旅人であるということが往々にして起こりうることは、すでにジェイムズ・クリフォードが『ルーツ』〔Clifford 1997＝2002〕で指摘している。クリフォードはアミターヴ・ゴーシュの『イマームとインド人』〔Ghosh 1986＝2000〕を引用し、インド出身でイギリスで教育を受けていた人類学者ゴーシュが、エジプトのある村での調査中、ネイティヴであるはずの人びとが熟達した旅人であることに圧倒される様子を紹介した。そして居住が生活の土台で旅は補足なのではなく、「旅がこれまでの枠組みから解放され、それ(を)複雑で広くゆきわたった人間の経験の一部」とみなすことを提案し、動かないことや動かない人びとを前提とした文化の描き方に疑問を呈した[Clifford 1997＝2002:11]。

フィールドワーカーが調査先で旅人に出会うことは、『ルーツ』から一五年以上が経ったいまではなおさらめずらしいことではないだろう。たとえばフィリピンを調査地にしていると、みずからが生まれた土地の文化の何たるかを体現しながら、移動文化の体現者でもあるようなインフォーマントに出会う。フィールドワーカーは、現地の文化についてだけではなく、移動とはどういう行為なのかということを、調査地の人びとから学ぶことになる。わたし(辰巳頼子)はカイロにおける調査の帰り道、カイロで出稼ぎ労働者として働いているフィリピン人男性と飛行機でとなりあわせた。ひととおりの自己紹介が終わった後、カイロで調査したフィリピン人の「文化的」行動について説明するわたしをさえぎり、かれは「つまりかれらは実践的(practical)だということにすぎない。君もそれがどういうことかわかるだろう」と言った。移動しながら生きるには、出身地の文化的社会的実践と新しい地でのそれをある程度相対化し、妥協しながら生活する。それをかれは実践的と呼び、異文化で暮らすことをなりわいとする人類学者であれば、そのくらいのことは調査しなくてもよくわかっているはずだと諭したのである。

では人びとはなぜ移動するのか。ガッサン・ハージの論文「存在論的移動のエスノグラフィ」[Hage 2005＝2007]を手がかりに考えてみる。かれはまず、一部の人類学者がおこなっている複数調査地での調査(マルチ・サイテッド・フィールドワーク)を、かれ自身も試した結果を報告しながら、それについて懐疑を示している。かれによると、人類学者がフォローできるレベルをはるかに超えて調査地の人びとの生活は複数地（マルチ・サイテッド）であり、その複雑なありようは、単に人類学者が複数地でのフィールドで調査をおこなっても十分分析できないという。つづけてハージは、調査地の人びとの移動を、「存在論的な移動」という概念から説明する。かれの調査地では、よい仕事を求めて移動してきた男性は、あまり生活の条件がよくないにもかかわらず、または故郷でも同じレベルの暮らしができそうであるにもかかわらず、その地にとどまる。その理由についてハージは、人は、はまるために移住するのではなく、はまっていると感じるから移住するのだという。ハージによると、現代を生きる人びとの移動とは、その先に社会的上昇が保証されるようにみえるからというよりは、ある場所にとどまってもどこにも行き場がなく、ゆっくりとしかものごとが進まないようにみえるから移動するのだという。物理的に移動すれば、自分は存在論的にも移動している、よりよい方向に移動していると思うことができる。つまり、すっかりはまってしまうことへの恐怖から場所を移動するのだという［Hage 2005＝2007:40–47］。この言葉は、移動と定住からなる現代のリアリティをよくあらわしているように思われる。ただし、現代が移動の時代だとはいっても、実際には地球の人口の二パーセントしか物理的な移動をしているわけではないと指摘されることもあり［Friedman 2002］、人びとの日常における物理的な移動の意味を過大に評価することはできない。ハージのいう「存在論的移動」への注目で重要なのは、問題は、実際に物理的な移動をするかどうかだけではないという点だ。実際、国際的な移動に際して、文化的断絶とも移住とも感じずに移動する人びともいる。ハージが指摘していることは、調査者が考えなければならないのは、どのような種類の移動（物理的か存在論的か）が、その人物の人生においてどのような意味をもつのか、というところである。

とどまる

しかしながら、人間はまた、物理的にも存在論的にもとどまりたいとも願うし、場所としても関係性をとってもとどまることこそが価値があるという文化もまた支配的である。たとえばフィールドワーカーは、調査地からの帰国を、いつかは迎えなければならない瞬間だと考えているだろう。長期フィールドワークの終わり(フィールドワーカーはこれを中断と主張したがる)は、とどまることのはじまりである。とどまること、その日本における一般的意味を考えるために、結婚を例にとってみよう。いまどき、「そろそろ年貢の納めどきだからな」というような言葉を使う人は、あまりいないかもしれない。しかし、現代の日本において、結婚はできればしたほうがいい、しなければいけない義務をはたすことであり、結婚相手を選ぶとは、しなければいけないことをだれとするのかを考えることである。それにはもちろん、なんらかのドラマ、ストーリーが付随していなければならないのではあるが。

日本の結婚を考えるうえで婚姻届はたいへん興味深い文書で、そこには「移動」と「とどまる」ことについてもはっきりとした特徴があらわれる。というのも、日本の婚姻届の骨子は、結婚する二人が本籍地と姓を決める、つまり場所と所属を決定することにあるからだ。日本では、姓は妻か夫の姓を選ぶことになっている。しかし本籍地にかんしては、妻か夫の本籍を選ぶのではなく、新しく設定するのである。姓の場合は、妻か夫の姓を選べるといっても大多数が夫の姓を選

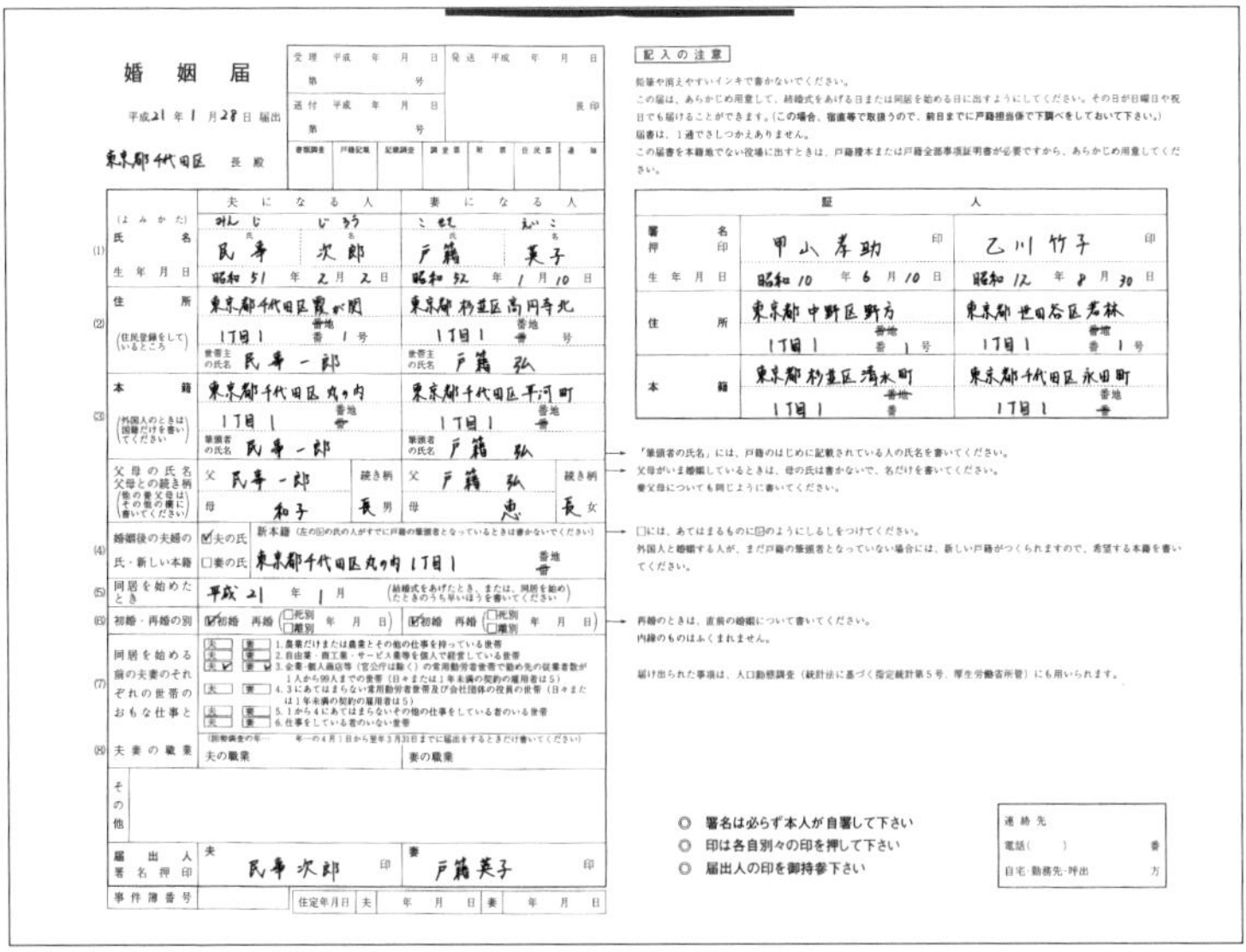

婚姻届

平成21年1月28日届出

東京都千代田区　長殿

受理　平成　年　月　日　第　号
送付　平成　年　月　日　第　号
発送　平成　年　月　日
長印

書類調査　戸籍記載　記載調査　調査票　附票　住民票　通知

	夫になる人	妻になる人
(1) (よみかた)	みんじ　じろう	こせき　えいこ
氏名	民事　次郎	戸籍　英子
生年月日	昭和51年2月2日	昭和52年1月10日
(2) 住所（住民登録をしているところ）	東京都千代田区霞が関 1丁目1番1号	東京都杉並区高円寺北 1丁目1番 号
世帯主の氏名	民事一郎	戸籍弘
(3) 本籍（外国人のときは国籍だけを書いてください）	東京都千代田区丸の内 1丁目1番	東京都千代田区平河町 1丁目1番
筆頭者の氏名	民事一郎	戸籍弘
父母の氏名・父母との続き柄（他の養父母はその他の欄に書いてください）	父　民事一郎　母　和子　続き柄　長男	父　戸籍弘　母　恵　続き柄　長女

(4) 婚姻後の夫婦の氏・新しい本籍　☑夫の氏　□妻の氏　新本籍（左の☑の氏の人がすでに戸籍の筆頭者となっているときは書かないでください）　東京都千代田区丸の内1丁目1番

(5) 同居を始めたとき　平成21年1月（結婚式をあげたとき、または、同居を始めたときのうち早いほうを書いてください）

(6) 初婚・再婚の別　夫：☑初婚　再婚（□死別　□離別　年　月　日）　妻：☑初婚　再婚（□死別　□離別　年　月　日）

(7) 同居を始める前の夫妻のそれぞれの世帯のおもな仕事と
1. 農業だけまたは農業とその他の仕事を持っている世帯
2. 自由業・商工業・サービス業等を個人で経営している世帯
3. 企業・個人商店等（官公庁は除く）の常用勤労者世帯で勤め先の従業者数が1人から99人までの世帯（日々または1年未満の契約の雇用者は5）（夫✓　妻✓）
4. 3にあてはまらない常用勤労者世帯及び会社団体の役員の世帯（日々または1年未満の契約の雇用者は5）
5. 1から4にあてはまらないその他の仕事をしている者のいる世帯
6. 仕事をしている者のいない世帯

(8) 夫妻の職業　（国勢調査の年…　年…の4月1日から翌年3月31日までに届出をするときだけ書いてください）　夫の職業　妻の職業

その他

届出人署名押印　夫　民事次郎　印　妻　戸籍英子　印

事件簿番号　住定年月日　夫　年　月　日　妻　年　月　日

記入の注意

鉛筆や消えやすいインキで書かないでください。

この届は、あらかじめ用意して、結婚式をあげる日または同居を始める日に出すようにしてください。その日が日曜日や祝日でも届けることができます。（この場合、宿直等で取扱うので、前日までに戸籍担当係で下調べをしておいて下さい。）

届書は、1通でさしつかえありません。

この届書を本籍地でない役場に出すときは、戸籍謄本または戸籍全部事項証明書が必要ですから、あらかじめ用意してください。

証人		
署名押印	甲山孝助　印	乙川竹子　印
生年月日	昭和10年6月10日	昭和12年8月30日
住所	東京都中野区野方 1丁目1番1号	東京都世田谷区若林 1丁目1番1号
本籍	東京都杉並区清水町 1丁目1番	東京都千代田区永田町 1丁目1番

「筆頭者の氏名」には、戸籍のはじめに記載されている人の氏名を書いてください。

父母がいま婚姻しているときは、母の氏は書かないで、名だけを書いてください。

養父母についても同じように書いてください。

□には、あてはまるものに☑のようにしるしをつけてください。
外国人と婚姻する人が、まだ戸籍の筆頭者となっていない場合には、新しい戸籍がつくられますので、希望する本籍を書いてください。


再婚のときは、直前の婚姻について書いてください。

内縁のものはふくまれません。


届け出られた事項は、人口動態調査（統計法に基づく指定統計第5号、厚生労働省所管）にも用いられます。

◎　署名は必らず本人が自署して下さい
◎　印は各自別々の印を押して下さい
◎　届出人の印を御持参下さい

連絡先
電話（　）　番
自宅・勤務先・呼出　方

図5–1　法務省による婚姻届の「記載要領・記載例」では，
婚姻後の姓は夫の姓，新しい本籍は夫の本籍を記載している．
出所：法務省ホームページ（http://www.moj.go.jp/content/000011716.pdf）

ぶのであるが、本籍地にかんしても夫の本籍地を選択する例が多いのだろうか（図5―1）。しかし、夫の本籍地といっても、夫自身は多くの場合、自分でその場所を選択したことはなく、本籍地であるということのほかにはほとんど縁のない場所という場合もありそうだ。最近は本籍地を竹島などに移す人びともいると聞くが、結婚の際になんらかの思い入れをもって本籍地を新しく設定するという例はあまり多数派ではなさそうである。本家／分家の関係などを実感することが少なくなっている時代に、本籍地は受けつがれていく。本籍地を設定しないと婚姻届は受理されないし、海外のある地点を本籍地として設定することもできない。日本のどこかに、将来はわからないが、ともかくある場所に、妻と夫、おそらく子どもたちも属すということを、婚姻届では宣言することになっているのだ。

　婚姻の宣言にあたり、姓という所属を決め、本籍地という場所を決めることに対して抵抗をもったり、なぜなのだろうと疑問に思ったりする人はそれほど多くはないようだ。男性にしてみると、自分の姓を存続させ、少しでもゆかりのある本籍地を継承することとは、いまだ有形無形に存続している、イエに対する男子の責任をはたすことになるからかもしれない。こうして、実態や実感はさほどなくとも、とどまるべき場所としてのイエが存続されていく。一方の女性の側からみると、多くの場合、婚姻届の提出は自分の姓を変え、本籍地を変えることになり、男性にくらべて躊躇があってもおかしくない。しかしそのような変化を、新しい所属の宣言、結婚した証明、新しい人生を踏みだすこと、幸せの証などと読みかえる文化的言説は、いまだ支配的であろうと考えられる。

所属と場所を決定することにはたしかに魅力があるようだ。なぜそんなに魅力的なのだろうか。それは、単純に「みんながする(べき)こと」であることに加え、そうすることはさまざまな意味での安定を要求し、またそれを意味しているからだ。たとえば長期フィールドワークからの帰還は、フィールドワーカーが「本来の場所」での自分の所属を決めていくことであり、それは、幸運な場合はどこかの研究機関に就職することをもって実現される。そこにはさまざまな妥協や調査地の人びとに対する名残惜しさがある。しかし、調査はいつでもくりかえせるのだと自分に言い聞かせ、幸運な場合、フィールドワーカーは就職し、金銭的、社会的な安定を手に入れる。結婚も同様である。永久就職という言葉がかつてあったように、結婚とは、(それがたとえつかのまであっても)精神面、金銭面での安定を要求し、それを保証するような契約でもある。安定を手に入れて人並みになることとは、往々にして成長とみなされてしまう。

さらに重要なのは、婚姻届を出すことと出さないことに差が生じていることである。婚姻届を出している人たちには扶養という制度があり、のちに子どもが生まれればその子どもの場所と所属も保証され、教育や福祉のさまざまな権利を遂行できることになるが、婚姻届を出していない人たちにはそれはない。婚姻を国家に報告することによって得られるこのような権利や恩恵は、国家によって管理されることとひきかえのものである。もちろん、多くの人びとは生を受けたときから国家の「臣民(subject)」として登録、管理され、それにともなう義務と権利を遂行している。婚姻届の提出はそれを再確認し、所属と場所を決めることによって、国民国家のなかの自分の持ち場を新しく設定することでもある。国家による支配や管理という観点からみると、それは国家によって管理されたいという欲望をもつ、または管理されたくないとは思わないという態度を個人が表明することでもある。

そう考えると、日本における結婚は、ハージのいう「はまってしまう」ことなのだろうか。たとえば、わたしたちの結婚式のとき、フィールドワーカーの大先輩にあたる人物から祝辞をいただいたが、それは「フィールドワーカーは結婚すると堕落する」というものだった。結婚するとどうしても安定し、また安定を望むことになる。だから旅や移動による自分の世界の相対化は二の次になる。それはフィールドワークの終焉を意味する。フィールドワーカーにとって最も大事なのは、現実に自分が属している場所とは別の場所と所属=調査地でも自分が存在できることであり、そのような移動生活を継続させることである。結婚すると、固定された所属と場所の意味が必要以上に重くなりすぎ、それに支配されすぎる人生になってしまうというのだ。この教訓は、結婚式の祝辞としてどの程度適切かどうかということはともかくとして、まったくもってそのとおりに聞こえる。しかし疑問なのは、現実にどこかに所属と場所を定めながら(この場合は結婚)、それに多くを支配されながらも、そこから自由になることはできるのではないかということだ。そして、もしクリフォードや伊豫谷のいうとおり、日常が移動と定住のくりかえしからなるのであれば、とどまることとはそもそも移動への延長上にあるのではないか。とどまりながらも移動することはできる。むしろそれこそが人びとが営む現実に近いのではないか。

わたしたちは、ここから、現代の人びとは移動ととどまるというふたつのことをくりかえすような日常を送っている、というクリフォードや伊豫谷らに一応は同意しながら議論する。ただし、移動と現代という時代のみを結びつけることはかならずしも正確ではないことも急いでつけ加えなければならない。たとえば網野善彦の仕事をみてみよう。網野は日本の「正史」が注目してこなかった、中世の職人、芸能民など、定住しない人びとに注目し、その移動性と移動の論理について描いた[網野 1996, 1997 ほか]。宮本常一は、漂泊民や旅をする人びとの生活をフィールドワークから描いた[宮本 1984 ほか]。網野や宮本は、見逃されてきた人びとの歴史として移動民に注目している。なぜ移動が見逃されるのかというところからは、国家が支配し管理をしやすい農耕民＝定住者を日本国民の代表者として正史を描く必要があったという背景があきらかになる。網野や宮本の描いた非定住的な生活は、日本に住んできた人びとの全体からは一部にすぎないといいうるが、しかし、そこからわたしたちは、移動も定住と同様に、歴史的に人びとの日常の一部であったことを読み解くことができるだろう。

避難する

さて、移動と定住を日常の一部であると考える視点からは、どのような世界がみえてくるだろうか。いよいよ本題である。これから紹介する東ティモールと日本の事例は、国家行政や支援者から「自主避難」と呼ばれた事例である。避難という行為はそもそも、ここまでとりあげてきたような移動や定住とは意味合いが異なるようである。避難は一時的であるし、移動という行為のなかでも、それ以外の選択肢がかぎられている際の移動であろう。生きるために、ほかにどうしようもなくて人は避難するとすれば、その行為を、たとえば結婚をめぐる選択肢——移動することとどまることにかんする欲望のせめぎ合い——とまったく同等に語ることには無理がある。

しかし先述したように、避難民とは一時的にそのように呼ばれても、移動と定住という近似項との関連を考慮しなければ理解できない。避難という異常な状態が、移動へと移行し、その後、人びとは移動と定住をくりかえす日常を生きるのであり、避難を、移動と定住という日常の文脈からまったく切り離すことは不自然なのである。

移動／定住と国家の管理との関係について、日本の結婚および網野善彦、宮本常一の移動民の事例をあげたが、「難民」もまた、国家による移動と定住の管理体制のなかで理解されてきた概念である。現代のような国際的な問題として難民が誕生するのは、一九世紀末から二〇世紀初頭にかけて、ヨーロッパ諸国が「国民国家（nation-state）」という装いを身につけ、「国民（nation）」が主権をもちはじめた時代と重なっている。国家による保護の対象が、「国籍（nationality）」をもつ「国民」

と認識されるようになり、このときより、だれが国籍を有する権利があるのかが議論の対象となりはじめた。二〇世紀以降の世界は、国家による統治管理とは無関係に、外国人が合法的に生存しうる空間がなくなってしまったことに特徴があるといってもよい。国際問題としての「難民」とは、まさに定住を基本とする「国民」が誕生するとともに誕生した国際的（international）な課題であった。

国家からの監視、注目を受け、移動と定住への欲望をもちながら、避難しなければならない、逃げなければならないという異常事態に人びとはどのように対応するのか。そのなかでどのように新しく安定や移動を生みだそうとするのか。避難という非常事態を、移動と定住という日常へつづくものとして考えることによって、ある場所に所属することの意味を問いなおしていくことができるのではないだろうか。

二　東ティモール独立における難民問題と自主避難者

第二次世界大戦後の西ヨーロッパ社会において、社会主義諸国からの大量の難民の受け入れのための国連機関としてスタートしたＵＮＨＣＲ（国連難民高等弁務官事務所：Office of the United Nations High Commissioner for Refugees）は、その後の第三世界への難民問題のひろがり、そして東西冷戦の終結とともに、「途上国」の紛争地における難民の緊急支援のための高い能力と専門性をもった組織として変貌を遂げていった。アフリカやアジアにおける内戦などにより周辺国に国境を越えて避難した人びとを、難民キャンプにおいて管理し、そして治安回復後に故郷へ速やかに送還すること――このUNHCRの政策は、「本国帰還支援（repatriation）」や「統合（integration）」と呼ばれる――が現在のUNHCRの主要な活動である。当初の難民保護の理念からは考えられないことだが、いまや「出身国に送り返す」ことが、UNHCRの人道的支援となったのである（図5-2）。

東ティモールの独立移行期においてもまた、多くの人びとが戦火を逃れてインドネシアに避難し、UNHCRが難民の支援に大きな役割をはたしていった。そしてUNHCRの活動は、インドネシア領における難民キャンプの支援と、東ティモールへの帰還促進支援だった。東ティモール難民にかんするUNHCRのプレスリリースや報告書では、難民キャンプでの慣れない暮らしと、人びとの故郷への想いを印象づける物語が多く伝えられた。とくに、インドネシア国軍の息がかかった反独立派武装グループが難民キャンプを支配し、東ティモール難民がいわばインドネシアの「人質」の状態であると市民団体をつうじて訴えられるなか、UNHCRの帰還促進支援は、人質＝難民の奪還作戦という意味をもつことになった。

図5-2　「故郷への帰還」を特集したUNHCRのニューズレター．表紙に用いられているのは，セバスチャン・サルガドの写真（季刊誌『難民』112号，UNHCR日本・韓国地域事務所，1998年）．

他方、難民キャンプではなく、親族関係のある村に避難した東ティモール出身者も少なくなかった。かれらは強制的に連れ去られたわけではなく、自身の意思で一時避難し、状況が落ち着いた後にはみずから故郷へと戻っていった。こうした「自主避難者」は、UNHCRの主要な支援対象者ではないため、支援の物語のなかでは語られることはない。以下、UNHCRの活動とその難民理解を示した後、わたしたちが調査をおこなった自主避難者の体験について紹介したい。

東ティモール難民問題の概要

開発独裁体制を三〇年以上にわたって維持してきたインドネシア共和国の第二代大統領スハルトは、一九九七年のアジア通貨危機の影響と学生たちの民主化運動の波に抗しきれず、一九九八年五月に辞任した。スハルトの辞任によって、副大統領から第三代インドネシア共和国大統領に昇任したユスフ・ハビビは、一九九九年一月、二四年間にわたり実効支配をつづけた東ティモールに対し、独立という選択肢を提示した。この独立という突然のオプションは、東ティモールの自決権と独立を求めて闘ってきたレジスタンスや国際的な市民運動のだれにとっても青天の霹靂だった。同年一月、国連と国際法上の主権をもつポルトガル、そしてインドネシアとのあいだで三者会議が開催され、インドネシア政府が提示する自治拡大案の受諾か、もしくは自治案の拒否、すなわち独立国家への道を選ぶかの住民投票を、同年八月に実施することがこのときに決定した。

これと並行して、東ティモール州では、インドネシア国軍の支援を受けた反独立派民兵組織が各地において結成され、独立派住民とのあいだに緊張が高まっていた。独立派と反独立派それぞれの支持を呼びかけるキャンペーンがくりひろげられるなか、反独立派民兵による脅迫行為もおこなわれ、殺害事件へといたるケースもあった。しかしながら、住民投票の監視をおこなう国連東ティモール監視団（UNAMET：United Nations Mission in East Timor）のもと、各地で和解のための話し合いが開催されるなどの努力があり、一見、平和裏に住民投票がおこなわれるかのようにみえた。

事実、一九九九年八月三〇日に実施された住民投票は、特別に大きな混乱も見られることなく、九八・六パーセントという高い投票率であった。しかしながら、独立派有利という状況が次第に判明するにつれ、反独立派民兵が不穏な動きを見せるようになり、住民は大きな混乱が起こるのではないかと不安に感じていた。

UNAMETは九月四日、「自治案拒否」すなわち独立支持が有効投票の七八・八パーセントに達する三三万四五八〇票、「自治案受入」すなわちインドネシアとの統合支持が九万四三八八票（二一・二パーセント）という結果を発表した。この投票結果が発表された同日夜より、各地において反独立派民兵による破壊行為がはじまった。ディリ（東ティモールの中心都市で独立後の首都）では九月五日にカトリック教会ディリ教区事務所が攻撃を受け、二五名が殺害されたのをはじめ、六日には当時約二千人の住民が避難していたノーベル平和賞受賞者のカルロス・シメネス・ベロ司教の私邸も襲撃にあい、インドネシア人権調査委員会の発表では七五名が殺害された。インドネシア領西ティモールとの国境近くの町スアイでは、教会に避難していた住民一三六名が「ラクサウル（Laksaur）」（タカの意）という反独立派民兵によって殺害され、同じく国境近くのマリアナという町で四七名が殺害されている。こうした反独立派民兵による攻撃によって一三〇〇から一五〇〇名の死者が発生し、東ティモール全域で七〇パーセント、ディリでは九〇パーセントの建物が破壊

写真5-1　東ティモール民主共和国独立後のインドネシア国境（2005年8月）.東ティモール側から撮影.

されたと報告されている。

投票結果が発表された九月四日からはじまった反独立派民兵による破壊および略奪行為は、戒厳令が宣告された九月七日以降さらにはげしさを増し、国際軍ＩＮＴＥＲＦＥＴ（International Forces East Timor）が上陸する九月二〇日までつづいた。住民は戦火を逃れるため、町から山間部、そして州境（**写真5-1**）を越えてティモール島西部へ避難した。ＵＮＨＣＲの推計によると、山間部などに避難した「国内避難民」、すなわち当時の東ティモール州内の避難民は約三〇万人、他方、州境を越えてティモール島西部へ避難した「難民」は、推計で二五万から三〇万人となっている。この二五万から三〇万人という難民数は、ＵＮＨＣＲの支援によって西ティモールから帰還した住民総数（およそ二二万人）、東ティモールの治安回復後も西ティモールに残っているとみられる人びと（およそ二万八千人）、そしてＵＮＨＣＲの支援を受けることなく（すなわち難民登録しておらず）自発的に帰還したか、西ティモールに分散してとどまっているとみられる人びとすべてを考慮した推計であった。

州境を越えてティモール島西部へ避難した難民は、単純に戦火から逃れるために避難した人びとも多いが、破壊・略奪行為の当事者であるため、報復をおそれて逃げた反独立派民兵やかれらとの関係の深い親族や住民も多く含まれていた。また、かれらによって強制的に連れ去られた独立派住民もいたことが、証言からあきらかになっている。どういった理由でティモール島西部へ移動したのか、それぞれの内訳にかんする正確なデータは現在にいたるまで不明である。

UNHCRの帰還支援プロジェクト

当時の状況を伝える新聞記事や人権団体が発信する記事は、ティモール島西部へ避難した住民の推計二五〜三〇万人のほとんどが、反独立派武装グループやインドネシア軍によって強制的に連れ去られた独立派系住民であると伝えていた。正確なデータが存在しない緊急時において、難民支援を実施するUNHCRは、ほとんどの難民がみずからの意思に反して強制移送された人びとであるという前提にもとづいて支援を開始した。UNHCRによる難民支援活動は、①大量の難民が帰還した初期（一九九九年一〇〜一二月）、②難民帰還数が急激に減少し、その数を維持しようとした中期（二〇〇〇年一〜九月）、③UNHCRスタッフが殺害されたことによる西ティモールからの撤退と和解プログラムの開始、という大きく三つの時期に分けることができる。以下、その時期区分にしたがい、難民支援活動の性格の変遷をみてみたい。

①大量の帰還難民への対処（一九九九年一〇〜一二月）

この時期には、INTERFETの到着によって暴力は鎮圧され、山間部に避難していた人びとも自分たちの村へ戻ると同時に、ティモール島西部に避難した住民も、大挙して東ティモールへと戻りはじめた。国連安全保障理事会決議によって設置が決まった東ティモール国連暫定行政機構(UNTAET:United Nations Transitional Administration in East Timor)は、一九九九年一〇月二五日より東ティモールにおける暫定行政を開始した。他方、UNHCRは、ティモール島西部における東ティモールからの避難民の支援をおこなうため、インドネシア政府と協定を結び、一九九九年一〇月からティモール島西部で難民キャンプが形成されたアタンブアやクパンなど各地域において緊急支援活動を開始した。

UNHCRが支援を開始した一九九九年一〇月の段階で、ティモール島西部では、東ティモールと境を接するベル県を中心に二〇〇カ所以上の難民キャンプが形成されていた。UNHCRは国際NGOや地元のカトリック教会と連携しながら、これらの難民キャンプにおける食糧、医療、テントや仮設住居などの緊急支援を開始した。

同時に、すでに帰還がはじまっていたなかで、UNHCRは大量の帰還民への支援を開始した。一九九九年一〇月八日、東ヌサトゥンガラ州の州都クパンからの空路による難民輸送を皮切りに、陸路や海路をつうじて、国連平和維持軍(PKF)や国際移住機関(IOM)から輸送手段の協力を得つつ、帰還支援事業を開始した。東ティモールでは五カ所に事務所、そして帰還民を最初に受け入れるトランジットセンターを北海岸ルートの州境の町バトゥガデと、南海岸ルートのスアイ、そしてディリの三カ所に設置した。トランジットセンターでは、帰還後に必要な住居建設のための資材などが世帯ごとに提供された。これらの帰還民たちの支援にかんしては国際NGOと連携しながら実施された[1]。

トランジットセンターの帰還者登録によると、ティモール島西部の東ティモール難民は、一九九九年一〇月から一二月までの最初の三カ月のあいだに、推定難民総数の約半数に相当する一二万六千人が東ティモールに帰還している。UNHCRが過去におこなった帰還支援事業では、初期段階は帰還者数がなかなか増加しないというのが一般的とされており、東ティモールの場合、初期段階での帰還者数が多いのが特徴的であった。この一二万六千人のうち、全体の六五パーセントに相当する約八万三千人がUNHCRの支援によるものであり[2]、残りの約四万三千人が自発的に戻った人びとである。この時期、平均して毎日約二三〇〇人が東ティモールへ戻っており、多いときには一日に六千人にものぼった。スアイの避難所では一九九九年一一月二〇日に一日だけで三九九六人を記録している。

② 難民「救出」作戦の開始からUNHCRスタッフ殺害事件まで

最初の三カ月で推定難民数の約半数が帰還したが、残りの半数はまだ難民キャンプを中心に残っていた。自発的に帰還した人びとの人数に注目してみると、最初の三カ月で四万三千人が帰還した一方、その後の二年半ではたった五五〇〇人にとどまっている。こうした帰還数の劇的変化から、二〇〇〇年一月以降のUNHCRの活動は、大量の帰還民にいかに対処するかという当初の活動の性格から、いかに難民の帰還を促進させるかという政策に大きく舵を切ることになった[EPAU 2004:17]。

ＵＮＨＣＲは、難民キャンプは反独立派民兵が支配しており、ティモール島西部にとどまる難民約一二万人の多くがそもそも「みずからの意思に反して連れ去られてきた人びと」で、キャンプにおいても「人質」のような立場に置かれているという理解をしていた。そしてキャンプには、騒乱の際に重大な人権侵害に関与した反独立派民兵とその親族、そして東ティモールに帰ると暴力を受けたり社会的差別を受けたりすることをおそれ帰還をためらっている反独立派系の住民が滞在していると理解していた。

そのような理解を前提に、ＵＮＨＣＲは、難民の東ティモールへの帰還を促進させるためにかなり強引な手段を選択することになった。ＵＮＨＣＲは、難民キャンプを支配する反独立派民兵に対し、ＵＮＨＣＲによる難民帰還支援にかんする情報を遮断し、難民キャンプにいる独立派住民とひそかに連絡を取り、ある日突然、キャンプにトラックで乗り込み、難民を飛び乗らせて東ティモールへ運ぶという方法をくりかえした。

ティモール島西部におけるＵＮＨＣＲの拠点であり、郊外に多数の難民キャンプがあったアタンブアにおいて、二〇〇〇年九月六日、ＵＮＨＣＲ事務所が反独立派民兵によって襲撃を受け、国連職員三名が殺害されるという事件が起きた。ＵＮＨＣＲの評価・政策分析部（ＥＰＡＵ：UNHCR Evaluation and Policy Analysis Unit）の評価レポートは、強引な帰還促進戦略が反独立派民兵との緊張関係を高め、この襲撃事件の引き金になったと指摘する［EPAU 2004:17］。その後、ＵＮＨＣＲは西ティモールからの一時撤退を決定し、国際ＮＧＯなどで働く国際スタッフも標的になる可能性があるとして、すべての援助関係者がこの事件によってティモール島西部からの撤退を余儀なくされた。

③「和解と再統合(Reconciliation and Reintegration)」プログラム

二〇〇〇年九月のUNHCR事務所襲撃事件以降、ティモール島西部における活動が不可能になったUNHCRは、難民の帰還促進のために、東ティモール側からの情報作戦に切り替えた。これはティモール島西部にとどまる難民のあいだで流布していた噂や誤情報に対抗するための措置であり、避難住民がたしかな情報にもとづいて将来を決定し、自由な選択を行使する手段を提供することを目的として実施された。ラジオ放送や新聞などをつうじて、社会再建の進む東ティモールの情報をティモール島西部の避難住民に届ける試みがなされた。

写真5-2 東ティモール民主共和国独立後の首都ディリ．白いトヨタのランドクルーザーは国連公用車の代名詞．独立後も変わらず，都市・地方問わずにあちこちで，「UN」のロゴの入った国連公用車が見られる．

この時期の活動のもうひとつの特徴として、和解のための会合の実施があげられる。UNHCRは各地域の共同体の指導者を西ティモールへ派遣し、反独立派指導者との会合の場を設けた。このような会合は、二〇〇一年一一月一日から二〇〇二年八月三一日までに八一回実施された。また、二〇〇二年四月と一一月には、東ティモールのバウカウ司教区のナシメント司教の仲介により、東ティモール第二の都市バウカウに反独立派指導者を招き、会合を実現している。こうした試みによって多くの元反独立派民兵の帰還が実現した。

この時期には、ティモール島西部で活動できないUNHCRに代わり、インドネシア政府の支援で難民は国境まで輸送され、そこからUNHCRがひきつぎ、それぞれの出身地まで送り届けられた。そうしたかたちであらたにこの時期に四万九千人が帰還している。UNHCRは二〇〇三年五月にすべてのミッションを終了し、推定難民数の九〇パーセントにあたる二二万五千人の帰還の支援をおこなったと発表、そして二万五千人がティモール島西部に残ったと報告した［EPAU 2004:20］。

以上、UNHCRの報告書にもとづき、一九九九年一〇月からはじまったUNHCRの難民支援を概観した。すでにあきらかなように、UNHCRの支援活動は、避難住民の東ティモールへの「帰還促進」をめざすことにあった。しかしその事業は、多数の難民の帰還を実現させた一方で、独立派民兵とのあいだで無用の緊張と対立を招いた点を外部から指摘された。実際、UNHCR事務所襲撃事件の前日、ベル県南部の村で、反独立派民兵組織「ラクサウル」のリーダー、オリビオ・メンドサ・モルクが何者かによって殺害されるという事件があった。この事件はUNHCRの活動とはまったく関連がないにもかかわらず、当時すでに緊張状態にあったUNHCRと反独立派民兵の関係性を背景として、オリビオの殺害に怒った仲間たちが、その矛先を西ティモールで活動する外国人へと向ける要因のひとつになったと考えられる。

UNHCRの帰還支援事業は、「難民の大多数がみずからの意思に反して連れ去られた」という前提のもとでおこなわれた。しかし、そのうちの独立派、反独立派がどの程度の割合だったのか、そしてどの程度、自分自身の意思に反した移動だったのかはいまだに判然としない。帰還した人びとの証言から、実際にみずからの意思に反して反独立派民兵とインドネシア国軍によって西ティモールに連れ去られた人びとがいることがわかった。ただし、全体の難民数のなかにどの程度の割合を占めていたかは現在にいたるまでわからないのである。

メディアや人権団体もUNHCRにならい、UNHCRが難民発生当初に発表した二五〜三〇万人という推計にもとづき難民数を約二七万人とし、そのほとんどがインドネシアの「人質」であるかのように伝えてきた。これは住民投票において、インドネシアとの統合を支持した住民が九万四千人と少数であったことに根拠を置いている。しかしながら、この根拠は、投票権をもたない子どもの数を考慮していない。EPAUは、仮に各投票者に二人ずつ子どもがいると仮定した場合、それだけで二七万人という数字を超えてしまう、としている[EPAU 2004:34]。

先述したように、初期の段階で難民の多くは東ティモールに戻っていった。実際には独立支持の住民でティモール島西部へ避難していた人びとの大半は、最初の数カ月のあいだに東ティモールに戻っていたという可能性も考えられる。その場合、中期以降に難民キャンプに残った人びとのうち、反独立派の「人質」であった人数は、UNHCRの想定よりもかなり少ないものになってしまう。もうひとつ考慮しなければならないのは、統合を支持したなかで西ティモールへ避難せず東ティモールにとどまった人びとの数も少なくはなかったという可能性である。これらの可能性を考慮すると、難民帰還支援事業の前提そのものが根本的に崩れることになる。実際、UNHCRのある上級職員は、「自分自身の意思に反して連れ去られた」難民数を過大に見積もっていたとの見解を示している[EPAU 2004:51]。

難民の「本国帰還促進」を最重要課題と位置づけたUNHCRは、東ティモール難民の帰還が思うように進まないことに焦りを感じていた。帰還が進まない要因として反独立派による妨害があると考えたUNHCRは、まるで難民キャンプにいる人びとを「奪い去る」かたちで東ティモール側へと移送する行動に出た。このUNHCRの方針が、反独立派とUNHCRの関係を悪化させ、UNHCR職員が惨殺されるという悲劇につながっただけでなく、難民支援の中断を招き、長期化する要因ともなった。

「自主避難」の語り――スアイの人びとの移動と定住から

さて、フィールドワーカーが注目すべきは、実際、人びとがどのように避難／移動したのかである。先述したように、難民全体に対してどの程度の割合を占めていたのかはともかく、みずからの意思に反して反独立派民兵と国軍によって西ティモールに連れ去られた人びとの物語は、メディアなどでもとりあげられてきた。ここでは、どのような暴力があり、どのような選択があり、避難があったのか、より詳細に迫ってみたい。そのなかには、おそらくフィールドワーカーだけが耳にすることができるような避難の語りがあるのかもしれないからである。

わたし(辰巳慎太郎)は、現在の東ティモール民主共和国コバリマ県スアイ郡のスアイロロ村で、二〇〇三年から調査をおこなってきた(写真5-3)。ここでは、この村の人びとに焦点をあて、その「難民」としての経験を地域の歴史をふまえながら理解することを試みる。

一九九九年九月の騒乱によって、村民二千人のほとんどが、反独立派民兵による襲撃を避けるため村から離れ、その多くが当時は州境であった「国境」を越えてインドネシア領西ティモールへと避難した。ただし、かれらの多くは難民キャンプをめざしたのではなく、血縁関係のある村へ避難した。避難先の村は、二〇世紀初頭の対ポルトガル戦争、そして日本軍侵攻の際に避難してきた人びとによってつくられた移住村であった。こうした移住村は、インドネシア領西ティモールの各地に見られ、国境に近いスアイの人びとだけでなく、東ティモールの内陸や東部出身者によってつくられた村も多数存在する。

写真5-3 コバリマ県スアイロロ村.

インドネシア領におけるスアイの人びとの移住村は、筆者が知りうるかぎり六集落ある。さらに内陸のライメアという地域の人びとの集落が一カ所、そして北海岸のリキサの人びとの移住村が一カ所も、同一地域の周辺に確認された。どうやらそのほかにも東ティモール出身者の集落が存在するようである。これらの移住村すべてが、かつてティモール島中央南部で栄華を誇ったウェハリという国の聖域に隣接した地域に形成されているのである。

なぜ、現在はインドネシア領となった旧ウェハリ王国の中心に、東ティモール出身者の村が多数形成されているのだろうか。それは儀礼的中心としてのウェハリの意味と、ルリック（Lulik）と呼ばれる共同体に伝わる財の移動と関係している。ルリックとは、テトゥン語で霊的なものや、「忌避すべき（taboo）」といった多義的な意味をもつ概念であるが、ここでは華人やポルトガル人との交易によって手に入れた磁器や装飾品、また宣教師からの贈り物である十字架や聖書など先祖から代々伝わる財を意味する。そして共同体において、単に値打ちのあるものというだけでなく、外部の者には譲渡不可能な祖霊を宿した神聖なる呪物であり、祖先崇拝と共同体の象徴として重要な意味をもっている。

スアイの人びとは、過去に戦争が起こるたびに、みずからが避難するだけでなく、共同体を守る祖霊の象徴であるルリックをともにウェハリへと運び、長いあいだその地で祀ってきた。一九九九年の騒乱においても、ルリックが盗まれないようにウェハリの地へ運ぶことは共同体の長老たちにとって最優先事項であった（写真5-4）。

スアイは、一九九九年の騒乱において最も被害の多かった地域のひとつである。一九九八年末から一九九九年にかけて誕生した反独立派民兵組織「マヒディ（MAHIDI：Mati Hidup Demi Integrasi）」（統合のために生命をかける）と「ラクサウル（Laksaur）」（タカ）はコバリマ県を中心に活動していた。とくに、スアイで結成されたラクサウルにはスアイロロ村の若者も多くリクルートされた。騒乱の際にはスアイの中心部だけでなくスアイロロ村の多くも被害にあい、ファウルリック[3]の祭祀家屋も含め、伝統的な慣習家屋のほとんどが焼かれてしまった。

スアイにおいて反独立派民兵が引き起こした出来事のなかで最も凄惨なものは、スアイ教会に

写真5-4
葬儀の進行について協議する村の長老たち．
1999年の騒乱の際にも長老たちは協議のうえ，ルリックをインドネシア領へと一時避難させた．

写真5-5
女性たちが墓に供えるブーゲンヴィリアの花飾りをつくる．

表5-1　コバリマ県における難民帰還者数の推移

帰還先（郡）	1999年	2000年			2001年	計（人）
	9–12月	1–4月	5–8月	9–12月	1–4月	
ファトゥルリック	27	19	59	0	31	136
ファトゥメアン	51	14	0	198	5	268
フォホレン	661	35	0	2	61	759
マウカタル	1,000	14	249	1	139	1,403
スアイ	10,301	1,142	362	113	1,076	12,994
ティロマル	3,402	240	21	256	388	4,307
ズマライ	6,650	143	800	0	79	7,672
不明	1,430	–	–	–	–	1,430
計	23,522	1,607	1,491	570	1,779	28,969

出所：UNTAET Covalima District Profile をもとに筆者作成.

おける虐殺事件である。ラクサウルのメンバーは九月六日、教会を襲撃し、そこに避難していた住民一三六名を無差別に殺害した。このとき、教会の司祭三名も同時に殺害された。背後にはインドネシア国軍の存在が指摘されている。

この事件と前後し、反独立派民兵による破壊や暴力から逃れるため、多くの人びとがインドネシア領西ティモールへ避難しはじめた。老人と女性、子どもが多く、若い男は西ティモールには逃げずに森のなかに隠れたという。

同年九月末にスアイの海岸に多国籍軍(4)が上陸すると、反独立派民兵らもまた、インドネシア領西ティモールへと逃げた。他方、多国籍軍が事態を掌握しはじめると、避難していた住民は次第にスアイへと戻った。コバリマ県全体では二〇〇一年四月までに人口約四万六千人のうちの二万九千人が、スアイ郡に限定すると人口一万六千人のうち一万三千人が帰還している（表5-1）。その大半が一九九九年中に出身村に戻っており、以降は大統領選挙、そして独立の二〇〇二年五月直前に帰還者数が若干増えている以外、住民の移動はほとんどみられない。少なく見積もっても、スアイ郡だけで二千人程度はインドネシア側にとどまることを選択したとみられる。

では、村では住民はどのように行動していたのだろうか。聞き取りによると、スアイで多くの人びとが殺害されたという情報はすぐに村にも届き、多くの住民が西側に避難することを決めた。若者たちは森のなかへ逃げ、女性や子ども、老人は親戚を頼って西ティモールへ避難することになった。以下は村の女性の話である。

兄のひとりがトラックを借りてきて、わたしたちは九月八日に両親とそのほかの人びとといっしょに避難しました。まとまって行くよりも分かれて出発したほうが安全だと考え、二人の子どもと夫が先に逃げ、わたしは残って荷物をまとめてから逃げました。カレテ村では親戚の家に一カ月ほど暮らしていました。わたしの子どもと親戚の子どもがあまり仲良くできなかったので、その後、ベトゥンのソロ難民キャンプに移りました。難民キャンプの仮設住宅は五×六メートルの広さで、ベニヤ板とトタン屋根の簡単なもので、そこで二〇〇一年一二月まで家族六人で暮らしました。スアイに戻るときはUNHCRのトラックで国境のトランジットセンターまで行き、そこで東ティモール側のトラックに乗りかえました。新しい家を建てるための木材やセメントなどの資材は東ティモールで買うと高いので、インドネシアで購入して持ち帰りました[筆者によるインタビュー]。

彼女の家族は最初に血縁関係のある西ティモールのカレテ村に一時期避難し、途中で難民キャンプに移っている。このような例が聞き取りのなかに多くみられた。移る理由は親戚との折り合いが悪いという場合もあるが、たいていは村落に避難している東ティモール難民に支援物資がまわることはほとんどなく、難民キャンプに滞在したほうが食糧などの支援が豊富であることがおもな理由であった。

この聞き取りの女性は夫と子どもを先に出発させ、みずからは荷づくりをしてから避難している。これは彼女の夫の出身地が西ティモールであり、母系出自・妻方居住の南テトゥン社会では妻方に財産などを守る義務と権利があるためである。しかし、夫婦ともスアイロロ村の人間である場合、女性や子ども、老人を先に避難させて男が残り、親族の荷物をまとめるのが通例である。親族の男性はとくにルリックを運ぶ役割も担っていた。男性は次のように避難の体験を語った。

ラクサウルが教会を襲撃して多くの人が殺されたのを聞き、近いうちにスアイロロにもかれらが襲撃してくるという噂が流れ、だれもが西へ逃げる準備をはじめました。(九月)九日に妻を先にほかの家族と避難させ、わたしはルリックを運ぶ準備のために残りました。二二歳と一八歳の息子は森へ隠れ最後まで残っていました。われわれはお金を出しあってトラックを用意し、ルリックをカレテ村に運びました。多国籍軍が上陸したことを聞き、戻ってきたとき、ウマ・ルリック(5)も家もすべて焼かれて灰になっていました[筆者によるインタビュー]。

ファウルリックの祭祀家屋に保管されていたルリックは、ウェハリの地へ移転されたが、事態が落ち着くとすぐにスアイロロに戻された。祭祀家屋は焼かれていたが、二〇〇二年に再建され、盛大な式典がおこなわれ、ルリックは無事にふたたび納められることになった。このようなルリックの移動はしかし、今回がはじめてではない。実際、スアイロロ村の住民は、ルリックに危機が訪れると、それをウェハリに移動し、あるときはそれを戻し、あるときは長期間そのままにしてきた。そのような移動の歴史をポルトガルの侵攻にまでさかのぼりながらふりかえってみよう。

写真5-6 結婚式に出席する長老たち.

ポルトガルは一九世紀後半から植民地支配を強めてきた。植民地政府の締めつけの強化、とくに一九〇六年の人頭税の導入は、ティモール各地の王の反発を招き、各地で反乱が起こった。なかでも最大の反乱は一九一一年にマヌファヒの王、ドン・ボアベントゥラが率いた反植民地戦争である。各地の王がこれに参加したため、戦争は全土にひろがった。最終的にボアベントゥラはポルトガル軍に捕らえられてディリ沖合のアタウロ島へ送られ、そこで亡くなった。この戦争でティモール人側は三四二四人の死者、一万二五六七人の負傷者を出したとの記録がある[松野 2002:14]。このマヌファヒ戦争の制圧によって、ポルトガルは東ティモールにおける支配を確立したといわれている。

マヌファヒ戦争の敗北によって、これまでポルトガルの脅威を感じることのなかったスアイも、いよいよポルトガル植民地下に組みこまれようとしていた。スアイの長老たちによると、スアイの王は平野部全域に影響力をもっていたが、ポルトガルの平定によって政治権力を失うことになった。沖合にポルトガルの軍艦があらわれたのを見たスアイの人びとの多くが、西部の同盟国ウェハリの地へと逃げた。ただし、スアイを含むコバリマ地区がポルトガル植民地行政に組みこまれ、事態が次第に落ち着きはじめると、西ティモールのウェハリに避難していた人びともほとんどがスアイへ戻った。しかし、日本軍が侵攻した一九四二年、スアイの人びとはふたたびウェハリへと避難し、このときは多くの人びとがそのままウェハリに残り定住することを選択している。

日本軍は一九四二年二月一九日にティモールに上陸した。当時のことを記憶する長老のひとりジョアン・ナハックは、ルリックの力のおかげでスアイは日本軍による攻撃の被害をまったく受けなかったと証言する。

日本軍が沖合から砲撃し、二発の砲弾が村のどまんなかに落ちたが、ルリックの力で何も被害を受けることがなかった。最初の砲弾は、ファウルリック神殿のすぐそばに落ちたが、転がっただけだった。二発目はサッカー場の西側に落ちたが、泥のなかに落ちた椰子《やし》の実のようになにごとも起こらなかった。死者はひとりもいないどころか、壊れた家も何もなかった。われわれはファウルリック神殿へと走り、ナイ・マロマック[6]とイエス・キリストに祈りを捧げた[Nahak 1989:56]。

ここでのルリックとは、共同体を外来者による攻撃から守る祖霊のことであり、具体的には祭祀家屋であるウマ・ルリックに保管されている先祖代々伝わる品物を示している。ファウルリックの守護者である長老たちにルリックについて尋ねると、それは金銀の装飾品、織物、旗、本などであると聞かされた。

ルリックは、日本軍による攻撃からスアイを守ったものの、日本軍による占領後、ルリックが奪われることをおそれた長老たちは、ルリックをウェハリの地へと移すことを決定した。ルリックを納めた白い木箱は一九四二年九月一七日、七人のルリックの守護者であるカトゥアスとその親族によってウェハリへと運ばれた。当時のウェハリの王、エドゥムンドゥス・ブリア・タエクは、かれらにウェハリにとどまることを許した。かれらは最終的にカレテという地にとどまることを決めた。

以上のように、マヌファヒ戦争の際には、事態が落ち着いた後にほとんどの人びとがスアイに戻ってきたが、日本軍侵攻時に避難した者たちはルリックとともにウェハリにそのまま定住することになった。次に多くの人びとがウェハリに避難したのは、一九七五年の内戦とそれにつづくインドネシア軍侵攻のときである。一九七四年から一九七五年にかけて、多くの人びとの支持を集めていたのは即時独立を掲げた左派民族主義政党フレテリンであり、それにポルトガルとのゆるやかな連邦制を提唱するUDTがつづいていた。他方、インドネシア共和国との統合を提唱した政党アポデティは少数派であった。次第に政党間の対立が激化した一九七五年、アポデティ党員と支持者の多くがインドネシア領西ティモールへ避難した。

ポルトガル領ティモールがインドネシア共和国の「東ティモール州」となり、カレテ村のスアイの人びとは、ルリックをスアイの村に戻すことを話し合いはじめた。カレテ村においてルリックを保持するのはあくまで一時的なことであり、ルリックは本来あるべき場所に戻さなければならないということは、スアイの村、カレテ村双方の長老たちに共通した見解であった。

ルリックを守る長老たちは一九八二年七月二〇日、ベトゥン教会のエドゥムンドゥス・ナハック神父、そのほかの長老やダト、そしてベトゥン教区長、政府関係者を招き、ルリックをスアイへ戻すための協議を開始した。以来、一九八三年一〇月まで何度も協議がおこなわれ、そして一九八三年一一月はじめ、ベル県知事はルリックのスアイ返還にともなう住民の移動を認め、同年一一月一〇日、四〇年ぶりにルリックはスアイに戻ることになった。スアイ側の村ではルリックの帰還を盛大に祝い、村の入り口で歓迎の踊りとともにルリックを迎えた。

以上、村の長老の話をもとに、村民の避難の歴史を構成してきた。その歴史はルリックの移動としての歴史でもあった。外部からの危機が訪れるたびに人びとは同盟村、親族村であるウェハ

表5-2　スアイの人びとのウェハリへの避難および定住化とルリックの動き

時　期	人びとの避難とルリックの動き
マヌファヒ戦争後（1912年～）	ウェハリへ避難し，ほとんどがふたたびスアイに戻る．
日本軍侵攻（1942年）	ルリックとともにウェハリへ避難し定住化（カレテ村）．
1983年	ファウルリックのルリックがスアイに戻される．
1999年騒乱	ルリックとともにカレテ村に避難． 事態が落ち着いた後でスアイに戻り，焼かれた神殿を再建．

出所：聞き取りをもとに筆者作成．

リへ避難し、あるときは長く滞在し、あるときはすぐに帰村した。それは親族の宝物とともに移動し定住する物語であり、今回の独立運動においても同じような避難、移動、定住のあり方が模索された。また、村民の語り方からは、ルリックをもとにした避難をおこないながらも、必要に応じては難民キャンプに滞在するといった避難のあり方も示唆された。

移動と定住をくりかえすスアイの人びとの生活においては、歴史的な「ひとつの」避難のかたちとして、今回の難民としての移動があったと読みとることもできるだろう。しかし、わたしたちはここで、このような事例をもとに、これこそが東ティモール難民の本質的な性格であったという主張をしたいわけではない。そもそも想定と実際の現実には相違があってしかるべきであるし、移動の性格がさまざまな要因によるものである以上、どちらが何人多かったかという議論は無意味である。それよりも、スアイでおこなったような聞き取りがあきらかにする事例とUNHCRの難民理解との相違に対して、なぜUNHCRが、多くの難民は奪還すべき人質という前提と立場しか取りえなかったのか、を検討するほうが建設的であろう。

ＵＮＨＣＲの難民理解は、マルッキが指摘するように、「ものごとの国民的秩序（National Order of the Things）」と「定住主義バイアス」にもとづいている［Malkki 1995］。第一に、ＵＮＨＣＲにとって、東ティモール難民とはすなわち「インドネシア」の暴力の被害者としての「東ティモール人」であるため、難民はそのインドネシアから「保護」すべき対象であった。第二に、その東ティモール人は出身国である東ティモールへ戻りたがっているはずだった。実際には、ティモール社会において「国境」を意識するのは東ティモールの独立がはじめてのことであり、ここで示したように、東西国境をはさんで親族関係のつながりのある人びとは多く、人びとにとって避難先はなじみのある土地であった。東ティモールの独立にともなう自主避難者の視点は、東西ティモールにおける国境の自明性を問いなおす視点を提供してくれるものでもあった。

三　福島第一原発事故における行政支援と自主避難者

ここからは、わたしたち（辰巳頼子・辰巳慎太郎）が調査をはじめている、二〇一一年三月に起きた東京電力福島第一原子力発電所事故にともなう自主避難者に焦点をあてる。筆者らはほかの研究者とともに、同年五月から六月末までのあいだ、旧グランドプリンスホテル赤坂避難所（以下、旧赤プリ避難所）での質問紙調査およびインタビュー調査をおこなった[7]。避難所における調査のためさまざまな制約があったが、質問紙を二九八部配布し、七〇世帯から回答を得ることができ、聞き取り調査は一二件実施した。旧赤プリ避難所には、国からの避難指示が出されている地域以外の場所からの避難者、すなわち「自主避難者」が多くいたため、そのような避難者、とくに子どもを連れて都内に避難してきた母子避難者に焦点をあてた調査をおこなった。また、旧赤プリ避難所閉鎖後の継続調査と、新しく都内へ避難してきた人びとあわせて一五人に対して、継続的に面会、聞き取りをつづけている段階である。二〇一二年四月からは他県における母子避難者を視野に入れながらの調査も開始し、今後も避難の実態調査、聞き取り調査をつづけていく予定である。このような現在進行形の調査だが、本稿では、主題である「移動と定住」という観点から、現在までの調査結果の一部を発表したい。第一には、事故直後の子どもを連れての避難がどのようにはじまり、それをどのように経験したのか、第二に、その後避難生活がつづくなかでどのような考えをもち、それをどのように語っているのかについて、あきらかにしていきたい。

避難の概要――直接避難者と自主避難者

二〇一一年三月一一日、東日本全域を襲った東北地方太平洋沖地震は多くの人びとの家屋を倒壊させ、その後起こった大津波は家屋をのみこみ、東北地方および関東地方の太平洋沿岸部各地に壊滅的な被害をもたらし、多くの人びとが避難を強いられた。とりわけ宮城県、岩手県はそれぞれ多数の死者・行方不明者を出した。

さらに地震と津波に襲われた東京電力福島第一原子力発電所では、外部電源が途絶するなかでメルトダウンにいたり、相次ぐ爆発などによって大量の放射性物質が広範囲に流出するという重大な原子力事故が起きた。総理大臣命令による周辺住民への避難指示は、三月一二日の夜には福島第一原発より半径二〇キロメートル圏にまで拡大され、その後、四月二二日からは半径二〇キロ圏が警戒区域として立ち入りが禁じられ(写真5-7・5-8)、二〇〜三〇キロ圏内およびその周辺の一部地域は、緊急時避難準備区域(国による避難指示の対象外、九月三〇日に解除)あるいは計画的避難区域に指定された。居住の自治体によって、避難までの迅速さ、集団での避難行為が円滑だったかどうか、避難所での受け入れなどの点においてさまざまな差があるが、避難指示地域から約一〇万人の人びとが移動を強制されるという大規模な避難であった。このような避難指示地域からの避難者は、直接避難者と呼ばれる。そしてまた、そのほかにも、放射線被害の危機を感じた周辺地域の多くの人びとが逃げた。このような人びとは自主避難者と分類される。

復興庁の発表によると、津波などの震災および原発事故によって居住地を離れた避難者の総数は、二〇一二年九月六日現在、約三三万人と、東日本大震災から約一年半経ってもなおこれだけの人数が元の居住地を離れて避難生活をつづけていることになる。地震、津波被害および原発事故を理由とする避難者は全国四七都道府県、一二〇〇以上の市区町村に所在しており、総数で最も多いのは宮城県の一一万五八五六名で、つづいて福島県の九万九五二一名である[復興庁 2012]。

福島県の発表によると、原発事故にともなう避難者にかんして、政府の避難指示を受けた直接避難者を含めた全避難者のうち、県外へ避難しているのは、二〇一二年一月の段階では六万二二六七名、同年九月にも六万四七名と、依然六万人を超えている[福島県 2012]。津波などの震災と原発事故を含むすべての避難者のなかで、県外避難者を最も多く出しているのは福島県で、宮城県からの八二五一名を大きく上まわっている。

福島県にかんして、原発事故からの自主避難者は、県内避難、県外避難を含めると一説では一五万人で、避難指示地域からの直接避難者の約五倍を数えるという[山下・開沼編 2012]。県外避

写真5-7　2011年4月22日に警戒区域に指定されるまでは，
避難指示が出ている半径20キロ圏についても立ち入りは可能であった
（福島県楢葉町，2011年5月）．
撮影：新泉社編集部

写真5-8　1年間にわたり警戒区域に指定されていた
半径20キロ圏内の福島県南相馬市小高区（2012年5月）．
津波によって水没した道路も田んぼも家屋も，
すべてが手つかずのまま放置されつづけた．
撮影：新泉社編集部

写真5-9
グランドプリンスホテル赤坂（東京都千代田区）．
2011年3月31日をもって営業を終了したのち，
4月9日から6月30日まで避難所に供された．

難者の所在は広域で、福島県から都内への避難者は二〇一二年一月では七四七九名と、山形県への避難者に次いで二番目に多かった。同年九月の段階では七七三四名と、一月の段階から二五〇名あまり増加している［福島県 2012］。

自主避難者は、震災直後から避難した人であっても、当初は罹災証明や被災証明がないなどの理由で優先権が低く、避難所に入所できない人が多かった。わたしたちが調査した旧赤プリ避難所は、都内においては味の素スタジアムや東京ビッグサイトなどのほかの避難所よりも後になってから避難者を受け入れたため、それらの避難所を経由した人びと、また都営住宅での避難希望を出したがかなわなかった人びとなどが入所した。二〇一一年六月に実施した調査では、避難者（のべ八〇〇名あまり）のなかでも福島県いわき市からの避難者が約半数を占めていた（一五四世帯四〇六名、都資料より）。質問紙調査の回答においては、避難者の従前居住地は七〇世帯中四八世帯が原発三〇キロ圏外であった。グランドプリンスホテル赤坂は、二〇一一年三月末に営業をやめ、取り壊される予定だった。しかしながら、震災による避難者への対応として同ホテルは、六月末まで期間限定で閉鎖所として提供することを申し出て、東京都が管理運営することになった（写真5–9）。

大規模な広域避難はそもそも、日本社会が経験してこなかった事態であった。そのなかで、試行錯誤しながら避難者への対応がおこなわれていった。都内の避難者についても同様で、都営住宅の提供や、避難所としてのホテル・旅館の提供についても、期限の設定と延長がくりかえされた。二〇一二年現在のところでは、都営住宅の避難者への提供は二〇一四年三月まで無償でおこなわれることに決まっている。

震災当初は、直接避難者には出される罹災証明、被災証明を自主避難者の多くが持っていないことが避難先を左右した。罹災証明、被災証明を避難所への入所や広域避難の条件としている場合が多かったからである。また、行政が運営する避難所に入所できたかどうかという点も大きかった。旧赤プリ避難所に入所できた人びとは、希望どおりかどうかは別としても閉鎖後のあっせんを受けることができたが、入所できなかった人たちは個人的に避難先を都と交渉して見つけていった。

区の避難者への対応もさまざまであった。未知の事態において積極的な支援に踏みきることへの躊躇がみえる区もあれば、避難者のニーズを聞きながらそれに応えることにより熱心な区もあった。たとえばある区は、母子避難者や高齢者が従事することができるアルバイトを、避難所にわざわざ出向いてあっせんし、区の担当者みずからが説明し、避難者に割り当てた。履歴書を書き、仕事をはじめることが与えた心理的影響は大きかったようにみえる。そのようないわば偶然のなりゆきも、避難者それぞれの避難場所と避難の期間を決定する要因になっていった。

自主避難者の語り——移動と定住から

ここからはまず、震災後の初期の避難がどのように開始されていったのかを検討する。いわき市在住だった赤塚さん(仮名)は震災直後、義母、姪二人、子(四歳)、本人の五人で、親戚を頼りに関西に避難した。親戚宅に数日間居候したが、金銭のトラブルから別の避難先を探すことを決意した。しかし罹災証明がなく、当時開かれていた避難所をいくつかあたったが入ることができないとわかり、安い賃貸アパートを見つけて、家族全員でしばらく過ごした。四月に入ると義母と姪はいわき市に戻っていったが、みずからは子どもとともに東京に移動して避難生活をつづける決断をし、東京ビッグサイトを経て、四月末に旧赤プリ避難所に入所した。

赤塚さんのように、グランドプリンス赤坂に避難する前に、親戚の家やほかの避難所など数カ所を転々とした避難者は少なくない。調査票の集計では、回答のあった七〇世帯中で最も多かったのは、赤塚さん同様に四回目の移動で旧赤プリ避難所に入所したケースである(一六世帯)。五回目以上の移動だったケースも同程度あった(一七世帯)。また、聞き取りから、一定数の人びとは旧赤プリ避難所への入所を希望し、そのあっせんを受けるために、東京ビッグサイトや東京武道館を経由した例があることがわかった。

旧赤プリ避難所は六月末の閉鎖が決まっていた。その後の避難先は、避難者の希望を聞きながら抽選で決めることになっていた。避難所閉鎖後に福島に戻ることを希望するケースは、六月はじめ時点でのわたしたちの調査では非常に少なかった。最も多い希望はホテルや旅館であり、次いで都営住宅であった。避難者にとってこの両者の意味合いは大きく異なる。ホテルや旅館は三食が提供され、滞在費は無料である。しかし、そのような支援は三カ月から四カ月の期間限定といわれていて、それが延長されるかどうかは定かではなかった。他方、都営住宅では、二〇一一年度の家賃は無料のため、ホテルよりは長い避難生活の見通しがつくが、そのほかの生活費は自己負担である。都営住宅を選択する場合は、中長期の避難生活を前提に経済的にも実際的にも自活が求められることになる。ホテルや旅館の場合は、期間限定ではあるものの、経済的負担が少ないうえに、状況をみながら今後の身の振り方を検討することができる。旧赤プリ避難所閉鎖を機に、都営住宅へ行くのか、ホテルや旅館へ行くのかという選択(あるいは抽選結果による決定)は、避難者にとって、今後の避難生活に区切りをつけるのか、または決断を先延ばしにするのかという選択を意味した。

赤塚さんは、旧赤プリ避難所に来て、母子だけの避難者がたくさんいることがわかり、みずからの避難継続の決断がまちがいではなかったかもしれないとはじめて感じることができたという。この避難所は個室であり、大所帯であったために、とくに母子避難者間や高齢の避難者間にゆるやかな関係、「近所づきあい」が生まれた。大きな役割をはたしたのは食堂での食事であった。母子避難者にかんしては、なんとなくその場で、幼稚園以下、小学生などの子どもがいる家庭で集まって座った。食堂が広いので、そういった集まりも強制されることはなく、その場にいた人たちと言葉を交わすなどをとおして、退去後の計画などの意見交換がインフォーマルにおこなわれた。なにより子どもどうしが館内で仲良くなり、館内を「探検」する仲間を探して部屋を訪れることによって、お互いの部屋番号を知り、親どうしも知り合いになった。なかにはいわき市にいたころからの知人に偶然そこで再会するという例もあった。また、ボランティアによる避難者対象のイベントが多数あった。いわき市から五歳の子とともに避難していた中野さん(仮名)は、旧赤プリ避難所にいたあいだは、普段ではありえないほど外に出かける機会が多かったという。次から次へとイベントがあり、子どもを遊ばせられる施設の招待などもあり、母子避難者どうしはイベントで知り合いになり、ほかの情報を分け合った。

ただし、六月三〇日をもって退去という条件は、約二カ月の避難生活をつうじてゆるやかな近所づきあいを手に入れつつあった母子にとっては、きびしいものだった。避難所周辺の保育園、幼稚園、小学校に入園・入学させていた子を持つ母親たちのなかには、ようやく環境に適応して新しい人間関係をつくった子どもを尊重するため、通園・通学を継続させることを目標に奔走した例も多くあった。たとえ結果的に避難所を出てからの避難生活が短期間で終わるかもしれないとしても、子どもがつくることのできた友人関係を少しでも継続させたいと願う母親は多くみられた。環境への不適応や不安から病気になる子どもが相当数いるので、子どもの心と体の健康を守ることが大きな課題であった。幼稚園より上の子どもを持つ親はとくに、子どもの人間関係を自分の人間関係と合わせられれば合わせようと、幼稚園、小学校の継続を優先して避難先を決定しようとした例が多く、それを実現することが子どもだけではなく母親の避難生活を支えることにもなった。赤塚さんもまた、都営住宅に移るか、ふたたびホテルか旅館を選択するのかを迷っていたが、最終的に、親しくなった母子複数でいっしょに入居することを希望し、当選したために旅館で生活することを決めた。中野さんも同様に、母子複数で入居可能な旅館を希望し、それがかなうために都の担当職員に何度も説明した。中野さんによると、数カ月でようやく軌道に乗りはじめた子どもの日常の生活をどうしても継続する必要があると考えたという。

山下祐介は、原発事故に特徴的な問題として情報の不在と責任の不在をあげているが［山下・開沼編 2012:24-29］、旧赤プリ避難所での母子避難者にも同様にそれは影響していた。第一に低線量被曝についての情報である。避難所内で母親たちが心をくだいたのは、まずは元の居住地の放射線量である。地元紙『福島民報』『福島民友』や携帯サイトで線量を確認することは日課だった。この二〇一一年六月の段階では、市や県の安全宣言に対して母子避難者たちは懐疑的であることは共通していた。しかし、線量を判断の頼りにしながらも、その判断の基準について自信をもつことはできない。たとえば低線量被曝にかんしては、安全説からできるだけ低く抑えなければならないという説までさまざまあるなか、できるだけ低く抑えなければならないという説を唱える研究者のいいぶんを採用したいと思いながらも、それをどこまで避難の判断基準にできるのかには確信がもてない。そもそも彼女らは、線量が震災前より高いからリスクがあると判断し、避難を継続している。しかし、たとえば帰宅可能な線量を判断するための基準に確信がもてないため、「自分だけが気にしすぎなのか」と避難の根拠がつねに揺らいでいく。

夫を福島県に残したままの二重生活となる母子のみの避難では、避難計画を立てること、実際の移動（車の運転、ガソリン管理）を母親が一手に引き受けた。しかし子どもを守るために避難しているという大前提はあっても、夫が残っている家を放っておいてよいということにはならない。二重生活のなか、遠方にいても、居住地の家のやりくり、義理の両親および実の両親への気づかいなど、すべてが免除されるわけではない。夫と義理の両親は、自分と子どもが近いうちに帰ってくることを前提としている。そのような状況で避難することについて、夫婦間、家族の意見が完全に一致する例はめずらしく、家族内の合意形成は困難である。赤塚さんは、避難生活がはじまり、だれもが少なくとも一度は夫婦の危機に接しているのだと説明した。長期にわたって家をあけることを手放しで肯定できる夫はそういない。子どもの安全を優先するのか、それとも夫の仕事を優先するのかに加え、貯蓄状況や住宅ローンの有無、夫の勤務先での地位、そして夫方親族の意見など、さまざまな要素のからみあいのなかで、母子のみの避難生活の是非を問われ、いつまで、そしてどこに避難するのかを決定しなければならなかった。

避難指示地域以外から来た母子避難者たちは、原発事故から数カ月経っているにもかかわらず、避難生活をつづけているという事実を、地元に残っている人たちや震災直後の混乱がひと段落した時点ですでに戻った人たちに対する引け目としてとらえていた。中野さんは、「一カ月以上も水も出ず、食料も手に入れづらかったときに、原発の爆発や余震におびえながらも逃げないでいわきでがんばった人たちがたくさんいるのに、自分は逃げつづけた。いまも一生懸命、片づけやライフラインの復旧の手伝いをしている人たちがいるのに自分はここにいる。だから、自分たちだけが勝手なことをしていると思われるのは仕方がないところもある」と言う。旧赤プリ避難所には避難指示地域からの避難者も含まれており、そのような避難者は有無をいわさず避難せざるをえなかった人たちである。「帰ろうと思えば帰ることができる」状況には、強制的に避難させられた状況とは異なる葛藤があった。東京都の担当者の対応も、「大丈夫だが念のために避難している方々」に対して「十分な対応をおこなっている」というものであった。いわき市から一歳の子

写真5-10　甚大な津波・震災被害を受けた水族館
「アクアマリンふくしま」(福島県いわき市，2011年5月).
震災数日後には海獣などの緊急避難措置がとられたものの，
その後，いわき市への燃料や餌の供給が滞るなかで，
海洋生物約20万匹が全滅した.
撮影：新泉社編集部

写真5-11　福島県広野町(2011年5月).
同町は原発20キロ圏外に位置し，国による避難の強制はなかったものの，
町の「自主的」な判断で全町避難した.
多くの町民がいわき市に避難し，役場機能もいわき市に仮移転していた.
撮影：新泉社編集部

と避難した松田さん(仮名)は、避難の期間を決めきれない自分の状態に対して、「いっそのこと、もう一度(原発が)爆発したらいいのに。そうすれば夫もわたしもすべて吹っ切って、一からと考えられるのではないか」とさえ思ったという。

そんなとき、助けになったのは支援者だった。避難所内では託児サービス、マッサージや法律相談のコーナーが設けられたほか、被災者向けイベントなどが企業などの主催でおこなわれた。都の許可を受けていない個人や団体の支援は管理ができないという理由で受け入れられなかったが、複数の個人や市民団体が母子避難者の苦労についてていねいに聞き、ニーズをくみあげ、運営者である都の部局とプリンスグループ側に伝えるなどの活動をおこなった。また、乳児への離乳食の提供がおこなわれた。とくに避難所閉鎖の際には、都営住宅に移る家族に対しては、当面必要な物資が日本赤十字から支給されたが、支援団体はその支給が滞りなくおこなわれることを監視したし、バザーを開催したり日用品などを支給する団体もあった。ホテル・旅館にせよ都営住宅にせよ期限つきであり、期限がいつまでであるか、延長される可能性があるかどうかなどさまざまな情報が飛び交うなか、どのように生活を組み立てていくかと迷う避難者にとって、支援者の存在は大きかった。とくに子どもの健康被害が心配で避難している母子避難者にとって、支援者が避難を肯定してくれることが、何よりも支えになったと説明する人も複数いた。松田さんは、「いままでわたしはどちらかというと人を助けてあげるほうで、人に助けてもらうことははじめてだった。でも、支援者の人たちとお母さんたちとのあいだをつなぐために連絡したり組織したりすることはできる」と言った。子どもへの放射線の影響の勉強会、避難生活のニーズ調査ミーティング、都側との調整、都庁へ出向いての陳情など、都の支援とは異なるルートでの活動が、メーリングリストをつうじて母子避難者のなかで共有された。旧赤プリ避難所が閉鎖される前後には、助けられる機会も多いが、みずからが行動する機会も多くあった。

長期化のなかで

旧赤プリ避難所が閉鎖されたのは震災後三カ月半以上が経った二〇一一年六月末である。都営住宅へ移動した人のなかには、その後も住宅で緩い近所づきあいをもてる母親たちもいたが、多くの母子避難者にとっては避難所で得られたつきあいは疎遠になり、徐々にアルバイト、パートなどをはじめ、新しい生活をスタートさせる母親が増えた。支援団体はその後も日用品の無料バザーを開催するなど支援をつづけたし、支援者とのゆるいつながり／アソシエーションは個人のレベルでは継続していた。

生活が新しい局面に入るにつれ、元の居住地との関係が微妙に変化していった。いわき市の震災復旧作業が進み、学校行事がもとどおりにおこなわれるようになるなかで、一時的に帰宅してみると、「なぜ、まだ帰ってこないのか」、「そういう人がいるから風評被害が起きる」という目で見られる体験もする。二人の子どもとともにいわき市から避難している芳川さん(仮名)は、そういった状況のなかで、「東京でがんばっていることは、向こうの人たちにはとても言えない」という。東京に来ているというだけで、実家の人間関係にさしさわりがあると考える。彼女が一時帰宅や実家とのやりとりのなかで感じたこととは、震災後は、「地元に以前はあったたてまえの関係ですら崩れて」いて、どこでだれがどんなふうに言っているかわからないし、それがどのように自分に影響するかもわからない。地元で自分がかかわっていた組織や友人などと連絡を取らず、震災以前の人間関係をいっさい断っていた。

一方、長期化するなかで、さまざまな理由から福島県へ帰る母子も出てくる。安心だから帰るわけではないが、親族、仕事、夫との関係、さまざまな要因を考慮するとき、きっかけをつくって思い切って帰宅に踏みきるのだ。そういう人たちを、残される側は複雑な思いで見送る。松田さんは次のように語る。

帰ってしまえば、以前のような暮らしがそのままつづいていくのはわかっています。とくに高齢の人たちは、変わらず土地でとれた食べ物を食べていると聞いています。だから、もしそういうところに戻れば、大丈夫と言われれば、わたしもそれに流されることになるだろうと思います。まわりがそれほど気にしていなければ、自分だけがいつまでも気にしていると思われたくないし。福島に残っているママ友は、みんな心のなかにはいろんな思いがあると思います。できたら避難したいけどって思っていても、言わない人もいることはわかってます［筆者によるインタビュー］。

夫との二重生活にピリオドを打って家族がともに暮らせるようになるためには、自分が帰る決断をしなければならない。夫が会いに来る頻度は家族によって異なるが、夫も移動で疲れているし、子どもは父親にも会えず、自分のストレスが子どもに伝染して子どもが苦労している。自分としては「正当な避難者である」と言いたい、しかし本来は帰るべきなのであろうか、と母親たちは揺れる。

頼りになる情報の不足、責任の不在については、避難が長期化するなかでよりきわだってあらわれる。避難が長期化するにつれて、元の居住地の現在の放射線量というよりは、いままで子どもが浴びた積算線量、食品からの内部被曝、現在の避難場所での線量に母親たちの関心の焦点が移っていった。国は食品からの内部被曝について、二〇一二年四月から放射性セシウム、放射性ストロンチウムなどを含めて年間一ミリシーベルトまでようやく上限を引き下げ、国際基準にも準拠したレベルにはなったが、この基準でも子どもには高いのではないか、できるだけ安全なものを食べさせ、積算の線量を増やしたくないと考える。空間線量にかんしても、都営住宅に住む母子避難者は、数家族でガイガーカウンターの貸し借りをし、持ち歩き、実験をし、周囲で高かった場所などを報告しあっているが、近隣でも数値が高い場所も見つかることがある。

避難という非常事態が日常へと移っていく段階で、支援者との関係もまた変化していっている。支援物資は当初ほど市民団体のところには集まってこないし、バザーを開催しても大量に物が残ってしまうこともある。当然のことながら、避難当初の生活を支えた生活物資提供や住宅保証のための都との折衝などをとおした支援団体とのつながりは、別のかたちのものに姿を変えていっている。母親たちにとっての「支援」の意味も変化する。避難者として受け入れられ、歓待されることは避難当初は必要であったかもしれないが、母親たちはいつまでも、いつでも避難者でいたいわけでもない。避難者の代表として意見や立場の表明を求められるような支援活動は、避難者が現在の避難先(東京)で避難者でありつづけることが前提となってしまう。

また、避難が長期化するなかで、いったいどこにとどまるべきなのかという問いが生まれてもいる。先述したように東京やその周辺にもホットスポットがあり、東京に避難していることが正しいともかぎらない。食品も、東京にいると東日本の産地のものが多い。「もっと安心できるところがあるのではないか」とほかの場所に移る選択肢も考えるが、芳川さんはそう思うときりがないのではないかとまわりの母親たちからたしなめられ、「東京に避難していても、もっと安全なところへと思ってしまう自分が、支援者の人たちやまわりのお母さんたちに申し訳ない」と言う。

母子避難者のような自主避難者の困難は、東京への避難をきっかけに、みずからがより安心できると思えるような暮らし方のアイデアや計画をつかもうとしながらも、避難している場所での定住を優先させようとして、それを自粛しようとさえしているところにある。東京での避難は、避難者そしておそらく支援者たちの定住や安定への希望とは裏腹に、一時的な場での冒険、「成功しないこと」が前提で、避難の非日常性を前提とした体験でありつづけてしまう。支援者が、避難者への支援というかかわりをもちつづけることによって、避難というステージが移動と定住という日常に向かうことに、避難者本人もそして間接的な意味では支援者も踏みきれなくなっている。

東ティモールにおいてわたしたちが出会った自主避難者の移動は、ルリックのあるべき位置への移動であり、親族関係を頼りに平和時においてもつながりのある土地への自主的な移動であった。移動先には、同じようにルリックを大切だと考え、そのような移動を受け入れる人びとがいる。母子避難者の移動は、多少の犠牲があろうとも安全なところで子どもを暮らさせたいという自身の判断にもとづいた移動であり、それはルリックという同じ「約束事」を共有する人びととのもとへの移動ではない。避難が長期化するなか、歓待と支援だけでない共有の「約束事」が設定される時期にきているのかもしれない。

都内では、母子避難者自身がつながりをもち、避難生活関連だけではない幅ひろいネットワーキングをはじめている例が数少ないもののみられている。そのような活動では、避難しているという事実でも、福島出身であるという事実でもない別のつながり、たとえば穏やかに安全に暮らしたいという希望や、体によいことをしていきたいというライフスタイルで人びとがつながっている。そのような団体の活動では、現在、福島県に在住する人びととのネットワーキング、交流の試みもみられている。そこには、ゆるやかではあるが、お互いにそこにとどまることを前提としないような、移動と定住のコミュニティが形成されつつあるといえるのかもしれない。

四　非日常と日常のはざま――とどまりながら旅をする人びと

ここまで、東ティモールと日本のふたつの事例から、自主避難という行為について、移動と定住の日常という観点からとらえなおすことを試みてきた。どちらの事例の避難者も、恐怖から逃れるために、加えて自分の人生を意味あるものにするために、「自主的に」避難している。行為の背景にみえてきたのは、国家行政や支援者や避難者自身による「定住バイアス」であった。東ティモールではUNHCRが、日本では社会が、避難者を定住すべき存在としてあつかっている。そして日本の事例では、避難者自身が避難という行為を非日常の継続としようとし、移動と定住の日常に移行することに躊躇する例も見かけられる。

では結局、避難という行為をどのように理解するべきなのだろうか。ルリックを守るための避難にせよ、子どもの安心のための避難にせよ、自主避難という言葉を個人の自由と解釈して、個人として自由を行使して移動しつづけているのだという理解は成立するのだろうか。それは成立しない。なぜなら移動と定住は互いに相反する行為ではないからだ。ルリックの維持の例にしても、「正しい」避難の模索の例にしても、避難することそれ自体が、新しくより適切なかたちで定住を守ることを求める行為なのである。ただし気をつけなければならないのは、その到達すべき定住とは、かならずしも従前地への帰還ではなく、定住がまた次の移動への可能性を含んでいることを想定しなければならないということである。避難という非日常が終わった後の日常とは、もうこれ以上動かないという定住ではなく、移動と定住という日常だということを忘れないことである。

これが避難しないでとどまっている人のことを考えるうえでの手がかりになるだろう。東ティモールの場合も、日本の場合も、さまざまな理由で避難しない人びとがいる。かれらは、ただ単

写真5-12　国家によって避難を強制される土地と，とどまることを強いられる土地とを分かつ壁（福島県楢葉町，2012年5月）．
事故から1年以上が経って以降，警戒区域の再編がおこなわれるたびに，
この壁は移動し，避難を強いられていた人びとは今度は「帰還」を求められる．
撮影：新泉社編集部

に定住という希望を実現するためにとどまりたいからとどまっている人びとではもちろんない。クリフォードに戻れば、クリフォードはまさにこのとどまることもまた、変化のなさと安定と継続を前提とした見方でとらえることはできないと指摘している。クリフォードが引用した『イマームとインド人』[Ghosh 1986＝2000]の例において、結局、インド出身の人類学者が人びとと意見を交換するときに両者が参照したのは、西洋という別の価値体系であり、調査者インド人も被調査者であるイマームも同様に西洋を「旅して」いたのだという[Clifford 1997＝2002:14]。実際の旅人であってもそうでなくても、つまり物理的な移動があってもなくても、人びとはみずからの場所を別の論理から説明して批評する。自分のホームから距離をとるために、現実の旅はかなら

ずしも必要とされるわけではない［Clifford 1997＝2002:14］。フィールドワーカーが出会う調査地にとどまっている人びともまた、みずからの文化やみずからの場所やみずからがとどまっているというその事実を相対化している。とどまりながら旅をしている人びとは、フィールドワーカーが頼ってきた、現地の文化を代表しうるネイティヴとは異なり、クリフォードの言葉を借りると、「ひじょうに複雑な「ネイティヴ」」［Clifford 1997＝2002:14］ということになる。物理的な移動はそこには見られないかもしれないが、そのこと自体が存在論的移動の不在を意味しているわけではないのだ。

このような観点から、避難や移住によって不利益をこうむる人びとに対して移動の権利を認めようという議論が見失ってしまいそうなものを、いくつか指摘したい。第一には移動しない権利、とどまる権利であろうが、それよりもむしろ大事なのは、「移動」を、日常とは移動と定住とからなっているという事実からとらえなおしたうえでその権利を考えるべきだということだ。つまり移動する権利とは、人びとがどこにでも移動できる権利、または移動したくない人が移動しないでもすむ権利だけではなく、移動する人もとどまっている人もともに、移動と定住をくりかえすことを妨げられないという権利であるべきである。定住だけをあるべき日常だと考える定住バイアスから逃れないかぎり、移動は特殊な非日常であり、移動の権利は特殊な行為にかんする権利にとどまってしまう。都内の新しい避難者ネットワークがはじめているような「移動―定住」のコミュニティは、移動者をめぐる協働において、ルリックのない世界でのアジールの形成のためのモデルケースになっていく可能性があるのかもしれない。

むすび

人がどこにとどまり、どこに移動するか。それは各々の人生の設計のなかで自由に設定される。人は、存在論的にも物理的にも、上昇を求めるために移動したり、安定を求めるためにとどまることをくりかえす。しかしこの単純な行為のなかには、国際機関や国家による、または社会による、そして移住者や定住者自身による管理の視点がつねにつきまとってくる。国際機関や国家は、管理をすり抜けて移動する人びとを「難民」と分類したうえで管理を試みる。また移動者自身もときに、移動を過小に評価しようとする。フィールドワーカーは、非定住を非日常とする管理のあり方に対して人びとがどう従属するのか、そして人びとがどのようにそれをくぐり抜けるかを慎重にみていかなければならない。

フィールドワーカーもまた移動し、とどまろうともしている。このような移動と定住の営みのなかに位置づけてみると、フィールドワーカーも被調査者もともに旅する人びとであり、そこには、こちら側の勘ちがいも多分にあるだろうが、移動しながら生きる者どうし、フィールドワーカーと被調査者という枠を超えた共有がある。もちろん、移動を定常と視点を変えてみることだけで、フィールドワーカーと被調査者が同じような状態にある、または同じような経験をしていると言うことはとうていできない。そこには調査者と被調査者のけっして越えられない壁や緊張がたしかに存在する。たとえば筆者は、母子避難者がそうしたようには、在住している東京から避難することができずにいる。東京から関西や中国・九州地方などへの避難者が多くいることを承知したうえで、さまざまな妥協からとどまらざるをえず、またそれを妥当なことだと思わざるをえない状況に置かれ、移動と定住の欲望に挟まれながら生きている自分自身をあらためて発見することは、少なくともフィールドワーカーとしての筆者にとって、「避難する人びと」および「避難しない人びと」を理解するための大きな助けになっている。

移動と定住のなかを生きる人びとが共有するものはあるのか？　それがアジールを支える新しい約束事になるとしたら、どういうものでありうるのか？　たとえばそれは国の支配をすり抜けて国境をうまく越えるノウハウにかかわることなのか？　それは個人の所属や帰属の相対化にかかわることなのか？　移動してもその地でそれなりの安定や定住を望んでしまう欲望にかんすることなのか？　いまだはっきりした言葉を与えることはできない。

「原子力政策は戦争のようなもの」、「その時代の中で自分がどう生きたのか、一人ひとりがちゃんと説明できるように生きていくことが大切だ」とは京都大学原子炉実験所助教、小出裕章氏の言葉である［朝日新聞 2012］。これは原子力発電への批判的な目をもちつづけて研究してきたかれだけに該当する言葉ではない。筆者がフィールドワーカーとして、また原子力発電所事故後の日本に住む人間として問わなければならないのは、自分自身がだれとの関係から「自主」なのかということである。そして、移動または定住ではなく、どう避難し、どう移動し、どうとどまるのかを自分に問いながら、避難者ととどまっている人との対話をつづけていきたい。

註

(1) たとえばディリのトランジットセンターはカリタス・オーストラリア(CARITAS)が運営を担い、水道や衛生設備の復旧にかんしてはオックスファム(OXFAM)が担っていた。

(2) 六万九千人(五五パーセント)が陸路、三万八千人(三〇パーセント)が海路、一万九千人(一五パーセント)が空路で帰還している。

(3) ファウルリックとは、スアイロロ村の三つのクラン(氏族)のうちのひとつで、村の主要な政治を担う長老たちが所属するクランである。ここではそのクランの祖先祭祀の中心であるウマ・ルリック(神殿、祭祀家屋)を指す。

(4) 主としてオーストラリア国軍によって組織されていた。

(5) ウマ・ルリックは、祖先祭祀の中心であり、さまざまなルリックが保管されている神殿、祭祀家屋。

(6) ナイ・マロマックとは、テトゥン語で至高的存在を意味する。神。共同体の神聖的首長を指すこともある。

(7) 調査の結果は、暫定版として上智大学グローバル・コンサーン研究所ホームページ(http://www.erp.sophia.ac.jp/Institutes/igc/index)などで公表している。

第6章

海外研究・異文化研究における調査方法論

社会調査の前提をとらえなおす

浜本篤史

一　日本の社会学における社会調査論の前提

社会調査教育の制度化

本章では、社会学という一学問分野の枠組みとの関連で社会調査を考えたい。もちろん、各大学機関では社会学にかぎらず、それぞれの学問分野で社会調査法が教えられているが、盛山和夫が「「社会調査の教育」を自覚的に引き受けている学問としては、社会学を第一に挙げていいだろう」と述べるように［盛山 2010:61］、社会調査教育において社会学は大きな役割をはたしてきた。同時に、「今日まで、社会調査という方法こそは社会学のアイデンティティを支え続けた大きな基盤であった」と盛山がさらに指摘するように［盛山 2010:61］、社会学教育にとっても、社会調査法の教授は全体として重要な位置にあったのはまちがいない。

そうした伝統のうえに、二〇〇四年度に社会調査士資格認定機構（二〇〇八年一二月に一般社団法人社会調査協会へと改組）による「社会調査士」資格制度[1]がスタートしたことは、各大学のカリキュラムに社会調査科目が体系的に位置づけられる一大契機ともなり、社会調査教育の普及に大きな役割を担っているといっていいだろう。同組織は、「社会調査に関する教育体制を整備し、科学的な社会調査を担える人材の育成を組織化すると同時に、その専門的職業としての資格の制度化をはかること」を目的に掲げて設置され、二〇〇三年一一月から二〇一一年度までに、一万三五一六名の社会調査士および二一三名の専門社会調査士が認定されている[2]。

社会調査士の資格を得るにあたっては、表6-1のとおり、六つの単位を取得する必要がある。調査のリテラシーや基本的な内容をA～D科目で学び、そのうえで量的調査法および質的調査のより専門的な内容についてEかFかのいずれかを履修する。さらに、社会調査の一連の流れを実際に経験する実習科目Gがある[3]。各科目は大学ごとに名称は異なるが、基本的な内容は共通しており、社会調査協会の事前認定により資格対象科目となる。授業内容には担当教員による裁量の余地もあり、統一的なテキストが用いられているわけでもないが、この資格制度の普及は、従前とくらべて社会調査教育の標準化を促進しているといっていいだろう。

一方、この資格制度に対しては、時間的制約や過度のマニュアル化といった批判があがっている[4]。たとえば、職業的研究者であれば、一年目に予備調査と調査設計、二年目に調査実施、三年

授業科目	内容
【F】 質的な分析の方法に関する科目	さまざまな質的データの収集や分析方法について解説する科目．聞き取り調査，参与観察法，ドキュメント分析，フィールドワーク，インタビュー，ライフヒストリー分析，会話分析のほか，新聞記事などのテキストに関する質的データの分析法（内容分析等）など．（90分×15週）
【G】 社会調査の実習を中心とする科目	調査の企画から報告書の作成までにまたがる社会調査の全過程をひととおり実習をつうじて体験的に学習する授業で，量的調査でも質的調査でもいい．演習でおこなっている実習も含む． 調査の企画，仮説構成，調査項目の設定，質問文・調査票の作成，対象者・地域の選定，サンプリング，調査の実施（調査票の配布・回収，面接），インタビューなどのフィールドワーク，フィールドノート作成，エディティング，集計，分析，仮説検証，報告書の作成．また，実際にアプリケーション・ソフトを利用した量的データの統計的分析の実習，もしくは，質的データの分析ないし事例研究をおこなう実習を含む．（90分×30週）
【H】 調査企画・設計に関する演習（実習）科目	社会調査を実践的に企画・設計し，実施し，分析・集計をおこなうための実践的な知識と能力を習得する科目． 調査方法論，調査倫理をふまえ，調査方法の決定，調査企画と設計，仮説構成，調査票の作成，サンプリングないし対象者・フィールドの選定，実査，調査データの整理（エディティング，コーディング，データクリーニング，フィールドノート作成，コードブック作成），比較的簡単な量的分析とグラフ作成，質的な分析，以上にもとづく報告ペーパーの作成などに関する実践的な授業科目．（90分×15週）
【I】 多変量解析に関する演習（実習）科目	数理統計学の基礎をふまえながら，多変量解析（重回帰分析，パス解析，分散分析，共分散分析，ログリニア分析，ロジット分析，主成分分析，因子分析，多次元尺度法，クラスター分析，数量化理論，生存時間分析，共分散構造分析など）に共通する計量モデルを用いた分析法を基本的に理解し，それらのうちのいくつかについては，コンピュータを用いて実際に使用することのできる能力を習得する科目．（90分×15週）
【J】 質的調査法に関する演習（実習）科目	新聞・雑誌記事，資料文書，映像，放送，音楽などの質的データの分析法（内容分析等）を習得するとともに，さまざまな質的調査法（聞き取り調査，参与観察法，ドキュメント分析，フィールドワーク，インタビュー，ライフヒストリー分析，会話分析など）に関する基本的理解をふまえながら，そのあるものについての実践的な能力を習得する科目．（90分×15週）

出所：社会調査協会［n.d.］

表6-1　社会調査士および専門社会調査士における授業科目一覧

授業科目	内容
【A】 社会調査の基本的事項に関する科目	社会調査の意義と諸類型に関する基本的事項を解説する科目. 社会調査史, 社会調査の目的, 調査方法論, 調査倫理, 調査の種類と実例, 量的調査と質的調査, 統計的調査と事例研究法, 国勢調査と官庁統計, 学術調査, 世論調査, マーケティング・リサーチなどのほか, 調査票調査やフィールドワークなど, 資料やデータの収集から分析までの諸過程に関する基礎的な事項を含む.　(90分×15週)
【B】 調査設計と実施方法に関する科目	社会調査によって資料やデータを収集し, 分析しうるかたちにまで整理していく具体的な方法を解説する科目. 調査目的と調査方法, 調査方法の決め方, 調査企画と設計, 仮説構成, 全数調査と標本調査, 無作為抽出, 標本数と誤差, サンプリングの諸方法, 質問文・調査票の作り方, 調査の実施方法(調査票の配布・回収法, インタビューの仕方など), 調査データの整理(エディティング, コーディング, データクリーニング, フィールドノート作成, コードブック作成)など.　(90分×15週)
【C】 基本的な資料とデータの分析に関する科目	官庁統計や簡単な調査報告・フィールドワーク論文が読めるための基本的知識に関する授業. 単純集計, 度数分布, 代表値, クロス集計などの記述統計データの読み方や, グラフの読み方, また, それらの計算や作成の仕方. さまざまな質的データの読み方と基本的なまとめ方. 相関係数など基礎的統計概念, 因果関係と相関関係の区別, 擬似相関の概念などを含む.　(90分×15週)
【D】 社会調査に必要な統計学に関する科目	統計的データをまとめたり分析したりするために必要な, 基礎的な統計学的知識を教える科目. 確率論の基礎, 基本統計量, 検定・推定理論とその応用(平均や比率の差の検定, 独立性の検定), 抽出法の理論, 属性相関係数(クロス表の統計量), 相関係数, 偏相関係数, 変数のコントロール, 回帰分析の基礎など.　(90分×15週)
【E】 量的データ解析の方法に関する科目	社会学的データ分析で用いる基礎的な多変量解析法について, その基本的な考え方と主要な計量モデルを解説する. 重回帰分析を基本としながら, ほかの計量モデル(たとえば, 分散分析, パス解析, ログリニア分析, 因子分析, 数量化理論など)のなかから若干のものをとりあげる.　(90分×15週)

目にフォローアップ調査と調査データの整理・分析、といったスケジュールを組むことが多いだろうが、実習科目（G科目）は同一年度内にそれをつめこまなければならない。よって、問題対象にかんする文献研究が不十分となり、それにもとづく調査項目も十分に練られたものにならない、といったことになりがちである。[5]

社会調査の倫理規定

社会調査教育の制度化・標準化という点でいえば、調査倫理にかんする規定が相次いで定められたことも重要である。社会調査士資格認定機構の発足時に、「社会調査倫理綱領」（二〇〇三年一一月施行）がまとめられた。[6] また、学会レベルでも「日本社会学会倫理綱領」（二〇〇五年一〇月施行）、「日本社会学会倫理綱領にもとづく研究指針」（二〇〇六年一〇月施行）が定められている。これらは、個人情報保護法制定（二〇〇五年四月）に前後した動きであり、これ以降に発刊された社会調査のテキストでも以下のような内容が含まれることが多くなっている。

近年、社会調査をめぐる環境にも大きな変化がみられる。たとえば個人情報保護法の施行を一つのきっかけとして、市民のプライバシー意識にも変化が生じ、ときには行き過ぎと思われるほどのプライバシーへの配慮を求められるようになっている。

社会調査は、実査、分析、結果の公表のすべての過程において、対象者のプライバシーにかかわるデータを取り扱わざるをえない。また調査者と対象者の関係のなかで、対象者は調査者から何の情報も得られず、逆にともすれば調査者によって一方的に情報を収奪される存在になりやすい。調査者と対象者の関係は、この意味での権力関係が成立しやすいといえよう。社会調査には、これらの問題がつねにつきまとっている。調査者は、このことを自覚し、具体的な対処を講ずる責務が課せられているのである［森岡編 2007:ix］。

こうした倫理規定の明文化について慎重であるべきだとする議論もありうるだろうが、一方で、これらの動きは個人情報保護法の制定による外在的要因によってのみ促進されたわけではない。社会調査をとりまく環境がきびしくなっていることは、とりわけ都市社会学者のあいだで七〇年代から懸念されており［玉野 2003］、そしてここには、従前にくらべて調査対象者の協力を得られにくくなっているという社会学者自身の危機感も背景にあった。(7) 二〇〇一年には、第七四回日本社会学会大会で「社会調査の困難をめぐって」と題するシンポジウムが開かれ、それを受けて同学会誌『社会学評論』五三巻四号（二〇〇三年）でも、「社会調査――その困難をこえて」という特集が組まれるなど、この時期に関心が一段と高まったことを示している。

社会調査論の前提

このように社会調査教育の制度化がはかられ、倫理規定や指針が定められたことは、社会調査のリテラシーとスキルを有する人材を育成していくにあたっては歓迎すべきことであろう。一九九〇年代初頭に学部時代を過ごしたわたしからすると、体系立った調査方法論を学べるいまの学生は羨ましいかぎりである。

しかしながら、わたしがこれまでに、中国を中心とする海外において実施してきた研究についていえば、日本の社会学教育のなかで学んだ社会調査法や、日本の調査現場で経験してきた調査手法がうまくあてはまらないことが少なくなかった。もちろん、社会調査法の基本を座学で学べば、調査現場ですぐに使えるようになるわけではない。また、社会調査士資格制度が定める科目を履修すれば、たちどころにあらゆる種類の社会調査を実施しえるものでもなく、経験を積み上げていく必要があるのはいうまでもないだろう。実際の社会調査の現場ではマニュアルどおりにいかない場面に遭遇することが多々あり、状況に応じた工夫が必要である。とりわけ海外調査では、試行錯誤をくりかえしていくのが当然のことであろう。

ところが、わたしが海外調査で遭遇したいくつかの場面では、基本をふまえたうえでの応用が求められるというレベルのものばかりでなく、それまでに身にまとまった「常識」を脱ぎ捨てなければならない状況にしばしば直面したのであった。そのことに最初から自覚的だったのではない。むしろ海外調査の経験をいくつか重ねるうちに、わたし自身が社会調査のある種の「常識」にとらわれており、ときにその「常識」が邪魔をしてしまうことがあると感ずるようになったのである。

そして、わたしがとらわれていた「常識」とはすなわち、日本（の社会学）において教えられている調査方法論の前提が、海外調査の現場とはずいぶん異なっていることに起因するのではないか、という点にあった。その前提とは以下の三点である。

・前提一　日本国内(あるいは先進社会)でおこなわれる調査を想定していること。
・前提二　調査者と調査対象者が、同じ言語を理解していること。
・前提三　調査の企画者と、調査実施者、分析する者が同一であること(いわゆる学術調査のみを対象としている)。

写真6−1　北京の繁華街，王府井に集まり，大型モニターで北京五輪開会式の中継に熱狂する人びと(2008年8月)．各国代表の行進ごとに声援があがり，国旗がなびくが，日本代表団のときは歓声ととまどいの声が入り混じった．日本人も会場にはいたが，おそらくトラブル回避のため日本国旗を振る人は見当たらない．このような場面は，調査者としても日本人であることを強く意識させられる．

事実、(社会学者の手による)社会調査法のテキストでは、例外なくこれらの前提が暗黙のうちに置かれている。そしてそれは、研究対象がほぼ国内限定だった時代ならいざしらず、グローバル化にともなう諸現象をあつかうようになった現在でも基本的に変化はない。本稿で以下に述べるような海外の調査現場で遭遇する出来事も、社会学における調査方法論のテキストにはどこにも書かれていない。すなわち、海外調査・異文化研究を頻繁におこなおうとすれば、たちまち日本の社会学における社会調査の枠組みからはずれてしまうことを意味するのである。

とりわけ、前提一と二については、社会学における調査方法論ではほとんど議論の俎上にのせられていない。なぜならば、社会学における調査対象者は通常、調査者と同じ社会に属する人びとであり、共通の言語を用いて調査することが想定されているからである（そしてその成果も基本的には自文化内で発表）。この点、調査者が属する社会とは異なる文化を記述していく人類学と大きく異なるといえる（成果は社会学と同様に自文化内で発表することが多い）。ここで、日本の社会学における質的調査法はシカゴ学派以来の伝統の影響が強く、量的調査法でもアメリカ社会を対象とする方法論をモデルとしてきたことを思い起こす必要がある。すなわち、日本の社会学における社会調査論は、日本ないしアメリカなどの先進社会を調査対象とすることを前提視してきたのである。この大前提は、日本国内でのみ調査している場合、あるいは国際比較研究でも先進国を対象としているかぎりにおいてはそれほど気にとめなくてもよいのかもしれない。しかし、国内であってもエスニシティ研究などでは同じような問題が該当するであろうし、海外であっても途上国社会を対象とする際には、この前提をとらえなおす必要がある。

前提三についてはは本稿ではくわしく論じないが、端的にいえば、日本の社会学における調査方法論は、これまで学術的調査と実務的調査とのあいだに線引きをおこない、基本的に学術的調査のみを対象としてきたことに起因する［浜本 2008］。そして、調査の設計から収集、集計、分析にいたるまで、すべてを研究者自身が苦労して執りおこなうべきことが自明視されてきた。それゆえに、実務的調査のように調査立案者、発注者、設計者、配布・収集者、集計者、分析者、利用者がそれぞれ異なるような場合における技術的問題点あるいは運営上の注意点については、ほとんど議論にならなかったのである。近年では、大谷［2002］のように、自治体が実施する調査についての問題提起もみられ、また、量的調査の二次利用についての重要性や調査アーカイブ整備の必要性が指摘されるようになっている。さらには玉野［2003］が指摘するように、研究者自身が自前でデータ収集をおこなうよりも調査会社に委託したほうが効率的との議論もみられるようになっている。たしかに、近年増えてきた国際比較調査においては、日本人研究者が各国に赴いてみずからすべてを把握し、取り仕切ることは困難であり、信頼すべき研究協力者との協働が必要になる。これは言いかえれば、研究業務の「委託」という要素をともなうのである。そうした際にどのような点に注意すべきか。やはり調査法論の一部を構成すべきだろうが、社会調査協会発行の『社会と調査』七号（二〇一一年）でも「国際比較調査の困難性と可能性」と題する特集が組まれるなど、少しずつ議論が増えてきており、本稿ではこれ以上立ち入らない。

以下では、社会調査士資格の制度化以前より日本の社会学において教育されてきた調査方法論の前提をとらえなおしていきたい。とはいえ、わたしはもっぱら海外をフィールドとしてきたわけではなく、(8)恥ずかしながら外国語が得意なわけでもない。しかし、それゆえにこそ、日本国内と海外研究との相違について、これから海外調査・異文化研究に踏みこもうとする読者にはなんらかの示唆もあるかもしれないとの観点から論じていくことにしたい。その際に、途上国社会を対象とするとき、一般に、量的調査はむずかしいと考えられるので（把握したいと思っている人びとの母集団が特定できないことが多く、文字の読み書きをしない人びともいる）(9)、本稿ではおもに質的調査を念頭に置いていきたい。

二　途上国社会、異文化社会を研究対象とするときに

調査者としての印象管理

調査者は、インフォーマントや研究対象者にとって、どのような存在として認識されるのか。これは、海外調査にかぎらず国内調査においても重要である。大学の職業研究者であっても、地元の国公立大学に勤務する研究者なのか、あるいは遠く離れた私立大学の研究者であるのかで、地域住民の反応が異なるといったことはありうるだろう。運動団体へアプローチする際には、調査者自身が運動団体の理念や活動を支持しているのかどうかが直接的に問われることもあるだろうし、態度や質問をつうじて醸し出される印象によって聞き取り調査の成否が左右されるだろう。佐藤郁哉はこうした「印象管理」が必要だとして、自身の経験を以下のように述べている。

……現場調査においては自分の身分と調査内容について相手に納得してもらえるような簡潔な説明を用意しておく必要があります。

この点に関して最も苦労したのは、暴走族集団についてのフィールドワークの時でした。アクセスが困難だろうと思われたこともあってわたしが採用したのは、「暴走族について取材をおこなうジャーナリスト」のような服装であり、またカメラなどの小道具でした。(中略)

これが、暴走族集団のメンバーには、もっぱら「写真集に自分の写真を載せてくれるかも知れないオッチャン」として受け取られたのです。これについてはセイコやエイジに対しては、レディスの「撮影会」の前後に、自分の書こうとしているのは決してそのような種類の本ではない、というような説明はしていたのですが、その場でメンバーの一人ひとりに対してそのような説明ができるはずもありません。

実際、その後集会に参加したり京都の右京連合のメンバーに出会ったりするたびに、彼らがわたしを「カメラマンさん」と呼ぶのには閉口しました。そのたびにわたしの側からは、わたしが書こうとしているのは「卒論のようなもの」であって写真集ではないことなどについて時間をかけて説明しなければなりませんでした。また、集会に参加する時にはできるだけカメラを持っていかないようにもしました。それでも「カメラマンさん」という呼び名はなかなか消え去るものではありませんでした［佐藤 2002:58］。

海外調査においては、調査者がどのようにとらえられているのかについて、国内調査以上に注意を払わなければならない場面がある。都市社会学者の町村敬志は、ロスアンジェルスにおけるエスニック・メディア研究を進めるなかで、以下のような経験を述べている。

多人種・多民族的状況が支配するロスアンジェルスでは、行きずりの日本人調査者(10)もまた、単なる異邦人ではいられない。そのままエスニックな対立を含んだ街の風景の一部に組み込まれていってしまう。非白人、アジア系アメリカ人、日系アメリカ人、西洋化された金持ちアジア人。外国人の男性研究者、そしてえたいの知れないよそ者。調査による出会いの中で、さまざまなラベルが時と場合に応じて自分に貼られていくことに気がつく［町村 2004：46］。

また、少し古い話になるが、インドネシア史研究の加納啓良は、かつてジャワ島での農村調査に従事した際に、住民のあいだに調査動機についての不信感が少数ながらあったことを記している［加納 1978］。それによると、ひとつは、「また日本軍がやってきて何かしでかすのではないか」という第二次大戦中の暗い記憶と結びついた日本人一般に対する恐怖感にもとづいたものである。ふたつめは、「学術調査のベールをかぶった、警察または軍の秘密調査ではあるまいか」というもの、そして三つめは、調査項目に土地・家屋の資産調査がかなり含まれていたことから生じる「税金徴収のための当局の予備調査ではないだろうか」という疑いである。同調査がおこなわれた一九七〇年代とは異なり、現在では戦争の記憶が調査におよぼす影響は限定的かもしれない。また、もちろんスハルト政権下の当時と民主化が進行している現在では調査環境はずいぶん異なるだろう。

しかし重要なのは、海外調査においては対象社会の政治体制、経済社会状況そのほかの実情をよく認識し、自分がどのような人間として調査対象者から見られるのか、国内調査以上に注意を振り向けねばならない点である。調査者としての正当性が担保されない状況や、「印象管理」がうまくいかない場合には、調査の質を左右するどころか調査そのものが実施不可能となるだろう。

ラポール構築の強迫観念

以上のように、自分が何者なのかを説明し、「印象管理」をしていくことは、当然のことながら、社会調査のテキストでかならずといっていいほど強調されるラポール(調査者と被調査者のあいだの信頼関係)構築と深く関係する。とりわけ、日本の社会学界では、地域社会学において調査者と被調査者の「共同行為」をめぐる似田貝香門―中野卓論争が一九七〇年代に展開されるなど、ラポールにかんする慎重かつ真摯な議論が多くみられた(11)。社会学研究では、都市内部の「貧困」や医療・福祉、環境など差別―被差別の問題をあつかうことも多く、こうした緊張感ある議論の存在は、社会調査という行為そのもの、そしてその意義をつねに調査者に問いなおさせる一方、社会調査のクオリティ向上にも寄与してきたといえるだろう。社会学調査におけるこのよき伝統はきわめて重要であるのはいうまでもない。しかしながら、ここで誤解をおそれずにいえば、わたし自身は中国での調査においてラポール構築に苦労した経験はそれほど多くないという感触をもっている。この点についてここでは少し考えてみたい。

二〇〇〇年代初頭、わたしは中国においてダム建設による立ち退き住民の声を丹念に聞いていきたいと考えていた。しかし、「政治的に敏感な」問題になりかねないこの研究課題について、はたして遂行しうるのかどうか確たる見通しをもっておらず、手探りではじめていった。もちろん、立ち退きの現場に入っても、加納があげたような問題が起こりうるだろうということも想定した。さらに念頭にあったのは、被害構造論(環境社会学)があきらかにしていたように、「犠牲者自身が被害を認識していない」、あるいは、周囲からの差別をおそれて「犠牲者が被害を隠す」といった実態がありうることである。よって、中国において外国人である自分に本音を語ってもらえるようになるのは相当むずかしいのではないかとも覚悟していた。中国の政治体制下において事業批判、政府批判などは出てくるわけもなく、きわめて表面的な把握しかできないのではないかとの懸念は大きかったのである。また、しばしば「中国研究者は酒が呑めなければ仕事にならない」といわれるように、とくに農村社会では住民との距離を縮めるためにまずは「宴会」で打ち解けるところからでないと調査にならないのだろうという強迫観念のようなものも持っていた。

しかし実際に進めてみると、住民は（お酒を呑まなくても）概してよく語ってくれるという予想外の経験がつづいた。ここにおいては、後述するように通訳者がうまく趣旨を説明してくれる部分も大きい。しかし一方で、わたしが自己紹介のタイミングを逸し、「広東人」だと受け取られてしまうときも[12]、また、日本人研究者だということが理解されている状況でも、いずれの場合でも共通した経験であった。わたしが単独でおこなう場合でも、移転住民が警戒感を強く持って調査計画そのものを断念しなければならなくなったという経験はほとんどない。より厳密にいえば、警戒心から口をつぐむ住民もいるのだが、それは四人か五人にひとりの割合であり、よく語ってくれる住民のほうが圧倒的に多い。しかも、ただ単に語ってくれるだけではなく、その圧倒されるような凄まじい経験を切々と語ってくれたり、揺れ動く心理の機微を、朴訥としたなかにも表現豊かに語ってくれる住民に出会うことも少なくないのであった。

このような住民の声をわたしが聞くことができたのは、時間をかけて住民との信頼関係を構築

写真6-2　三峡ダム水没予定地域(2003年2月).
テントをかつぎ, 船と徒歩で移動しながらの調査.

することに成功していたからではない。わたしがおこなう調査の大半はいわゆる「通い型」であるからである。何度も同じ住民を訪ねることでより深く話を聞き、多面的な理解を得ることができることはもちろんあるが、本音を語ってくれるという点でいえば、住民はわたしとはじめて会ったときから、それほど変わらないという感触を持つことが多い。

では、なぜ住民はわたし相手に語ってくれるのか。いくつかの要因が考えられるが、まずはいわゆるカタルシス効果(他者に対して語るという行為自体が持つ癒し効果)がある。開発事業によって立ち退き対象となった人びとは、その過程においてしばしば不条理な経験をしている。それについての不満は、行政担当者に対して訴えられることもあれば、言っても無駄だとあきらめてしまっている場合もある。外部者としてのわたしに対して、あるいは、わたしが日本人であろうとだれであってもよいのか、不満を聞いてくれる相手がいるということで、進んで話してくれる住民が少なくないのである。開発事業の過程で「傷ついた」住民への聞き取り調査は、いわゆるカタルシス効果が発揮されやすい場面だともいえる。

もうひとつの要因としてここであげたいのは、わたしに対する報道者としての役割期待である。先にあげたタイプの住民は、わたしに語ることで何か具体的な期待や見返りを求めてはいない。一方、別のタイプの住民はわたしに対して語ることの目的を明確にもっている。移転者たちは、開発事業をめぐる不満を訴えるために陳情活動を展開していることもめずらしくないが、それらが行政担当者によって聞き届けられ、実際に問題状況が改善されることは少ない［浜本 2009］。自分たちの窮状を外部者であるわたしに伝え、わたしがどこかの媒体で報告することやそれが政府の上級機関の目にとまって状況が打開されることが期待されているのである。外国人による報告であれば、なおのこと政府を動かすことができるかもしれないと期待が膨らんでしまうこともある。先にあげた佐藤郁哉の例のように、わたし自身も新聞記者ではないということや、学術論文を書くことが目的であること（それもいつ出るのかわからない）を含めて説明する。にもかかわらず、住民にとって大学関係者とは、活字媒体で発表する機会を持っている、あるいは活字媒体をつうじることも含めて影響力のある人びととのチャンネルを持っている人間だろうとの見方が背景にあるように思われる。

もちろん、語り手の側がこうした期待を持っているということは、誇張されたかたちで経験や認識が語られる可能性があるということに注意が必要である。一方、わたしは自身があまり苦労した経験がないからといってラポールなどに注意を払う必要はないのだと言いたいのではない。おそらく別の言い方をすれば、外国からの研究者であるということが、また後述するように同行する通訳者の存在が、調査者としてのわたしに正当性を与え、そのことがラポール構築につながっているともいえるだろう。ただ、ここで言いたいのは、海外研究ではラポール構築が困難であるという先入観をもちすぎる必要はない、ということである。みてきたように、調査目的や調査環境によっては、あるいはアプローチによっては、海外研究におけるラポール構築はかならずしも大きな障壁にはならないこともある。

権力的立場に身を置いた調査

調査者の立場性についても、途上国調査では、国内では想定されていないような場面がありうる。若手研究者はしばしば、外務省の専門調査員として、またとくにわたしのように開発にかかわる文脈で調査する際には、国際協力機構(JICA)やNGOそのほかの開発援助団体に身分をおき、それらの業務をこなしながら調査活動に従事することがあろう。このような場合は、調査対象者やインフォーマントからは、援助する側の人間としてみられるバイアスがかかることに自覚的でいなければならないが、しかし、バイアスがかかるからといって調査を実施しえないということにはならない。

わたしは以前、ある研究者がバングラデシュでのJICAプロジェクト(村落開発支援事業)を支援・評価するオフィシャルな立場を持ちながら、同時に地域にどのような影響をおよぼしている

写真6-3　バングラデシュにおける調査風景（2006年8月）．
調査者が，通訳者および村代表とともに村内視察する際に，
子どもたちがめずらしそうについてまわる．

のかを把握するための調査に同行させてもらったことがある（写真6-3）。この研究者はまず、援助者（それも日本から派遣されてきた上級権限を持つ人間）として現地住民リーダーから認識されている。こうした場面で生じやすいのは、住民リーダーがさらなる援助プロジェクトの実施を期待して、現行の援助事業に対して謝意を述べつつも、それとの関連で、村の課題や窮状がやや強調されるかたちで語られるバイアスである。調査者としては、そうした角度からの語りをいくら丹念に聞いても、それだけでは評価者としても調査者としても十分に仕事をしたことにはならない。現行の事業がどのような背景で計画され、いかに実施され、そして地域にどのような正負の効果があったのか、これらを具体的事実にもとづいて把握していく必要があるが、この研究者はみずからが権力的立場にあることを自覚しつつ、対象者がもつ期待と調査者兼評価者としての責務をはたすべく、じつにバラ

ンスよく地域の実情把握に成功していた。調査者は客観的な立場からアプローチすべきであるという「常識」を自明視していたわたしにとっては、おどろかされる経験であった。

ある組織集団の一員になる、内部者として関与するという参与観察は、社会学の調査手法としてけっしてめずらしくない。しかしそれとは別に、日本人として途上国社会で調査活動をおこなうことで援助者という期待のまなざしを受ける蓋然性は高い。その際にオフィシャルな援助者としての立場が与えられているということは、職務としてその期待にそえる立場にあるということであり、調査者はやり方によってはその立場を利用して調査活動を進めることもできる。もちろん、ここには調査者と被調査者とのあいだのラポールや調査倫理上の問題も内包しながら、質の高い調査データを得るような努力が必要となるが、今後、調査方法論として立場性をともなう種々の調査経験を蓄積していくことが求められよう。

何を聞くか――タブーの境界線

さて、海外研究・異文化研究における聞き取り調査の現場で起こりうる問題をみていこう。本来的に、社会調査は「立ち入ったこと」を聞くことも多い。いや、よくわからない社会現象や社会問題をあきらかにしようというのであるから、「立ち入ったこと」を把握できなければ、社会調査としての意義がないともいえる。しかし、社会調査だといって何でも聞けるわけではない。前述のラポール次第ということもあろうが、現政権に対する態度、宗教生活についての考え方、被差別の認識などは、通常では初対面の人間を相手にはけっして話したくないことがらであろう。聞くことによって対象者を著しく不快にさせるような問いは、一般には最初より調査項目からはずさざるをえないが、これを誤ると、その質問に答えてもらえないだけでなく、調査自体を困難なものにしてしまう。したがって、調査者は、「聞いてもよいこと」と「聞いてはいけないこと」(＝タブー)の境界線を最初から見きわめる必要がある。

そのような「聞いてはいけないこと」の境界線もまた、異なる文化を対象とする調査であれば、日本で調査をおこなう場合の「常識」とは異なることが多い。わたしの経験のなかで、その最たるものは「年収」である。

質問紙調査であれば、年齢や職業についての「フェイスシート」は最初に聞くのではなく、最後に配置するということが一種の「定石」とされてきた。最もよく読まれてきた社会調査法のテキストである福武直・松原治郎編『社会調査法』では、世論調査の項目で以下のように書かれている。

フェイス・シートは調査対象者の個人的な属性を明らかにするものである。性別、年齢、学歴、職業にはじまり、収入(本人、世帯)、家族構成、支持政党、購読新聞、耐久消費財所有状況など、調査でとりあつかう問題によって、フェイス・シートの構成も異なる。また、階層帰属意識、階級帰属意識を含める場合もある。フェイス・シートは調査対象者の個人的な事情をもある程度まできくことになるので、なにかと調査対象者に抵抗をあたえやすい。調査票の最後につけ、質問本文についての調査が終わったあとにきくのが普通である[福武・松原編 1967:213–214]。

この点は質的調査でも同様で、年齢や収入などは日本で調査をおこなううえでは聞きにくい内容である。わたしはこのような「常識」を無意識のうちにそなえていたので、中国などの海外調査でも当初はこれらについてほとんど聞かなかった。これらを聞くことで関係が崩れるのをおそれていたのだろう。しかし海外調査では、これらを聞くことについて自重する必要がないこともある。たとえば中国で収入について聞くことは、多くの場合、それほど問題とならない。それは、かつての国有企業では労働者の賃金差がほとんどなかったが、市場経済化によってさまざまな職業が出現し、どのような職種だといかほどの収入になるのか、それを確認する作業が中国人のあいだで日常化しているからだとも考えられる。

日本社会では、調査の信頼性が低下し、プライバシー保護の論調が強くなっているが、異文化社会を対象とする調査では、これとは異なる状況があることを念頭におきたい。もちろん、異文化社会の研究だからといって調査倫理が不要であるということではない。また、調査データのとりあつかいがいい加減であってよいということではないが、こうした原則にがんじがらめになる必要はない場面もあろう。

■記録の取り方

現地調査に従事する人間にとって、その日の出来事をノートに整理することは調査活動を意味あるものにするための鉄則である。手書きのノートからパソコン上での文字おこしも、できることなるば現地滞在中にしてしまいたい。しかしながら、農村を歩く場合には、このパソコンを持ち歩くということが大きな障害となる。熱帯地域では、とっさのスコールなどで濡れてしまいかねない。そもそも電源確保ができない場合もあろう。一日に一〇キロメートル以上も歩く場合には、最初からあきらめざるをえないかもしれない。こうした状況で調査がおこなわれるということも頭に入れておきたい。

また聞き取りの現場で、ICレコーダーによる録音をしたい場面があろう。とりわけ現地語での表現がどのようなものだったか、通訳者とともにあとで確認が必要となることもあるが、この録音については以下のように社会調査の倫理上、原則として当事者の了解を得ることになっている。

第九条　記録機材を用いる場合には、原則として調査対象者に調査の前または後に、調査の目的および記録機材を使用することを知らせなければならない。調査対象者から要請があった場合には、当該部分の記録を破棄または削除しなければならない〔「社会調査倫理綱領」二〇〇三年〕。

この綱領と関連して、日本国内の調査では無断録音はもってのほかという考えが主流だろう。そして実際に、被調査者のプライバシーに配慮する必要があることはいうまでもない。一方、途上国社会では、ICレコーダーなどという機器を見たことがない人がいるし、あるいは取材活動をする際に録音することをいちいち断らない文化もある。もちろん玉野[2008]が指摘するように、録音許可を取るやりとりは調査の中断となりうるため、ケースによってはこの原則に縛られない場面もあろう。「社会調査倫理綱領」はおそらくこういったことも含めて「原則として」という断り書きを置き、さらに「調査の前または後」というように事前承諾を絶対視してはいないのだろう。そのような場合も含めて、調査倫理問題は、調査者自身の責任に帰されるべきであることはいうまでもない。

三 社会調査における通訳論

社会学研究にとっての海外調査・国際比較調査

ここからはさらに論を進めて、海外ならびに異文化調査における通訳者および調査パートナーに焦点をあてていきたい。一般に、海外での調査研究では言語の習得が必要不可欠であると多くの研究者が考えるだろう。これは、人類学や地域研究を志す人びとのあいだではあまりにも自明のことなので、わざわざ指摘されることもないが、比較政治学の岸川毅は以下のように述べている。ややや長いが引用しよう。

地域研究の場合、一次資料を用いるための現地語の習得の度合いこそが研究の質を大きく左右する。研究には一言語で足りる場合も複数言語の習得が必要な場合もあるが、一般に政治分析においては公文書など不可欠の資料を読むためにも公用語の習得がまずは必要となる。話者レベルでは多言語社会であっても政治関連の文書は通常その大部分が公用語で書かれている。公用語が英語の場合はともかく、それ以外の場合は言語習得に労力と時間を投入せざるをえない。公用語以外の必要言語については国によって事情が異なり、研究の焦点の置き方や活用する資料の性格にも左右される。多民族・多言語国家においては、公用語を含め文章語が複数使用されている場合や、文章を持たない生活言語がインタビューに際して必要な場合など様々なケースがあり得る。大学など国内の教育機関で開講されていないような特殊言語であれば、独学か、現地で習得するしかない。

そしてできる限り言語理解のレベルを引き上げることが地域研究者にとって重要な目標となる。現地特有の語彙や言い回しの飛び交う政治情報を理解し、文脈を的確に読みこむレベルにまで達するには、相当な時間と不断の努力を要する。もっとも、こうした能力の獲得は言語だけの訓練で足りるわけではなく、豊富な文脈的知識や現地滞在と組み合わせてはじめて効果的に習得できる[岸川 2004:5]。

東南アジア研究者の前田成文は、言語の選択それ自体がもつ権力関係について具体的に説明しているので、これもやや長いがみてみよう。

どちらの言語を使うかは社会的な力関係によって決まるのが原則であるということを忘れてはならない。無意識に言語を選択することによって、優劣関係を最初から暗黙裡に認めることになる。植民地において宗主国の人々が使うのは自分たちの言語であって、被植民地のことばではない。ジャカルタからウジュンパンダンに行って使うことばはインドネシア語である。公式の場では、インドネシア語であることは勿論である。これはインドネシア語を話す人間の方が地方語を話す人より上位関係にあるということを、言葉を話すことによって再確認しているわけである。逆に、相手がブギス人かマカッサル人に拘りなく、ベチャ引きに命令するのは、ウジュンパンダンの標準語のブギス語かマカッサル語である。インドネシア語はわかるはずがないという前提に立っている。コミュニケーションの手段であることばを選択することによって力関係があからさまになる。調査者の選択できる言語は限られているので、状況に応じて言語を使い分けるというわけには行かないが、少なくと

写真6-4 北京における都市再開発についての聞き取り風景（2009年9月）.
街頭の休憩スペースで佇んでいる高齢者に対して，通訳者とともに雑談しながらのインフォーマルな聞き取り.

も、言語の選択が単なるコミュニケーションの便宜だけではないということを認識しているのと、しないのとでは、雲泥の差がある[前田 1993:181–182]。

ここで岸川や前田があげていることは、まったくそのとおりであろう。しかしながら、ここでは社会学研究者は関心の持ち方として、研究対象地域ありきではなく、研究テーマ、研究課題をもって調査対象地を決めていくことが多いことに留意したい。社会学研究者とは、「人間の営みに対して、徹底的に、恥じらうことも倦むこともなく、強烈な関心を抱く人間である」と言ったのはP・L・バーガーであるが[Berger 1962=1995:30]、加えて、バーガーは以下のようにも述べている。

自己の質問にうながされて、社会のありとあらゆる平面へと――すなわち、最も良く知られた場所へも、最も知られていない場所へも、あるいは、最も尊敬されている場所へも、最も軽蔑されている場所へも――赴くことになるかもしれない。そして、もしすぐれた社会学者ならば、どの場所にも顔を出すことだろう。というのも、自分のたてた問題が彼の心を支配しているので、答えを求めようとする以外には選択の余地がないからである[Berger 1962=1995:31]。

このような精神をもつ社会学研究者は、かならずしも数年がかりで地域研究をおこなうとはかぎらない。社会学の枠組みにとどまらず、言語の習得を含めて地域研究の世界に分け入っていく研究者もいようが、多くの場合、研究課題をもって地域調査をおこなうことになるだろう。特定社会の研究をおこなう際、おそらく人類学や地域研究においては、「言語ができなければ、研究はできない」とさえいわれるかもしれない。もちろん、できたほうがよいにちがいないが、そうでなくても、社会学研究としては、研究目的の達成に十分な社会調査を実施しうることも少なくない。言語の習得が困難でも、まさに心を支配している研究対象に向かってアプローチしたいと考えることも多いだろう。そうした社会学研究者にとってこそ、通訳をめぐる議論が必要となるのであり、地域研究や人類学では許されないであろうスタンスが、社会学では許容されていると言ってもいいのである(と、少なくとも語学が得意ではないわたしはそう思いこんでいる)。

ところが社会学における調査論において、調査者の母語とは異なる言語を用いた調査について言及されているものは非常に少ない。調査者と被調査者とのあいだでどのような言語を用いてやりとりされるのか、また文化的背景が異なるためにどのような誤認が生じるのかなど、これまでの経験を整理する作業が必要であろう。

インタビューは、インフォーマントの最も得意な言語で実施するのが一番望ましい。そして、調査者は通訳等を使うのではなく、調査地域の言語をマスターして調査に赴くのが望ましい。よほど優秀な通訳なら別だが(そんな通訳は謝礼が高くて、研究者にはとうてい雇えない)、通訳を介してのインタビューでは、なかなか話のニュアンスまではくみ取れない。その通訳が調査のテーマに精通しているわけではないから、誤訳も当然ある。それをチェックする程度の言語能力は必要であろう。要するに、たとえ流暢でなくてもよいから、なんとか調査地の言語を学んでいくことは必須であろう［倉沢 1996:190］。

以上は、インドネシア研究の倉沢愛子によるものであるが、たとえば、対象国・地域の公用語をある程度習得していたとしても、調査地域によってはほとんど意味をなさないこともある。中国調査においても、北京標準の「普通話」を使いこなせる研究者であっても、広東省や四川省において「広東話」や「四川話」でのやりとりはほとんどむずかしいだろう。それゆえに言語習得に励んでも無駄だと言いたいのではない。語り手が話す内容を一〇〇パーセント把握できない状況のなかでも、どのような調査であれば遂行しうるのか、こうした技術と方法論が求められているのである。

通訳者帯同の効用

通訳者および調査パートナーの存在によって現地住民のラポールを得ることがスムーズにいくことは多い。さらに、地域の社会文化的背景について示唆を得ることも少なくない。そもそも外部者である調査者が何のためにここにいるのか、自分は何者なのかの説明が十分にできなければ、話を聞きたい相手に信頼してもらえるまでにひと苦労するし、それどころか信頼してもらえない可能性もある。もちろん、通訳者（紹介者）がいることですべてうまくいくわけではない。またむしろ、通訳者を帯同しないで自分だけで説明したほうが受け入れられることもあるが、通訳者を媒介したほうがこのハードルが低くなる場合も多い。

通訳者の存在意義は、言語媒介者として、あるいは現地でのラポール構築での役割にとどまらない。野津隆志は、タイ研究における通訳者との協働経験について以下のように述べている。

Sは言語翻訳と同時に、文化解釈の重要なパートナーだった。翻訳作業を行いながら交わしたSとの対話の中から現地文化理解が深まったからだ。たとえば、子どもに行ったインタビューでは、仏教儀式への参加の仕方や経文唱和、座禅などの質問への回答が数多くあった。Sの「これはタイ人なら誰でも知っている。私も小学生のときに覚えた」というコメントから、あらためて学校で教える仏教の重要性を知ることができた。(中略)こうしたSとの対話は、タイ人の根底にある仏教的価値観をあらためて理解するきっかけとなり、筆者が論文執筆中に考えたいくつもの仮説の妥当性を検討するために貴重なものだった［野津 2009:220］。

このように、通訳者とのやりとりをつうじて「適切な質問の仕方」を学ぶことがある。自分が聞きたい表現が、現地言語でどのような言葉を投げかけるのが適切なのか、を把握することができるのである。自分のアタマで考えた質問は、文章表現としてはまちがいではないかもしれないが、こなれていなかったり、堅苦しすぎたりすることもあろう。ある程度の経験を積んだ調査者であれば、日本国内で日本語を使った調査ではこうした問題が生じることは少ないだろうが、異なる言語で調査をおこなう場合には地域の文脈に応じた問いの投げかけ方が求められることもある。

調査パートナーとしての通訳者の適性と出会い

地域研究をおこなう研究者にとって、通訳者は単なる通訳者ではなく、調査パートナーである。そして、信頼のおける通訳者との出会いは研究者にとって一生のつきあいになることもあろう。では、信頼できる通訳者とどのように出会うことができるだろうか。

途上国社会で調査をおこなう際、大学に籍を置く研究協力者が通訳者である場合も少なくないだろう。あるいは、研究協力者の研究室に在籍する大学院生が通訳を務めてくれる場合もあるかもしれない。このように通訳者があらかじめ確保されている場合もあれば、まったく「コネ」のない状態で、あるいはいくらかの「コネ」を頼りにみずから通訳を確保しなければならないこともあるだろう。後者の場合、通訳者の確保のために一度、事前に現地を訪問するのが望ましい。信頼のできる通訳者と出会えるかどうかは、調査研究の質に直結する問題であり、調査日程の当日や前日にはじめて通訳者と顔を合わせるというのはリスクが高い。これは、協力者によって「手配」されている場合でも同様である。自力で探す場合には、わたしは中国の日本語学科のある大学の掲示板にチラシを貼り、実際に現地に同行してもらったこともあるが、現在であれば、インターネットやSNSを利用して通訳者を確保することも可能であろう。

しかしながら、「コネ」のない状況では通訳者の確保が非常にむずかしい国・地域もある。日本語↔現地語の通訳となると、そうそう適任者が見つかるものではない。かつて、わたしがはじめてベトナムを訪問したとき、知人を介して通訳者を紹介してもらおうとしたが、ついに適任者を見つけることができなかった。通訳者として仕事ができるほど日本語能力が高い人びとは日系企業のオフィスに雇われており、高額の報酬が必要であるばかりか、企業雇用であるためにせいぜい土・日のみのアルバイトとして依頼可能だという話であった。表6−2は、高等教育機関における日本語学習者数をまとめたものであるが、世界のなかで日本語↔現地語の通訳確保の可能性が比較的高いのは、このリストの上位にある国・地域にかぎられるのかもしれない。探し方によってはこれらの国・地域以外でも適切な通訳者が見つかる可能性はあるし(現地に長期滞在する日本人も候補となる)、英語↔現地語、あるいは公用語↔現地語の通訳者と組むことも十分に視野に入れることができるだろう。母語が異なる通訳者はそれぞれに長所、短所があるが、しかしやり方によっては、これらのパートナーと組むことで十分に意味のある調査を遂行しうるだろう。

表6−2 高等教育機関における日本語学習者数

	国・地域	人数
1	中国	529,508
2	台湾	119,898
3	韓国	59,401
4	米国	56,623
5	タイ	21,915
6	インドネシア	17,976
7	ベトナム	13,637
8	フィリピン	11,107
9	カナダ	10,376
10	オーストラリア	8,520
11	フランス	7,975
12	マレーシア	7,441
13	シンガポール	5,795
14	英国	5,656
15	ドイツ	5,497
16	インド	4,253
17	モンゴル	4,155
18	イタリア	3,874
19	ロシア	3,547
20	香港	2,887

出所：国際交流基金編［2011］

さて、通訳者（調査パートナー）としてどのような資質が求められるだろうか。たとえば、①全般的な言語能力、②研究テーマにかんする専門知識、③調査の科学性を担保するような調査リテラシー、④現地住民と打ち解けることができ、また行政担当者に調査の意義と正当性を説明できるようなコミュニケーション能力、⑤暑さ寒さのなか、長時間にわたる移動やインタビューの通訳をこなすことのできる体力、以上がまず考えられる。このような資質をそなえる通訳者を探す際にまず考えられるのは、現地の共同研究者自身が通訳者を引き受けてくれる場合や、その研究室に属する大学院生が協力してくれる場合であろう。専門性の点では最も心強い。

しかし、日本語能力の点では、日本語学科に在籍している学生のほうが通訳者としてよりふさわしい場合もある。専門性の面では多くの期待はできないが、たとえばわたしが中国農村部で調査をおこなう際には、専門性よりも、農村出身なのかあるいは都市出身なのかという要素のほうが重要である。農村出身の学生はみずからの生活経験と重ね合わせて、住民生活の実態をイメージすることができる。わたし自身が実施した三峡ダム移転住民の調査で、ある大学の日本語専攻大学院生が数年にわたり調査パートナーになってくれたが、そのときがわたしにとって最も順調に調査を進めることができた期間であった。この大学院生は重慶の農村部出身であり、重慶から広東省へ移転してきた人びとへの聞き取り調査を進める際に、同郷の「重慶話」を話すこの調査パートナーの存在は、移転住民とのラポール構築に大きな効果を発揮した。同時に、農村生活をイメージすることができるので、住民の話をすぐに理解しスムーズに通訳をしてくれた（ただし、「方向音痴」で、以前訪れた場所もまったく覚えていなかったが）。

写真6-5　調査中にはこんなことも．
エンジントラブルの車を坂道で押して歩く（中国，雲南省，2003年8月）．

一方、別の苦い経験もある。旅行ガイドや企業案内などを職業としている通訳者（普通話↔現地方言）とともに中国の農村調査に赴く機会があったが、途中で小雨が降り、ところどころで水たまりもできてきた。この通訳者はいわゆる都会育ちで、悪天候のなか舗装されていない農村の道を歩くこと自体に慣れておらず、さらに見ず知らずの農家に入って話を聞くということにも強い抵抗感をもっていた。事前に打ち合わせていたにもかかわらずである。ついには、午後になって「今日は疲れたから、この先はもう歩かない」と言いだしてしまった。このときは二日間の予定だったが、まったく調査にならなくなったので、そこでこの通訳者と別れることになったが、言語ができるだけでは調査通訳者およびパートナーになりえないことをあらためて確認したのだった。ご本人も「こんなはずではなかった」と思われただろう。お気の毒であった。

いずれにしても重要なのは、その通訳者のよいところも悪いところも把握したうえで、現場に赴くことである。最初はコンビネーションが上手くいかなくても、場数を踏みながら調査者の意図を伝えていくことで、テニスやバドミントンなどのダブルスパートナーのように呼吸が合ってくれば、調査も順調に遂行していくことになる。

■通訳者とのコンビネーション

社会学における社会調査論では、調査員のトレーニングの重要性については、これまでにしばしば指摘されてきた。たとえば質問紙調査の場合、調査の意義をよく理解していないアルバイトに調査票の回収を頼むと、早く作業を終えたい回収員が自分で調査票を記入してしまう「メイキング」が起こる可能性も否定できないというものである［玉野 2008］。海外研究・異文化研究においては、通訳者のトレーニング、通訳者との連携についても調査の質を大きく左右する重要な要素である。この点はいくら強調してもしすぎることはないほどであり、通訳との連携がうまくいかなければ調査の実施はままならない。

具体的な聞き取り場面では、通訳のタイミングにも工夫が必要である。ひとつひとつのやりとりのつど、訳してもらう逐次通訳が一般的であろう。調査者の側では、その場での語りから重要だと思われる論点が含まれていれば、さらに問いを進めたいと考える。しかし、逐次通訳はしばしば話の流れをさえぎってしまう危険性もあり、場合によっては、いつもかならず聞く質問はまとめて通訳者に委ねるやり方もある。また、不慣れな通訳者は、調査者の意図とは関係なく、自分の聞きたいことを対象者に対して投げかけ、調査者を置き去りしてしまうこともあれば、対象者が話した内容を大雑把にしか訳さなかったり、通訳者の頭のなかで変換された言葉に言いかえてしまう場合もある。これらの場合、通訳者に遠慮していては調査目的を達することができないので、問題点を明確に指摘しなければならない。しかし、調査現場で通訳者がはじめて出会う概念や用語などが当然あるだろう。また、地域社会における背景事情も知っていなければ住民の話の文脈をつかむことができず、言語としては正しくてもピントのずれた通訳になってしまう可能性もある。これらは事前に通訳者に説明しておけば、調査現場で通訳者が混乱するリスクを減らせるだろう。通訳者が、調査者や対象者に対して問いを投げかけたり、確認作業を頻繁におこなうようであれば、それは通訳者に対する事前説明が不足していることに起因していると考えられる。

通訳者が共同研究者でもあるときは、みずから聞きたいこともあるだろうから、聞き取り現場のイニシアティブをだれがとり、どのような内容をどのようなやり方で進めていくのかについては、事前に入念な打ち合わせが必要である。同時に調査実施過程で生じるずれをすり合わせていけばよいだろう。いずれにしても、調査者と通訳者とのコンビネーションは場数を踏むことでよりスムーズになっていくものでもある。

通訳を介在した調査の場合、もうひとつ注意したいことがある。通訳者が現地語↓日本語に訳す際に、日本語の部分だけに注目し、話し手の語りに耳を閉ざし、顔をそむけてしまいがちである。現地語で語られているあいだはノートとにらめっこして、補足情報を書き足してしまいたくもなる。しかし、話し手の言語が聞き取れなくても、キーワードを拾ったり、相手の表情を読みとることは可能である。

現地語を話せないまでも、部分的なリスニング力がある場合は、数段高い双方向的な調査が可能である。話者の話し方、トーン、表現方法など多様な読みとりが可能であり、また同時に、議論の流れを追うこともできる。この意味で「言語ができたほうがよい」のはまちがいないが、十分でなくても調査目的に応じた調査が不可能なわけではない。

むすび

以上、日本の社会学における調査方法論の前提をめぐり試論を展開してきた。わたし自身のかぎられた経験が中心となっているので、十分に検討できていない点、偏っている点もあろう。また、わたしの問題関心は、おそらく人類学や地域研究などの研究分野の方々にとってはあたりまえのことかもしれない。また調査は、対象や関心によって方法が異なることはあっても、すべての学問分野に共通するものであるから、社会学における調査方法論などどうでもよいという批判もあろう。

しかし調査論を論じようとするときに、知らず知らずのうちに自分が受けてきた調査教育や経験を前提としてしまうことが多いようにも思われる。人類学や地域研究、さらには地理学や心理学、教育学で学んだ調査論の「常識」と、社会学のそれとは異なる側面もある。そうした前提に自覚的であることが、さらに豊富な調査論の展開に向けた一歩となるのではないだろうか。それゆえに、本稿では、まずは「社会学育ち」あるいは「社会調査士育ち」の調査者が、これから異文化社会を調査対象とする際のなんらかの示唆が含まれていれば、というところに狙いを絞って論じてきた。

本稿であつかってきたような開発研究にかぎらず、社会学では、海外との比較研究も増えている。国内で実施する調査でも、外国人労働者、地域社会や医療現場での異文化・民族問題、外国人居住者の参政権、子弟の教育および言語習得などの問題を論じるにあたっても必要性は生じている。これらの問題に切りこんでいくために国内(自文化)調査以上に注意を払う必要があったり、あるいは経験を要する場面もあろうが、しかしむずかしいことばかりではなく、むしろオーソドックスな国内調査以上に順調に調査を進めることのできる局面もある。海外研究・異文化研究をめぐる調査論がさらに展開されることを期待したい。

註

＊本研究は、文部科学省科学研究費(基盤B)「開発援助プロジェクト評価のための社会調査手法に関する社会学的研究」(研究代表者:宇田川拓雄、二〇〇九〜二〇一一年度)による成果の一部である。

(1) この制度はもともと、関西地方の社会学専攻をもつ大学を中心に一九九五年度より試行・運用されていた制度をベースに、日本社会学会、日本行動計量学会、日本教育社会学会を母体としてたちあげられたものである。

(2) 別に、八条規定による一八〇八名の専門社会調査士が認定されている。

(3) 専門社会調査士の取得にあたっては、H、I、J科目の履修が必要となる。

(4)　社会調査士をめぐっては、その運営方法や位置づけについて異論もあがっている。三浦耕吉郎は以下のように述べている。

「社会調査を手がけるにあたって、フィールドワークに関する基礎的な知識が必要であることは言うまでもないことです。しかしながら、フィールドワーカーと「資格」との組み合わせについては、どうしてもミスマッチの感が否めません。

それというのも、フィールドワーカーの資格を云々するということは、端的にいって、フィールドワークという自由度の広い実践を、社会調査という狭い制度のなかに囲い込むことになってしまうからです」[好井・三浦編 2004:247]。

(5)　一方、中山伸樹は、「教職科目や社会福祉関連科目、認定心理士関連科目の場合に比して科目認定書類を毎年教員ごとに提出しなければならないなど、形式主義の一人歩きの面が懸念される」[中山 2008:409]としたうえで、「少なくとも教員がテーマや方法や対象者を決めているコースよりも、学生自身がそれらを考え決めるところから始めるやり方の方が、単位取得率は低下するが、学生にとって調査体験として中身の濃いものになるはずである」[中山 2008:400–401]としている。

(6)　なお、社会調査士資格認定機構が改組して成立した一般社団法人社会調査協会による「倫理規定」は二〇〇九年五月に施行された。

(7)　これについては、似田貝[1974]において懸念が表明されている。後述するように、この議論はその後、調査者—被調査者の関係をめぐって論争となった。日本の社会学研究者による代表的な量的調査であるSSM調査(「社会的成層と社会移動」調査)でも、一九七五年までは七割以上の回収率を確保できていたが、一九八五年以降となると六割台が一般的となっている[玉野 2003:539]。

(8)　以上について、とくに日本と中国、あるいは日中比較研究を中心におこなってきた。日本と中国以外では、韓国、フィリピン、インドネシア、ベトナム、シンガポール、バングラデシュ、英国、スペイン、米国でわずかな経験があり、本稿はこれらがもとになっている。

(9)　このことは日本においても同様である。たとえば、池袋の外国人居住者調査について、田嶋

[2010]はこの問題を述べている。

(10) 町村敬志は、調査のタイミングが重視される社会学的フィールドワークの多くは、「にわか」フィールドワーカーとしての体験を積み重ねながら、見る力、聞く力を蓄えていくとし、こうした「にわか」フィールドワーカーのことを「行きずりのフィールドワーカー」と呼んでいる[町村 2004: 36]。町村は、本格的なフィールドワークとの比較において、「行きずりのフィールドワーク」はまちがいなく「いかがわしい」ものであるとする一方、発展途上の、独自性をもったフィールドワークであり、その限界をきびしく自覚しつつ、「行きずりのフィールドワーカー」としてよい仕事をしていくためにどのような心構えが必要なのかを論じており、本稿の立場とつうじている。

(11) 似田貝[1974]を契機とするが、この論争についてはさまざまに論じられているのでここでくりかえさない。ただ、この議論の背景には、先に本稿で触れたように社会調査に対する社会の信頼が低下しているという似田貝の問題認識があった。

(12) おそらく、わたしの外見的要因と中国語があまり上手ではないという理由のほか、そもそも外国人が訪れるという想定がないためである。

グローバル社会のフィールドワーク

——編者あとがきにかえて

赤嶺 淳

本書の目的は、社会学や文化人類学など、人間と自然、人間と文化／社会といったさまざまな関係性（かかわり方）について学ぶわたしたちが、フィールドワークの過程で感じたこと、悩んだこと、考えたことに焦点をあて、今後の人文・社会科学系学問のあり方を提示することにあった。

具体的には、わたしたちが日本をふくむ世界各地で実施してきたフィールドワークの具体例をつうじて、①「グローバル社会」がかかえる問題点をあきらかにするとともに、②そうした問題群に対し、調査者がいかにかかわってきたのか、③そうした「かかわり」をとおして調査者がどのように変化し、④結果として、そのことが調査研究にいかなる変化をおよぼしてきたのか、を再帰的に考察することが本書の目的であった。七名の調査者の個別経験を束ねることで、複雑怪奇なグローバル化時代の動態をあぶりだす手法としてのフィールドワークの意義はもとより、よりよい社会を構築していくための学問――人間文化学――の実践的ツールとしてのフィールドワークの可能性を再確認したいと考えたことが、本書編纂の意図である。以下、わずかの紙幅であるが、「グローバル社会のフィールドワーク」という課題について整理しておきたい。

搾取／被搾取の関係を超えて

一九八〇年代以降、フィールドワークが内包する政治性や権力性が、さまざまに議論されてきた［Clifford and Marcus eds. 1986＝1996］。自明といえばそれまでであるが、こうした議論の結果、フィールドワークが調査者と被調査者（調査協力者＝インフォーマント）との協働作業で成立するものであると再確認されたことが［Marcus 1995］、本書の立脚点となっている。というのも、本書の執筆者はいずれも四〇代（あるいは少なくとも四捨五入すれば四〇歳）であり、大学院生として本格的な研究生活に入ったころには、「フィールドワーク」＝「調査者による搾取」といった批判を超えるべく、フィールドワークを双方のコミュニケーションの結果としてとらえなおすことが要求されていたからである。

このことは、単に調査者が調査地（フィールド）に出むき、そこの人びとの協力をえて、あるいは調査地の人びとと協働して、なにがしかの調べごとをし、その成果を発表していく、という研究サイクルの一部始終のみを意味するのではない。フィールドワークの過程でかかわる人びととの多元的な関係性(かかわり)を自覚し、そうした関係性の経年変化をもフィールドワーカーみずからが意識的にとらえ、積極的に調査スタイルを改善していく順応的姿勢が必要であることを意味している。

わたしたちは、これまでにも、そのときどきの研究関心にそった論考を、それぞれの目的に応じて発表してきた。研究を職業とするわたしたちにとって、生活していくための「職」の確保は、第一に考えねばならないことである。研究成果の公表が、そのまま安定した研究環境の確保に直結するわけではないとはいえ、現在、わたしたちが享受している研究環境が、これまでの研究成果の結果でもある以上、みずからの研究行為に潜む政治性も否定できるものではない。

問題は、そうした政治性を自覚したうえで、フィールドワークを中心とした研究サイクル上のさまざまな機会に、みずからの研究のあり方を問いなおしつづける機会をもうけ、みずからの方向性をつねに修正しつづけることができるか否か、にある。同時に、研究成果の還元方法を、論文という学界関係者を念頭においたものだけに限定せずに、より自由な発想で還元策を模索するべきではないだろうか。

そのひとつが、第4章で亀井が強調する、「もろもろの行為(アクション)」であろう。中・西部アフリカのろう者と手話言語の研究をおこなう亀井は、コートジボワールのろう者を共同研究者に募り、手話言語の公認にむけての社会運動をおこなっている。おなじくアフリカで、野生動物管理の研究をおこなってきた岩井は、調査してきたタンザニアの世界自然遺産セレンゲティ国立公園内の村で、ゾウ被害にかんする問題分析を村人と共同しておこない、勤務する早稲田大学のボランティア事業に参加した学生たちとともに問題解決にむけて悪戦苦闘中である(第2章)。

関係性の濃淡はあるものの、本書におさめた論考は、それぞれの著者が自分なりに悩みつつ、研究対象を客観視するのではなく、研究対象に感情移入しながら行動してきた成果還元の手法を回顧したものとなっている。

まなざし/まなざされる関係

最終章で浜本が論じるように、社会調査の方法には、大きくわけて量的調査と質的調査の二種類がある。質問票をもちいて千人や万人の単位を念頭におこなう前者の手法からは、地域や国家にかかわる事象の傾向をデジタルに把握することが可能である。それにくらべ、本書が採用したインタビューをほりさげていく質的調査は、千単位のインタビュイーをあつかうわけにはいかず、どちらかというと、行きあたりばったりのアナログな印象をあたえるかもしれない。しかし、質的調査の醍醐味は、調査の深度と継続性にある。ひとりのインタビュイーとのつきあいが一〇年、二〇年を超えることはまれではない。出会いは偶然であろうとも、ながいつきあいのなかで、相互の信頼性(ラポール)は深まっていく。そのことは、本書の随所で語られているとおりである。

調査者がフィールドに出かけるのは、研究対象の人びとを観察するためである。その一方で、調査に協力してくれる被観察者も、こちらの人物をみさだめたうえで調査に協力してくれるわけである。当然ながら、「まなざす／まなざされる」関係は双方向的なものなのだ。わたしがフィリピンの離島で調査を開始したころ、昼寝を惜しんで島のあちこちを歩きまわっていると、どこからともなく「ジープン（jipung＝日本人）」という声が聞こえてきたものである。面とむかっていわれるのならともかく、家のかげから断続的に「ジープン」をささやかれ、「俺には、ジュンという名前があるんだぞ！」と辟易していたことも、いまとなってはなつかしい思い出である。

調査期間と使用言語

第5章で辰巳頼子と辰巳慎太郎が述べるように、文化人類学者は、年単位の期間、調査地に住み、その地域の言語を習得し、村人のゴシップにいたるまで村のことはいっさいすべて熟知する姿勢が求められる。それに対し、第6章で浜本が述べるように、社会学的フィールドワークは村に住みこむことを前提としていないし、通訳を介することもめずらしくはない。

本書では、フィールドワークの根幹ともいえる調査期間と調査言語については、十分な議論が展開できなかった。フィールドワークのとらえ方にもよるが、研究手法という側面をもっている以上、課題に応じた態勢をととのえることが必要なのであって、これをいちがいに論じることはむずかしいからである。たとえば、フィリピンの少数言語の研究から研究人生をスタートしたわたし自身は、文化人類学的でもなく社会学的でもないフィールドワークをくりかえしてきた。フィリピン南部に居住しているサマ人たちのサマ語を研究するにあたっては、文法や語彙・語法を学ぶためにマヌクマンカウ島に滞在し、そこで集中的にサマ語を学んだのちは、近隣の島じまを訪問しながら、方言の採録に精を出していた。しかも当時、わたしはフィリピン大学の大学院生だったため、学期末の休暇を利用して調査をおこなわざるをえず、一回の調査は二週間から三週間程度であった。

本書でも論じたナマコ問題に関心をもつようになってからも、一箇所におちついて調査するというよりも、大胆にも世界のナマコ生産地や集散地、消費地を歩いてみようとの壮大な目標をかかげ、今日にいたっているのは、言語学徒時代に集中調査と広域調査をくみあわせてきたという、自身の学問の建て方（と性格）によるところが大きいと考えている。わたしも現地語を習得する方針を貫いてきたが、ここまで調査地が拡大してくると、当然、現地語をもちいての調査は不可能となった。また、いくら予習したところで、その地域の歴史と文化がはぐくんできた価値観やしきたりといった「勝手」についての理解も浅薄なものとならざるをえず、通訳者に依存せざるをえないのが現実である。そうした問題をいかに解決していくのかが、目下の課題である。

マルチ・サイテッド・アプローチへの期待

グローバル化時代、あるいは世界システム下にある今日の人類学のあり方を模索しつづけてきた文化人類学者のジョージ・マーカスは、調査地社会の全体像をえがくためにも、複数の地域における調査をふまえ、調査地のおかれた状況をより大きなシステムに位置づける必要性を主張した［Marcus 1986＝1996:310–311］。「マルチ・サイテッド・アプローチ（MSA:multi-sited approach）」として知られる、マーカスが提唱したこの調査手法は、文字どおりに複数の（multi-）場所（site）でおこなうものである［Marcus 1995］。マーカス自身が期待を寄せるように、MSAは、生産・分配・消費を俯瞰する資本主義システムの研究に適しているであろうし［Marcus 1986＝1996:311］、本書で辰巳らが引用するように、送りだし側と受けいれ側が明確な移民研究者が注目する手法でもある［Coleman and von Hellermann eds. 2011; Falzon ed. 2009］。

注意すべきは、マーカスが採用したsiteの同義語として、より主体的な「立ち位置」とも訳すべきposition（ポジション）を想定することも可能だということである。たとえば、マーカスが述べるように、HIV患者支援組織の研究をおこなう過程で、研究者が研究と並行して患者の支援運動にかかわることは、当然な帰結であって、そもそも研究と運動・実践のあいだに明確な線を引くことは困難である［Marcus 1995: 113］。日本語の「二足の草鞋」には、どことなくネガティブなイメージがつきまとうが、研究者と運動家なり、研究者とプロデューサーなり、フィールドワーカーにはマルチな行動が求められているのである。本書におさめた論考は、著者らが意識するしないにかかわらず、マルチ・サイテット・アプローチの実践例となっている。

グローバル社会について積極的に発言をしている米国人ジャーナリストのトーマス・フリードマンは、グローバル化を冷戦崩壊後の世界システムととらえ、東西両陣営への分断が冷戦下の世界システムであったならば、グローバル化システムの特徴は市場の統合だという［Friedman 1999＝2000：上29–30］。米ソという超大国の均衡で維持されていた冷戦下の世界システムを構成した単位は国家であった（だからこそ国境は意味をもっていたのである）。しかし、フリードマンによれば、それまでバラバラに進化していたIT技術、投資方法、情報収集法という三つの変化が八〇年代後半に一気に統合した結果、冷戦下に築かれたあらゆる壁を瓦解させ、世界はグローバル化システムに統合されたのだという。当然、冷戦システム下で所与のものとされた国家と（グローバル）市場の、また国家と個人のバランスもさまざまな境界も、ゆらぐこととなる。ボーダレス社会誕生の所以だ。

わたしは、なにもフリードマンがいうグローバル主義者（グローバリスト）を賛美したいわけではない。しかし、フットワークのよさといい、世界を多次元から複眼的に眺め、かつその複雑な現代社会の様相を大上段にかまえた理論をふりかざすことなくシンプルな文章で報告するというかれの著述姿勢に共感している［Friedman 1999＝2000：上40］。フリードマンはいう。

> 現在、政治や文化、技術、金融、国家安全保障、生態環境学をおのおの独立させていた伝統的な境界が、どんどん消滅している……。このうちのどれかひとつの問題を説明しようとすれば、しばしばほかの問題にも触れなくてはならず、全体を説明しようとすれば、個別の問題すべてに触れなくてはならない。つまり、有能な国際情勢コラムニスト、あるいは記者でありたいなら、たがいに共通性のないさまざまな見地から情報を仕入れ、……それらの情報をひとつに撚り合わせる方法を学び、ただひとつの見地に立っていたらけっして手に入らないはずの一枚の大きな世界図を織り上げる必要がある。これが情報の鞘取りの本質だ。人と人とがこれまでになく密接に結びついたこの世界では、さまざまな関係を読み取り、点と点を結んでいく能力こそ、ジャーナリストが提供できる本当の付加価値になる。相互関係を読み取らないと、世界全体を見たことにはならない（傍点筆者）［Friedman 1999＝2000：上41］。

そう、本書でわたしが強調したいことは、右に引用したフリードマンの主張につきる。これまで冷戦システム下よろしく細分化されてきた学問を、有機栽培で育った野菜のように、より太く、全体が見とおせるものにしていこう、というものである。そのためにも、研究者／運動家といった二項対立的なとらえ方は現実的ではないと考えている。すべての境界が溶けていくのが現代社会の宿命だとしたら、少なくともフィールドワーカーは、専門家《スペシャリスト》という壁にまもられた存在ではなく、十種競技よろしく万能家《ジェネラリスト》をめざしていくべきではなかろうか。

＊

本書を編むにあたり、編者として執筆者にお願いしたのは、「わたし」という一人称を主語に文章を綴ってほしいということであった。それは、自分自身が経験したことから学問を建てたいと考えるからである。なぜならば、フィールドワークとは、梅棹忠夫がいうように「自分の足であるき、自分の目でみて、自分の頭でかんがえる」ことにほかならないからである［山本 2012］。

学問に伝統やしきたりがあることは自明のことである。主観を排除し、客観的議論を展開することも、そうした伝統にふくまれる。そんな立場からすれば、「わたし」によるひとり語りに違和感をもたれる読者も少なくないであろう。しかし、戦後の学問のみならず社会のすべてを支配してきた冷戦システムが崩壊し、グローバル化システムの時代をむかえた以上、みずからが慣れ親しんできた手法からあえて逸脱する冒険も無駄ではないはずだ。

いまだみずからの学問の形成途上にあるわたしたちには、今後もフィールドでの試行錯誤が待ち受けている。だが、それは、あらたな出会いとかかわりのはじまりでもある。本書が、フィールドワークのおもしろさを伝えることに成功し、ひとりでも多くのフィールドワーカーの誕生に資するとしたら、こんなうれしいことはない。

編者・執筆者紹介

■編者

赤嶺 淳（あかみねじゅん）

1967年，大分県生まれ．

名古屋市立大学大学院人間文化研究科准教授．

専門は東南アジア地域研究，海域世界論，食生活誌学，フィールドワーク教育論．

主著：『ナマコを歩く――現場から考える生物多様性と文化多様性』（新泉社，2010年），『海參戰役――從在地思考生物多樣性與文化多樣性』（童琳・陳佳欣訳，台北：群學出版，2011年），『クジラを食べていたころ――聞き書き　高度経済成長期の食とくらし』（編著，グローバル社会を歩く研究会，2011年），『バナナが高かったころ――聞き書き　高度経済成長期の食とくらし2』（編著，グローバル社会を歩く研究会，2013年），*Conserving Biodiversity for Cultural Diversity: A Multi-sited Ethnography of Sea Cucumber Wars*,（Tokai University Press, 2013）．

◎執筆者

岩井雪乃（いわいゆきの）＊第2章

1970年生まれ．早稲田大学平山郁夫記念ボランティアセンター助教．

専門はアフリカ地域研究，環境社会学．

主要業績：『参加型自然保護で住民は変わるのか――タンザニア・セレンゲティ国立公園におけるイコマの抵抗と受容』（早稲田大学出版部，2009年），『世界をちょっとでもよくしたい――早大生たちのボランティア物語』（共著，早稲田大学出版部，2010年），「住民の狩猟と自然保護政策の乖離――セレンゲティにおけるイコマと野生動物のかかわり」（『環境社会学研究』7，2001年）．

佐野直子（さのなおこ）＊第3章

1970年生まれ．名古屋市立大学大学院人間文化研究科准教授．

専門は社会言語学，多言語社会研究．

主要業績：『*Una lenga en chamin / Una lingua in cammino / A language on the way* / 途上の言語――イタリア・オクシタン谷への旅』（Itàlia : Chambra d'Òc, 2008年），『オック語分類単語集』（大学書林，2007年），「言語の「文法」――多言語社会における社会言語学研究」（『ことばと社会』10，2007年），"«Parla patoés ! » — l'attitude linguistique des patoisants face à une étrangère," *Scène, évolution, sort de la langue et de la littérature d'oc*, Actes du septième Congrès de l'Association International d'Etudes Occitanes (AIEO), Tome II, (Viella, Roma, 2003).

亀井伸孝（かめいのぶたか）＊第4章

1971年生まれ．愛知県立大学外国語学部国際関係学科准教授．

専門は文化人類学，アフリカ地域研究．

主要業績：『支援のフィールドワーク――開発と福祉の現場から』（共編著，世界思想社，2011年），『森の小さな〈ハンター〉たち――狩猟採集民の子どもの民族誌』（京都大学学術出版会，2010年），『アクション別フィールドワーク入門』（共編著，世界思想社，2008年），『アフリカのろう者と手話の歴史――A. J. フォスターの「王国」を訪ねて』（明石書店，2006年）．

辰巳頼子（たつみよりこ）＊第5章
1973年生まれ．清泉女子大学文学部講師．
専門は文化人類学，東南アジア地域研究．
主要業績：「辺境イスラーム社会に生きる人々の越境経験――フィリピン・マラナオ社会における中東留学をめぐる語りから」（私市正年・寺田勇文・赤堀雅幸編『グローバル化のなかの宗教――衰退・再生・変貌』上智大学出版，2010年），「旅して学ぶ――フィリピン・ムスリム留学生の事例から」（床呂郁哉・西井凉子・福島康博編『東南アジアのイスラーム』東京外国語大学出版会，2012年），「生の歴史としての戦争体験」（つなぐ会編『奮闘する女子大生のフィールドワーク――戦争体験者へのインタビュー』つなぐ会，2012年）．

辰巳慎太郎（たつみしんたろう）＊第5章
1972年生まれ．上智大学外国語学部准教授．
専門は文化人類学（とくに東ティモール，インドネシアをフィールドとする）．
主要業績：「開発を翻訳する――東ティモールにおける住民参加型プロジェクトを事例に」（信田敏宏・真崎克彦編『東南アジア・南アジア　開発の人類学』明石書店，2009年），「国民和解を想像する――東ティモールにおける過去の人権侵害の裁きをめぐる二つのローカリティ」（幡谷則子・下川雅嗣編『貧困・開発・紛争――グローバル／ローカルの相互作用』上智大学出版，2008年），「略奪婚――ティモール南テトゥン社会における暴力と和解に関する一考察」（『文化人類学』72(1)，2007年）．

浜本篤史（はまもとあつし）＊第6章
1972年生まれ．名古屋市立大学大学院人間文化研究科准教授．
専門は社会学．
主要業績：「「開発社会学」の研究系譜とアプローチ――国内外の社会学における蓄積にもとづいて」（共著，『国際開発研究』21(1/2)，2012年），『北京市崇文区における都市再開発と住民の経験（1990–2009）』（編著，住総研，2011年），『御母衣ダムと荘白川地方の50年』（編著，まつお出版，2011年），「開発事業と非自発的移動――三峡ダム住民移転はいかなる社会的文脈の下，遂行されようとしているのか」（根橋正一・東美晴編『移動する人々と中国にみる多元的社会――史的展開と問題状況』明石書店，2009年）．

文献一覧

序

Friedman, Thomas L.［2006］*The World is Flat: A Brief History of the Twenty-First Century*, Updated and expanded ed., New York: Farrar, Straus and Giroux.（＝2008，伏見威蕃訳『増補改訂版　フラット化する世界――経済の大転換と人間の未来』上・下，日本経済新聞出版社.）

第1章

赤嶺淳［1999］「南沙諸島海域におけるサマの漁業活動――干魚と干ナマコの加工・流通をめぐって」，『地域研究論集』2(2): 123–152.

――――［2000］「熱帯産ナマコ資源利用の多様化――フロンティア空間における特殊海産物利用の一事例」，『国立民族学博物館研究報告』25(1): 59–112.

――――［2001］「東南アジア海域世界における資源利用――環境変化と適応性をめぐって」，『社会学雑誌』18: 42–56.

――――［2002］「ダイナマイト漁民社会の行方――南シナ海サンゴ礁からの報告」，秋道智彌・岸上伸啓編『紛争の海――水産資源管理の人類学』人文書院，84–106頁.

――――［2003］「干ナマコ市場の個別性――海域アジア史再構築の可能性」，岸上伸啓編『先住民による海洋資源利用と管理』国立民族学博物館調査報告46，国立民族学博物館，265–297頁.

――――［2006］「同時代を見つめる眼――鶴見良行の辺境学とナマコ学」，『ビオストーリー』6: 50–59.

――――［2010］『ナマコを歩く――現場から考える生物多様性と文化多様性』新泉社.

――――［2011a］「民意はいかに?　捕鯨に関する国民的議論を!――第63回IWCをふりかえって」，『水産界』1520: 29–32.

――――［2011b］「「食生活誌」学の確立をめざして」，赤嶺淳編『クジラを食べていたころ――聞き書き　高度経済成長期の食とくらし』グローバル社会を歩く1，グローバル社会を歩く研究会，204–212頁.

――――［2012］「食文化継承の不可視性――稀少価値化時代の鯨食文化の動態」，岸上伸啓編『捕鯨の文化人類学』成山堂，207–224頁.

赤嶺淳監修［2011］『七尾に生きる——能登の宝は，人』名古屋市立大学.
赤嶺淳・森山奈美編［2012］『島に生きる——聞き書き　能登島大橋架橋のまえとあと』グローバル社会を歩く2，グローバル社会を歩く研究会.
秋道智彌［1994］『鯨と日本人のくらし——人びとは鯨とどうかかわってきたか』ポプラ社.
————［2009］『クジラは誰のものか?』ちくま新書760，筑摩書房.
CITES［n.d.］"The CITES species," The CITES Secretariat website (http://www.cites.org/eng/disc/species.php)［最終アクセス日：2012年3月24日］.
FAO［n.d.］「目的・使命」，FAO日本事務所ウェブサイト（http://www.fao.or.jp/about/details/purpose.html）［最終アクセス日：2012年12月15日］.
Feeny, David, Fikret Berkes, Bonnie McCay and James Acheson［1990］"The Tragedy of the Commons: Twenty-two Years Later," *Human Ecology*, 18: 1–19.（＝1998，田村典江訳「「コモンズの悲劇」その22年後」，『エコソフィア』1: 76–87.）
Freeman, Milton M. R. ed.［1988］*Small-Type Coastal Whaling in Japan: Report of an International Workshop*, Edmonton: Boreal Institute for Northern Studies, The University of Alberta.（＝1989，高橋順一ほか訳『くじらの文化人類学——日本の小型沿岸捕鯨』海鳴社.）
日高健［2010］「水産物ブランド化戦略と地域活性化」，婁小波・波積真理・日高健編『水産物ブランド化戦略の理論と実践——地域資源を価値創造するマーケティング』北斗書房，303–312頁.
平野雅章訳［1988］『料理物語——日本料理の夜明け』教育社新書原本現代訳131，教育社.
北國新聞［2008］「「能登なまこ」ブランド化へ　七尾に今春加工協同組合」，『北國新聞』2008年2月16日.
————［2010a］「3月に初のナマコ供養　七尾の神社，知名度向上へ」，『北國新聞』2010年2月14日.
————［2010b］「初のナマコ供養，大漁祈願祭　七尾・石崎漁港　園児が手づかみ放流」，『北國新聞』2010年3月7日.
本田健二・斉藤行雄［1983］「臼杵市の魚鱗塔等について」，『臼杵史談』74: 29–32.
International Institute for Sustainable Development (IISD)［2002］"Marine species make a splash," *Earth Negotiations Bulletin*, 21(30): 15.
石井敦編［2011］『解体新書「捕鯨論争」』新評論.
伊藤史郎［1996］「マナマコの種苗生産」，『佐賀県栽培漁業センターにおける種苗生産マニュアル』佐賀県栽培漁業センター，69–109頁.

金子与止男［2010］「水産資源をめぐるワシントン条約の近年の動向――ミニシンポジウム記録　板鰓類資源の保全と管理における現状と課題」，『水産学会誌』76(2): 263–264.
木村博［1988］「動植物供養の習俗」，藤井政雄編『祖先祭祀と葬墓』仏教民俗学体系4，名著出版，375–390頁.
鬼頭清明［2004］『木簡の社会史――天平人の日常生活』講談社学術文庫1670，講談社.
鬼頭秀一［1998］「環境運動／環境理念研究における「よそ者」論の射程――諫早湾と奄美大島の「自然の権利」訴訟の事例を中心に」，『環境社会学研究』4: 44–59.
小島孝夫［2005］「漁撈習俗伝播の諸相――資源分布と文化変容」，小島孝夫編『海の民俗文化――漁撈習俗の伝播に関する実証的研究』明石書店，243–348頁.
小松正之編［2001］『くじら紛争の真実――その知られざる過去・現在，そして地球の未来』地球社.
松崎憲三［2004］『現代供養論考――ヒト・モノ・動植物の慰霊』考古民俗叢書，慶友社.
宮本常一［1984］『忘れられた日本人』岩波文庫 青164–1，岩波書店.
Miyamoto, Tsuneichi［2010］*The Forgotten Japanese: Encounters with rural life and folklore*, Translated by Jeffrey S. Irish, Berkeley: Stone Bridge Press.
宮本常一・岡本定［1982］『東和町誌』東和町.
中牧弘允［1995］『増補　宗教に何がおきているか』平凡社.
中村生雄［2001］『祭祀と供犠――日本人の自然観・動物観』法藏館.
中野秀樹［2007］『海のギャング　サメの真実を追う』ベルソーブックス28，成山堂書店.
中浦愛美［2012］「くらしがつむぐ遺産」，『地域研究年報』9: 1–25.
夏目漱石［1990］『吾輩は猫である』岩波文庫 緑10–1，岩波書店.
能登なまこ加工協同組合［n.d.］「能登なまこ加工協同組合について」，能登なまこ加工協同組合ウェブサイト（http://www.notonamaco.com/coop/index.html）［最終アクセス日：2012年12月15日］.
大島廣［1983］『ナマコとウニ――民謡と酒のさかなの話　第3版』内田老鶴圃.
佐野眞一［2001］『宮本常一が見た日本』日本放送出版協会.
田口理恵・関いずみ・加藤登［2011］「魚類への供養に関する研究」，『東海大学海洋研究所研究報告』32: 53–97.
高橋順一［1992］『鯨の日本文化誌――捕鯨文化の航跡をたどる』淡交社.
田中宣一［2006］『供養のこころと願掛けのかたち』小学館.
鶴見良行［1990］『ナマコの眼』筑摩書房.

Warren, James F. [1981] *The Sulu Zone: The Dynamics of External Trade, Slavery and Ethnicity in the Transformation of a Southeast Asian Maritime State*, Singapore: Singapore University Press.

渡邊洋之 [2006]『捕鯨問題の歴史社会学——近現代日本におけるクジラと人間』東信堂.

読売新聞 [2010]「ナマコに感謝，園児が200個を海に…」，『読売新聞』2010年3月7日.

第2章

Dewey, John [1938] *Experience and Education*, New York: Kappa Delta Pi.（＝2004, 市村尚久訳『経験と教育』講談社学術文庫.）

Fosbrooke, H. A. [1948] "An Administrative Survey of the Masai Social System," *Tanganyika Notes and Records*, 26: 1–50.

岩井雪乃 [2001]「住民の狩猟と自然保護政策の乖離——セレンゲティにおけるイコマと野生動物のかかわり」，『環境社会学研究』7: 114–128.

——— [2008]「住民参加型保全の発展型としての土地権利運動——タンザニアとケニアの野生動物保全の歴史と現状」，池谷和信・武内進一・佐藤廉也編『アフリカII』朝倉世界地理講座12，朝倉書店，56–67頁.

——— [2009]『参加型自然保護で住民は変わるのか——タンザニア・セレンゲティ国立公園におけるイコマの抵抗と受容』早稲田大学出版部.

——— [2010]「ボランティア体験で学生は何を学ぶのか——アフリカと自分をつなげる想像力」，『人間環境論集』10(2): 1–11，法政大学人間環境学会.

King, L. E., I. Douglas-Hamilton and F. Vollrath [2011] "Beehive fences as effective deterrents for crop-raiding elephants: field trials in northern Kenya," *African Journal of Ecology*, 49(4): 431–439.

目黒紀夫 [2010]「「共的で協的」な野生動物保全を求めて」，三俣学・菅豊・井上真編『ローカル・コモンズの可能性——自治と環境の新たな関係』ミネルヴァ書房，170–196頁.

Neumann, R. P. [1998] *Imposing Wilderness: Struggles over Livelihood and Nature Preservation in Africa*, Berkeley: University of California Press.

西田心平 [2009]「コミュニティ・サービスラーニングを通じて学習者は何を学ぶのか?——地域活性化ボランティアにおける「学び」の様相」，桜井政成・津止正敏編『ボランティア教育の新地平——サービスラーニングの原理と実践』ミネルヴァ書房，104–133頁.

西﨑伸子［2009］『抵抗と協働の野生動物保護——アフリカのワイルドライフ・マネージメントの現場から』昭和堂.
Osborn, F. V. and G. E.Parker［2003］"Towards an integrated approach for reducing the conflict between elephants and people: a review of current research," *Oryx*, 37: 1–5.
Shetler, J. B.［1998］"The Landscapes of Memory: A history of social identity in the western Serengeti, Tanzania," Ph.D. dissertation, University of Florida.
———［2007］*Imagining Serengeti: A History of Landscape Memory in Tanzania from Earliest Time to the Present*, Athens: Ohio University Press.
Sinclair, A. R. E. and P. Arcese eds.［1995］*Serengeti II: Dynamics, management, and conservation of an ecosystem*, Chicago: The University of Chicago Press.
Suich, H., B. Child and A. Spenceley eds.［2009］*Evolution and Innovation in Wildlife Conservation: Parks and Game Ranches to Transfrontier Conservation Areas*, London: Earthscan.
鳥越皓之［2001］「環境共存へのアプローチ」，飯島伸子・鳥越皓之・長谷川公一・舩橋晴俊編『環境社会学の視点』講座環境社会学1，有斐閣，63–88頁.

第3章

朝日新聞［2009］「七方言を「独立言語」 アイヌ語含め「消滅の危機」」，『朝日新聞』2009年2月20日夕刊.
Baggioni, Daniel［1997］*Langues et nations en Europe*, Paris : Payot.（＝2006，今井勉訳『ヨーロッパの言語と国民』筑摩書房.）
Baker, Colin［2006］*Foundations of Bilingual Education and Bilingualism*, 4th ed., Bristol: Multilingual Matters.
Bové, José et François Dufour［2000］*Le monde n'est pas une marchandise : Des paysans contre la malbouffe*, Paris : La Découverte.（＝2001，新谷淳一訳『地球は売り物じゃない！——ジャンクフードと闘う農民たち』紀伊國屋書店.）
Boyer, Henri et Philippe Gardy éd.［2001］*Dix siècle d'usages et d'images de l'occitan*, Paris : l'Harmattan.
カステジャノス，マリア［2012］「エルサルバドルにおけるナワト語の復興活動の考察——イサルコにおけるナワト語の教育プログラムを中心に」名古屋市立大学人文社会学部国際文化学科卒業論文.
カステジャノス，マリア・佐野直子・敦賀公子［2012］『たちあがる言語・ナワト語——エルサルバドルにおける言語復興運動』グローバル社会を歩く3，グローバル社会を歩く研

究会.
Conservatoire Occitan [1995] *L'occitan dins lo mond / Occitan in the world / L'occitan dans le monde.*
Chambers, J. K. and Peter Trudgill [1980] *Dialectology*, Cambridge: Cambridge University Press.
Fishman, Joshua [1991] *Reversing Language Shift: Theoretical and Empirical Foundations of Assistance to Threatened Languages*, Clevedon: Multilingual Matters.
Hacking, Ian [1975] *Why Does Language Matter to Philosophy?*, Cambridge: Cambridge University Press. (＝1989, 伊藤邦武訳『言語はなぜ哲学の問題になるのか』勁草書房.)
ハッキング, イアン [1989]「日本語版への序文——言語観の転換はいつ生じたのか」, [Hacking 1975＝1989：1–17].
Hagège, Claude [2000] *Halte à la mort des langues*, Paris : Odile Jacob. (＝2004, 糟谷啓介訳『絶滅していく言語を救うために——ことばの死とその再生』白水社.)
石部尚登 [2010]『ベルギーの言語政策——公用語と方言』大阪大学出版会.
Krauss, Michael [1992] "The world's languages in crisis," *Language*, 68(1): 4–10.
Lafont, Robert [1997] *Quarante ans de sociolinguistique à la périphérie*, Paris : L'Harmattan.
ミストラル, フレデリック [1977]『プロヴァンスの少女——ミレイユ』杉富士雄訳, 岩波文庫.
Moseley, Christopher ed. [2010] *Atlas of the World's Languages in Danger*, 3rd ed., Paris: UNESCO Publishing.
中嶋茂雄 [1991]「ディグロッシーと南欧の言語運動——多元化社会における言語認識」, 宮島喬・梶田孝道編『統合と分化のなかのヨーロッパ』有信堂高文社, 195–218頁.
Nettle, Daniel and Suzanne Romaine [2000] *Vanishing Voices: The Extinction of the World's Language*, Oxford: Oxford University Press.
日本言語学会　危機言語のページ [2003–2010a]「「危機言語のページ」について」, 日本言語学会ウェブサイト (http://www.fl.reitaku-u.ac.jp/CEL/committee_ja.html) [最終アクセス日：2012年12月15日].
——— [2003–2010b]「危機言語Q＆A」, 日本言語学会ウェブサイト (http://www.fl.reitaku-u.ac.jp/CEL/onEL_ja.html) [最終アクセス日：2012年12月15日].
Nouvel, Alain [1975] *L'occitan sans peine*, Chennevières-sur-Marne : Assimil.
佐野直子 [2001]「「言語的人権」についての批判的考察——欧州地域少数言語憲章と「少数言語」」, 『名古屋市立大学人文社会学部研究紀要』11: 147–158.
——— [2002]「死をいきることば——言語の生存, 言語の死」, 『中京大学評論誌

八事』18: 76–80.
——— ［2004］「闘争としての学問——「オクシタン語社会言語学」のあり方」，『多言語社会研究会年報』2: 155–178.
——— ［2005］「ヨーロッパの多言語主義と少数言語——「オック語」の事例から」，『ことばと社会』9: 75–106.
——— ［2011］「方言と「パトワ」——「ヨーロッパ的言語観」の縮図としてのベルギー石部尚登著『ベルギーの言語政策——方言と公用語』」，『社会言語学』11: 143–159.
——— ［2012］「すべての言語は平等である．しかしある言語は，ほかの言語よりさらに平等である——ヨーロッパの「多言語状況／多言語主義（Multilingualism）」と少数言語」，［砂野編 2012：50–83］．
Sano, Naoko ［2003］ "«Parla patoés ! » — l'attitude linguistique des patoisants face à une étrangère," *Scène, évolution, sort de la langue et de la littérature d'oc,* Actes du septième Congrès de l'Association International d'Etudes Occitanes (AIEO), Tome II, Viella, Roma.
——— ［2008］『*Una lenga en chamin / Una lingua in cammino / A language on the way /* 途上の言語——イタリア・オクシタン谷への旅』, Itàlia : Chambra d'Òc.
——— ［*in press*］ "La politique linguistique de la langue minoritaire — enquête auprès des participants de la manifestation 'Anem, òc! per la lenga occitana' de l'octobre 2009 à Carcassonne —," *Actes de Colloque International de l'Association Internationale d'Études Occitanes à Béziers 2010,* Montpellier : Université de Montpellier.
渋谷謙次郎編［2005］『欧州諸国の言語法——欧州統合と多言語主義』三元社．
渋谷謙次郎・小嶋勇編［2007］『言語権の理論と実践』三元社．
砂野幸稔［2012］「序論　多言語主義再考」，［砂野編 2012：11–48］．
砂野幸稔編［2012］『多言語主義再考——多言語状況の比較研究』三元社．
多田和子［1988］『現代オック語文法』大学書林．
田中克彦［1981］『ことばと国家』岩波新書．
寺尾智史［2012］「少数言語として切り取られることは言語多様性保全につながるか——ヨーロッパ最周縁を起点として」，［砂野編 2012：84–116］．
UNESCO Ad Hoc Expert Group on Endangered Languages ［2003］ *Language Vitality and Endangerment, Document adopted by the International Expert Meeting on UNESCO Programme Safeguarding of Endangered Languages, Paris, 10–12 March 2003.*（英仏西中アラビア語版あり．）
UNESCO ［2011］ *Atlas of the World's Languages in Danger.*

——— [n.d.] "UNESCO Interactive Atlas of the World's Languages in Danger," UNESCO website (http://www.unesco.org/culture/languages-atlas/) [最終アクセス日:2012年12月15日].

第4章

江渕一公 [2000]『文化人類学——伝統と現代』放送大学教育振興会.
飯嶋秀治 [2009]「アクションを待つフィールド」,『九州人類学会報』36: 1–4.
亀井伸孝 [2005]「ろう者の会員を迎えるにあたって」,『国際開発学会ニューズレター』16(1): 29.
——— [2006]『アフリカのろう者と手話の歴史——A. J. フォスターの「王国」を訪ねて』明石書店.
——— [2008] *On va signer en Langue des Signes d'Afrique Francophone !*, 東京外国語大学アジア・アフリカ言語文化研究所.
——— [2009]「言語と身体の違いを越えて関係を構築する——アフリカのろう者コミュニティにて」, 箕浦康子編『フィールドワークの技法と実際 II——分析・解釈編』ミネルヴァ書房, 74–90頁.
——— [2011]「音声言語と手話のはざまで」, 小國和子・亀井伸孝・飯嶋秀治編『支援のフィールドワーク——開発と福祉の現場から』世界思想社, 76–98頁.
亀井伸孝編 [2008] *Langue des Signes d'Afrique Francophone (LSAF)*, DVD, 東京外国語大学アジア・アフリカ言語文化研究所.
金澤貴之 [2007]「書評『アフリカのろう者と手話の歴史』」,『社会学評論』58(3): 386–387.
小泉潤二 [2008]「フィールドワーク」, 山下晋司・船曳建夫編『文化人類学キーワード　改訂版』有斐閣, 2–3頁.
Malinowski, Bronislaw Kasper [1922] *Argonauts of the Western Pacific*, London: George Routledge & Sons.(=1967, 寺田和夫・増田義郎訳「西太平洋の遠洋航海者」, 泉靖一責任編集『世界の名著59　マリノフスキー／レヴィ=ストロース』中央公論社, 55–342頁.)
松田素二 [1991]「方法としてのフィールドワーク」, 米山俊直・谷泰編『文化人類学を学ぶ人のために』世界思想社, 32–45頁.
松井健 [1991]『認識人類学論攷』昭和堂.
宮岡伯人編 [1996]『言語人類学を学ぶ人のために』世界思想社.
日本文化人類学会編 [2009]『文化人類学事典』丸善.

日本手話学会編［2009］「特集・手話研究の倫理」，『手話学研究』18: 1–46.
Nolan, Riall［2002］*Development Anthropology*, Boulder: Westview Press.（＝2007, 関根久雄・玉置泰明・鈴木紀・角田宇子訳『開発人類学――基本と実践』古今書院.）
大塚和夫［2009］「日本で文化人類学を学ぶ」，［日本文化人類学会編 2009：762–765］.
サピア，エドワード and ベンジャミン・リー・ウォーフ［1970］『文化人類学と言語学』池上嘉彦訳，弘文堂.
武田丈・亀井伸孝編［2008］『アクション別フィールドワーク入門』世界思想社.
富沢寿勇［2009］「フィールドワーク」，［日本文化人類学会編 2009：706–711］.

第5章

網野善彦［1996］『無縁・公界・楽――日本中世の自由と平和』平凡社.
――――［1997］『日本社会の歴史』上・中・下，岩波書店.
朝日新聞［2012］「石をうがつ6　熊取6人組ムラと闘う」ニッポン人脈記，『朝日新聞』2012年9月7日夕刊.
Clifford, James［1997］*Routes: Travel and Translation in the Late Twentieth Century*, Harvard: Harvard University Press.（＝2002, 毛利嘉孝ほか訳『ルーツ――20世紀後期の旅と翻訳』月曜社.）
EPAU (UNHCR Evaluation and Policy Analysis Unit)［2004］*Evaluation of UNHCR's repatriation and reintegration programme in East Timor, 1999–2003.*
Friedman, J.［2002］"From Roots to Routes: Troupes for Trippers," *Anthropological Theory*, 2(1): 21–36.
復興庁［2012］「全国の避難者等の数」（2012年9月12日更新），復興庁ウェブサイト（http://www.reconstruction.go.jp/topics/120912_hinansya.pdf）.
福島県［2012］「過去の避難状況の推移」（2012年11月1日更新），福島県ウェブサイト（http://wwwcms.pref.fukushima.jp/download/1/kengaihinanuchiwake-suii241101.pdf）.
Ghosh, Amitav［1986］*The Imam and the Indian.*（＝2000, 市川恵里訳「イマームとインド人」，池央耿監訳『旅を書く――ベスト・トラベル・エッセイ』河出書房新社, 99–114頁.）
Hage, Ghassan［2005］"A Not So Multi-Sited Ethnography of a Not So Imagined Community," *Anthropological Theory*, 5(4): 463–475.（＝2007, 塩原良和訳「存在論的移動のエスノグラフィ――想像でもなく複数調査地的でもないディアスポラ研究について」，［伊豫谷編 2007：27–49］.）

伊豫谷登士翁編［2007］『移動から場所を問う――現代移民研究の課題』有信堂高文社.
Malkki, Liisa H.［1995］"Refugees and Exile: From 'Refugee Studies' to the National Order of Things," *Annual Review of Anthropology*, 24: 493–523.
松野明久［2002］『東ティモール独立史』アジア太平洋研究選書3，早稲田大学出版部.
宮本常一［1984］『忘れられた日本人』岩波文庫.
Nahak, Stefanus［1989］*Salib Pusaka Faululik Talobo Menurut Maysyarakat Suailoro-Covalima Timor Timur*, Ledalero: Sekolah Tinggi Filsafat Katolik.
山下祐介・開沼博編［2012］『「原発避難」論――避難の実像からセカンドタウン，故郷再生まで』明石書店.

第6章

Berger, Peter［1962］*Invitation to Sociology*, New York: Doubleday.（＝1995，水野節夫・村山研一訳『普及版　社会学への招待』新思索社.）
福武直・松原治郎編［1967］『社会調査法』有斐閣.
浜本篤史［2008］「社会調査の実践性をめぐる序論的考察――開発援助におけるコンサルタントに注目して」，『人間文化研究』10: 37–51.
――――［2009］「開発事業と非自発的移動――三峡ダム住民移転はいかなる社会的文脈の下，遂行されようとしているのか」，根橋正一・東美晴編『移動する人々と中国にみる多元的社会――史的展開と問題状況』明石書店，192–220頁.
加納啓良［1978］「ジャワ農村調査ノート――目的と方法」，『アジア経済』14(4): 85–95.（＝1997，山口博一・加納弘勝編『発展途上国研究』リーディングス日本の社会学18，東京大学出版会，所収.）
岸川毅［2004］「地域の民主化をどのように分析するのか」，岸川毅・岩崎正洋編『民主化の多様な姿』アクセス地域研究I，日本経済評論社，1–26頁.
国際交流基金編［2011］『海外の日本語教育の現状――日本語教育機関調査・2009年』国際交流基金.
倉沢愛子［1996］「オーラル・リサーチに学ぶ」，佐藤誠編『地域研究調査法を学ぶ人のために』世界思想社，180–194頁.
前田成文［1993］「ふれあいの作法――臨地研究法の確立に向けて」，矢野暢編『地域研究の手法』講座現代の地域研究1，弘文堂，173–196頁.
町村敬志［2004］「行きずりの都市フィールドワーカーのために――「いかがわしさ」と「傷つきやすさ」からの出発」，［好井・三浦編 2004：33–61］.

森岡清志編［2007］『ガイドブック　社会調査　第2版』日本評論社.
中山伸樹［2008］「社会学教育改革のための基礎枠組みとしてのプロフェッション論」,『社会学評論』58(4): 395–412.
似田貝香門［1974］「社会調査の曲り角」,『UP』24: 1–7.
野津隆志［2009］「フィールドと書斎の往復プロセス――タイ農村における国家・学校・子どもの研究から」, 箕浦康子編『フィールドワークの技法と実際　II――分析・解釈編』ミネルヴァ書房, 208–222頁.
大谷信介［2002］『これでいいのか市民意識調査――大阪府44市町村の実態が語る課題と展望』ミネルヴァ書房.
佐藤郁哉［2002］『フィールドワークの技法――問いを育てる, 仮説をきたえる』新曜社.
社会調査協会［n.d.］「社会調査士資格の標準カリキュラム／専門社会調査士資格の標準カリキュラム」, 社会調査協会ウェブサイト（http://jasr.or.jp/content/documents/kisoku_another.pdf）［最終アクセス日：2012年12月15日］.
盛山和夫［2010］「何のための社会調査教育か――社会学の観点から」,『社会と調査』4: 61–66.
田嶋淳子［2010］「都市地域社会とアジア系移住者調査――池袋・新宿調査からの20年」,『社会と調査』4: 12–18.
玉野和志［2003］「サーベイ調査の困難と社会学の課題」,『社会学評論』53(4): 537–551.
――――［2008］『実践社会調査入門――今すぐ調査を始めたい人へ』世界思想社.
好井裕明・三浦耕吉郎編［2004］『社会学的フィールドワーク』世界思想社.

編者あとがき

Clifford, James and George E. Marcus eds.［1986］*Writing Culture: The Poetics and Politics of Ethnography*, Berkeley: University of California Press.（＝1996, 春日直樹ほか訳『文化を書く』文化人類学叢書, 紀伊國屋書店.）
Coleman, Simon and Pauline von Hellermann eds.［2011］*Multi-Sited Ethnography: Problems and Possibilities in the Translocation of Research Methods*, Routledge advances in research methods 3, London: Routledge.
Falzon, Mark-Anthony ed.［2009］*Multi-Sited Ethnography: Theory, Praxis and Locality in Contemporary Research*, Burlington, VT: Ashgate.
Friedman, Thomas L.［1999］*The Lexus and the Olive Tree: Understanding Globalization*, New York: Farrar, Straus and Giroux.（＝2000, 東江一紀・服部清美訳『レクサスとオ

リーブの木――グローバリゼーションの正体』上・下，草思社.）
Marcus, George E.［1986］“Contemporary Problems of Ethnography in the Modern World System,”［Clifford and Marcus eds. 1986：165–193＝1996：303–359］.（＝1996，足羽与志子訳「現代世界システム内の民族誌とその今日的問題」.）
――――［1995］“Ethnography in/of the world system: The emergence of multi-sited ethnography,” *Annual Review of Anthropology*, 24: 95–117.
山本紀夫［2012］『梅棹忠夫――「知の探検家」の思想と生涯』中公新書2194，中央公論新社.

グローバル社会を歩く
――かかわりの人間文化学　　名古屋市立大学人間文化研究叢書3

2013年3月30日　初版第1刷発行

編　者＝赤嶺　淳
発行所＝株式会社 新 泉 社
東京都文京区本郷2－5－12
振替・00170－4－160936番　TEL 03(3815)1662　FAX 03(3815)1422
印刷・製本　萩原印刷

ISBN978-4-7877-1302-5　C1036

赤嶺 淳 著

ナマコを歩く

——現場から考える生物多様性と文化多様性

四六判上製・392 頁・定価 2600 円＋税

鶴見良行『ナマコの眼』の上梓から 20 年．地球環境問題が重要な国際政治課題となるなかで，ナマコも絶滅危惧種として国際取引の規制が議論されるようになった．グローバルな生産・流通・消費の現場を歩き，地域主体の資源管理をいかに展望していけるかを考える．村井吉敬氏推薦

赤嶺 淳 編

ブックレット「グローバル社会を歩く」①

クジラを食べていたころ

——聞き書き 高度経済成長期の食とくらし

A 5 判・224 頁・定価 1000 円＋税

鯨肉消費をテーマに，名古屋市立大学の学生たちが，祖父母世代に戦前・戦中から戦後の食糧難の時代，そしてその後の高度経済成長期に至る「食卓の変遷史」を国内各地域で聞き書きした記録．食生活誌学から，戦後日本社会の一断面と食文化の多様性を浮かび上がらせる試み．

マリア・カステジャノス，佐野直子，敦賀公子 著

ブックレット「グローバル社会を歩く」③

たちあがる言語・ナワト語

——エルサルバドルにおける言語復興運動

A 5 判・224 頁・定価 1000 円＋税

1524 年にスペイン人がエルサルバドルを占領した時点では，最も広く定住していた先住民族ピピル人の言語ナワト語は，今では話者 200 人に満たず，絶滅の危機に瀕する言語だといわれている．ナワト語復興プロジェクトを紹介しながら，先住民社会の過去・現在・未来を見つめる．

赤嶺 淳 編

ブックレット「グローバル社会を歩く」④

バナナが高かったころ

——聞き書き 高度経済成長期の食とくらし 2

A 5 判・208 頁・定価 1000 円＋税

鶴見良行の名著『バナナと日本人——フィリピン農園と食卓のあいだ』（岩波新書，1982 年）から30 年．日本をとりまく食文化も社会環境もめまぐるしく変化を続けるなか，学生たちが祖父母世代に戦中から高度成長に至る食生活誌を聞き書きし，食をとおして社会を見つめなおす．

宮内泰介 編

なぜ環境保全はうまくいかないのか

——現場から考える「順応的ガバナンス」の可能性

四六判上製・352 頁・定価 2400 円＋税

科学的知見にもとづき，よかれと思って進められる「正しい」環境保全策．ところが，現実にはうまくいかないことが多いのはなぜなのか．地域社会の多元的な価値観を大切にし，試行錯誤をくりかえしながら柔軟に変化させていく順応的な協働の環境ガバナンスの可能性を探る．

高倉浩樹 編

極寒のシベリアに生きる

——トナカイと氷と先住民

四六判上製・272 頁・定価 2500 円＋税

シベリアは日本の隣接地域でありながら，そこで暮らす人々やその歴史についてはあまり知られていない．地球温暖化の影響が危惧される極北の地で，人類は寒冷環境にいかに適応して生活を紡いできたのか．歴史や習俗，現在の人々の暮らしと自然環境などをわかりやすく解説する．